시장을 **부동산**
이기는 **투자 원칙**

시장을 이기는 부동산

김제경 지음

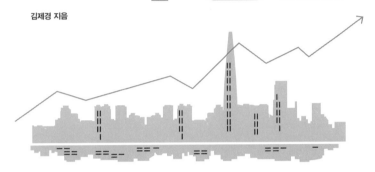

투자 원칙

폭등 시그널 속에서 포착한 상급지 매수 타이밍

RHK
알에이치코리아

부동산 중개업 현장을 지켜온 전문가가 2010년대 이후 우리나라 부동산 시장에 있었던 여러 부동산 이슈, 그 쟁점에 대한 저자의 생각, 판단, 근거를 꽉꽉 채워 넣으려고 노력한 책이다. 아파트 정비사업 투자 공부에 있어서 알아둬야 할 핵심 요약은 덤. 앞으로 서울 부동산 투자에 있어 우리가 어떤 기준으로, 어떻게 대응하면 좋을지 중요한 기준들을 제시한다.

– 붇옹산 강영훈 대표

부동산을 연구할 때 어려운 점은 이론과 시장을 연계해 현상을 해석하는 것이다. MBTI로 비유하면 이론은 대문자 T, 심리가 반영되는 시장은 대문자 F라고 할 수 있는데, 이 둘이 교감하는 지점을 찾는 것이 무척 어렵다. 이 책은 그 어려운 걸 해냈다. 실전 경험을 바탕으로 지루한 이론을 현실에 빗대어 쉽게 풀어냈다. 부동산 투자를 고민하는 모든 이들에게 추천한다.

– 한국건설산업연구원 경제금융 · 도시연구실 김성환 부연구위원

대한민국 부동산 시장을 둘러싼 냉철한 분석과 깊은 통찰을 담은 명품 부동산 서적이다. 김제경 소장은 이 책에서 서울의 신축 아파트, 재개발·재건축의 미래 가치, 그리고 정책 변화가 가져올 파급력을 심도 있게 탐구하며, 흔들리는 부동산 시장 속에서도 '살아남는 입지'와 전략을 제시한다. 초보 투자자들에게는 탄탄한 기초 지식을, 숙련된 투자자들에게는 새로운 시각을 선사하는 이 책은, 다가올 10년을 준비하려는 모든 이들에게 훌륭한 나침반이 될 것이다.

– 스마트튜브 김학렬 소장

주택은 가장 큰 자산이다. 대출까지 일으켜 주택을 매수한다면 더욱더 자산으로서 미래 가치를 무시할 수는 없다. 그래서 성장주 같은 주택을 고를 수 있는 지혜가 필요하다. 이 책을 통해 김제경 소장의 입지 분석법을 경험해 보길 바란다. 김제경 소장이 왜 젊은 나이임에도 재개발, 재건축 분야에서 비교 불가한 전문가로 자리 잡게 되었는지 이해하게 될 것이다.

- KB국민은행 강남스타PB센터 원종훈 본부장

세상에는 이미 많은 부동산서가 있다. 대부분은 어디를 어떻게 투자하고, 얼마나 벌 수 있냐에 치중되어 있다. 하지만 김제경 소장의 책은 다르다. 미래의 인구환경에서부터 그간 정책의 변화까지 짚으며 종합적인 시각에서 부동산 시장을 바라봤다. 독자들은 이 책을 통해 투자해야 할 이유와 목적 그리고 본인에게 맞는 입지를 차근차근 좁혀나갈 수 있다. 코앞의 이익이 아닌 긴 호흡으로 멀리 볼 수 있는 책이라는 점에서 아낌없는 박수를 보내고 싶다.

- 동국대학교 겸임교수 트루카피 유수홍

김제경 소장은 참 열정적인 사람이다. 어린 나이에 시작한 부동산업을 벌써 10년 넘게 영위해오고, 학구열까지 뜨겁기 이루 말할 수 없다. 본인 장기인 재건축·재개발뿐 아니라 부동산 투자에서 반드시 알아야 할 정보들을 총망라해 이 책에 담았다. 쉽지 않은 내용을 쉽게 풀어서서 순식간에 끝까지 읽게 된 이 책에서 김제경 소장의 열정을 느껴보길 기원한다.

- 인베이드투자자문 이상우 대표

부동산 침체기에도 불구하고 신축 아파트의 인기는 계속해서 증가하는 반면, 이제 서울에서는 재건축과 재개발이 유일한 신축 아파트의 공급원으로 남았다. 고금리·역전세의 시기를 지나, 공급 부족의 키워드가 목전으로 다가왔다. 앞으로 어떤 신축 아파트가 나올지, 미래 가치가 있는 신축 아파트는 어디인지 알고 싶다면, 김제경 소장의 신간을 주목하라. 부동산 업계에서 가장 유망한 전문가인 김제경 소장의 책을 통해 향후 10년 동안의 신축 아파트 공급 동향과 투자 전략에 대한 유용한 정보를 얻게 될 것이다.

– 월천대사 이주현 대표

처음 김제경 소장을 만난 날, 데이터에 기반한 논리적이고 설득력 있는 재개발·재건축 분석이 매우 인상 깊었던 기억이 있다. 김제경 소장은 주로 수요자 관점에서 인사이트를 전달하는 전문가라고 생각할 수 있겠지만, 사실 그는 공급자 관점에서도 끊임없이 질문을 던지는 탐구자다. 그래서 가끔은 그와 서로 의견이 달라 토론에 토론을 거듭할 때도 있다. 어떤 부분에서는 다른 견해를 가졌음에도 이 책을 추천하는 이유는 부동산 시장 전체를 조망하는 통찰이 있기 때문이다. 저자가 던지는 주제와 그에 대한 의견을 읽다 보면 부동산 시장을 다각도로 살펴보는 계기가 될 것이다.

– 한국부동산개발협회 이진 정책연구실장

서점에서 우연히 이 책을 집어 들었다면 169쪽부터 딱 100쪽만 이 자리에서 읽어보자. 투자자로서의 인생을 바꿔주는 100쪽이 될 것이다. 다리가 아파서 오래 서 있기 힘들 것 같다면 좀 더 편하게 읽히는 4장을 추천한다. 다 읽고 나면 다시는 정치적 프레임에 휘둘리지 않는 현명한 투자자가 될 것이다.

– 손에 잡히는 경제, 삼프로tv 이진우 기자

이 책은 김제경 소장의 풍부한 경험과 지식을 바탕으로, 부동산 시장의 변화와 전망에 대한 예리한 분석이 돋보인다. 부동산 투자를 고민하는 모든 이를 위한 필수 지침서다. 이 책을 통해 부동산 시장을 깊이 이해하고, 성공적인 전략과 함께 현명한 투자 결정을 내리는 데 도움이 되기를 진심으로 바란다.

– 현대건설 이한우 대표이사

부동산 시장의 거대 담론부터 실전적인 투자 방법까지 한 권에 담겼다. 그의 일거수일투족이 부동산을 향해 있기에 가능한 일이다. 생업으로서의 부동산부터 학문으로서의 부동산, 투자재로서의 부동산까지. 저자의 삶을 관통하는 이야기가 한 권의 책에 담겼다.

– 한국경제신문 전형진 기자

기자가 되고 처음 배운 것 중 하나가 '중학생이 읽어도 알 수 있게 쓸 것'이다. 쉽게 써야 글이 명확하고, 명확해야 글에 힘이 생긴다. 김제경 소장이 이번에 출간한 책을 읽으면서 그때의 배움을 다시 떠올렸다. 부동산 시장의 복잡다단한 여러 이슈를 쉽고 명확하게 정리한 이 책이 많은 사람에게 큰 힘이 될 것으로 기대한다.

– 조선일보 진중언 기자

시장을 바라보는 원칙이
위기 속에서도 기회를 만든다

"안녕하세요. 당신의 부동산 주치의 김제경 소장입니다."

저는 항상 이 멘트로 〈투미TV〉의 촬영을 시작하는데요. 이번에는 책으로 인사드리게 되었습니다. 〈투미TV〉가 정비사업 전문 유튜브 채널이고, 저 또한 재개발·재건축 전문가로 활동하고 있다 보니, 저의 첫 책이 출간된다고 이야기했을 때 주변에서는 당연히 정비사업 책으로 알고 있더군요. 제가 정비사업이 아닌 부동산 전체를 다루는 책을 쓴 이유로 두 가지가 있습니다.

첫 번째, 부동산에 대한 정보를 사람마다 다르게 받아들이고 오해하는 부분이 많아서 이를 설명하기 위해서입니다.

두 번째, 부동산 투자로 돈을 버는 게 아니라 돈을 잃는 사람들을 너무 많이 봤기 때문입니다. 게다가 어렵고 복잡한 물건을 투자했다가 잃은 게 아니라 기본 지식이 조금만 있었어도 함정에 빠지지 않았을 사항이라 더욱 안타까웠습니다.

만약 정비사업을 다룬 책을 썼다면 여느 부동산 투자서처럼 '재개발·재건축 완전 정복', '○○에 투자하라' 같은 재개발·재건축 투자법으로 만들어지지 않았을까 생각합니다. 물론 정비사업은 어렵고 복잡한 영역이니 제대로 된 정보를 정리해서 주는 것도 중요합니다. 하지만 부동산 투자에 있어서는 무엇보다 '하면 안 되는' 것을 아는 게 중요합니다. 사칙연산도 못하는데 미적분을 풀 수 없듯이, 부동산에 대한 기본적인 개념부터 먼저 알려드리고 싶었습니다. 그래야 다음 단계인 정비사업으로 나아갈 수 있으니까요.

'중국어 방(Chinese Room)' 이론으로 알려진 철학자 존 설(John Searle)이 제시한 유명한 사고 실험이 있습니다. 인공지능이 실제로 이해하고 답변하는 것인지, 아니면 단순히 기계적으로 규칙에 따라 행동하는 것인지를 알아내는 실험입니다. 중국어를 전혀 모르는 사람이 방에 있는데, 매뉴얼에 적힌 규칙에 따라 질문을 보고 대응하는 중국어 답변을 작성합니다. 물론 중국어의 의미를 이해하지는 못합니다. 하지만 방 외부에서는 방 안의 사람이 중국어를 이해하고 대답하는 것처럼 보입니다.

부동산도 마찬가지입니다. 내가 공부해서 이해했다고 생각할 수 있지만, 사실 생각보다 복잡하고 다양한 변수들이 존재합니다. 전문가는 변수도 같이 고려하면서 움직여야 하는 것이고요. 단순히 외운 공식으로 수학 문제를 풀었다고 해서 개념을 이해한 것이 아니듯, 부동산 기초도 안 된 상태에서 다음 단계로 넘어가면 안 된다고 생각합니다.

그래서 제 첫 책은 부동산 분석 시, 반드시 알아야 하는 사항들을 담아보자는 생각에서 출발했습니다. 물론 저도 부동산에 관해 모든 것을 다 안다고 생각하지 않습니다. 특히 요즘처럼 예측하지 못한 상황들이 발생할 때는 더더욱 말이죠. 2024년 12월은 여야 대립으로 시장이 혼란스럽습니다. 이러한 분위기에서 부동산 투자를 망설일 사람도 많을 것입니다. 하지만 시장을 바라보는 원칙이 명확하다면 이러한 혼돈 역시 극복해나갈 수 있습니다. 근본적으로 부동산 시장이 어떻게 흘러가고 있는지, 부동산 가격을 구성하는 다양한 요소들, 입시적인 부분부터 시삭해서 상품, 수요·공급, 정책의 영향까지 이 책에 담았습니다. 즉, 앞으로의 부동산 투자 방향성을 잡아줄 모든 요소를 고려한 책이라 자신합니다.

투자에 정답은 없다고 생각합니다. 그래서 저 역시 부동산 투자자로서 항상 배우는 자세로, 재산을 걸고 투자하고 있습니다. 막연히 부동산에 입문하기보다는 제가 소신을 갖고 쌓아온 관점을 참고해보고, 저와 의견이 조금 다른 부분들은 보완하면서 본인만의 시각을 갖추면 누구나 훌륭한 부동산 투자자가 될 수 있으리라 확신합니다.

'부동산 주치의'라는 이름으로 그간 방송 활동을 해왔습니다. 앞으로도 부동산 고민을 해결해줄 수 있는 부동산 주치의로서, 꾸준히 함께하면 좋겠습니다.

'10년 뒤에도 살아남는 부동산', '가치가 있는 부동산'을 찾는데, 이 책이 하나의 기준점이 되어 성공 투자하길 바랍니다.

2024년 12월,

여러분들의 부동산 주치의

김제경

이 책의 구성에 대하여

　이 책은 총 5장으로 구성되었습니다. 부동산 투자 시, 알아둬야 하는 사항들을 모두 모아봤습니다. 그렇다 보니 이 책은 총론적이면서도 각론적인 책입니다. 따라서 처음부터 끝까지 정독해도 좋지만, 관심 있는 분야만 골라서 읽어봐도 좋습니다.

　1장 '부동산 투자 시대는 끝났다는 착각'에서는 앞으로 부동산 시장이 어떻게 흘러갈 것인지를 다뤘습니다. 부동산 투자를 해보려고 결심하면 생각보다 많은 저항(?)에 부딪히게 됩니다. 배우자나 가족부터 친구나 직장 상사, 하다못해 옆집 이웃까지 부동산 투자에 대해 훈수를 두기 시작합니다. 그리고 부동산 투자를 응원하고 독려하기보다는 부정적인 이야기를 할 가능성이 높습니다. 그래서 '부동산 시장 전망'이라는 키워드로 검색해보면 부동산 전문가들도 견해가 다릅니다. 부동산 투자는 수천만 원에서 수십억 원이 들어가는 만큼 누군가가 부정적인 의견을 말하면 투자 의지가 흔들리기 마련입니다. 또한 통계에 기반한 근거를 내세우니 그의 말에 동조하게 됩니다. 1장에서는 '부동산 투자는 이제 끝났다', '부동산은 하락한다' 등 대표적인 거대 담론을 하나씩 이야기해보려고 합니다. 1장은 거시적인 측면에서 부동산 시장의 역동을 익힌다고 생각하고 읽어주시면 좋겠습니다.

2장 '미래 가치가 보장되는 신축 아파트는 따로 있다'에서는 여러 주택 가운데에서도 '아파트', 그것도 '신축 아파트'를 중심으로 가격이 오르는 이유를 비롯해 가치 있는 신축 아파트를 구별할 수 있는 정보를 담았습니다. 부동산의 종류에는 여러 가지가 있지만 일반인들이 가장 쉽게 접할 수 있는 투자는 아파트입니다. 상가나 토지 거래에 비해 개별단지들의 정보들이 투명하게 공개된 편인데다 실거주라는 목적성과도 직접적으로 관련 있기 때문입니다. 특히 주택은 필수재입니다. 따라서 좋든, 싫든 부동산에 관심을 가질 수밖에 없는데요. 첫 투자를 정말 잘해야 합니다. 저는 '신축 아파트'를 선택하면 절반은 성공했다고 봅니다. 2장에서는 왜 신축 아파트 투자에 주목해야 하는지를 풀어보았습니다.

이어서 3장 '될 가능성이 높은 재개발·재건축을 선별하라'에서는 정비사업 투자를 위한 기초 지식을 담았습니다. 신축 아파트에 가고 싶어도 금액이 높다 보니 쉽게 선택할 수 없는데요. 그래서 미래의 신축 아파트가 될 재개발·재건축을 주목하시는 사람들이 많습니다. 그러나 일반적인 아파트 투자와 견줬을 때 정비사업 투자는 시간이 오래 걸릴 뿐만 아니라 사업성을 판단하기가 쉽지 않습니다. 3장에서는 정비사업에는 관심이 있지만 선뜻 발을 들이기에는 관련 정보가 부족한 초심자들을 위해 최대한 눈높이를 맞춰 정비사업의 기본을 갖출 수 있도록 정리했습니다.

4장 '정책을 알아야 부동산이 보인다'에서는 다소 민감한 주제이긴 합니다만 정치와 부동산의 상관관계에 대해 다뤘습니다. 부동산 문제는 정부 정책과 떼려야 뗄 수가 없습니다. 정부가 다주택자를 얼마나 규제하는지에 따라서, 정부가 얼마나 실효성 있는 주택공급 정책을 펼치는지에 따라서 서울은 물론이고 전국의 부동산 가격에 불이 붙기도 하고 시장이 꽁꽁 얼기도 합니다. 정부가 발표하는 정책 하나에도 시장은 민감하게 반응하며 요동칩니다.

특히 2024년 12월 윤석열 대통령의 계엄령 선포 사태 이후, 여야의 강대강 대치로 입법공백이 장기화 될 것이고 정치·사회적 혼란은 가속화될 것입니다. 이렇게 불확실성이 커질수록 정책에 따른 부동산 쟁점들을 다시금 명확하게 복기할 필요가 있습니다. 부동산은 좋든, 싫든 정치적·정책적 영향이 큰 시장입니다. 어떤 정책이 펼쳐질 것인지 알아두고 이에 따른 대비가 필요합니다. 특히 보수에서 진보로 정권이 바뀌게 된다면, 다주택자 규제 강화의 시대가 올 것을 대비해야 합니다. 2025년은 그 어느 때보다 각 부동산 정책이 부동산 시장에 미치는 영향이 어떠한지 공부가 필요한 때입니다.

5장 '명심해야 하는 투자 마인드 및 입지 분석'에서는 많은 사람이 부동산 투자를 하려 할 때 간과하는 원칙을 구체적으로 정리하고, 제가 어떻게 부동산 입지를 판단하는지를 소개합니다. 결국 사람들이 자주 묻는 것은 "그래서 어디가 좋아요?"인데요. 어느 지역이 좋은지 구분하는 것부터 시작해서, 저평가된 지역을 판단하는 법을 구체적으로 담았습니다.

순차적으로 읽어도 좋지만, 관심 있는 부분부터 읽어도 좋습니다. 다만, 각각의 요소들이 유기적으로 부동산 시장을 이루고 있는 만큼, 전체 내용을 완독하면 큰 도움이 될 것입니다. 최대한 전문 용어는 배제하려고 노력했지만 잘 안 읽히는 부분이 있다면, 너무 이해하려고 붙잡고 있기보다 속독한 후에 관심 있는 부분을 다시 보는 방법도 추천합니다.

부동산 투자 시대는 끝났다는 착각

정책을 알아야 부동산이 보인다

명심해야 하는 투자 마인드 및 입지 분석

1장은 앞으로 상승일지, 하락일지 전문가마다 분분한
부동산 시장의 거대 담론을 다루고 있습니다.
앞으로 집값이 우상향할 것이라 판단했다면 곧바로 2장부터 읽으셔도 됩니다.

부동산 투자 시대는 끝났다는 착각

①

인구가 줄어들면
무조건 집값이 떨어질까?

    많은 사람이 인구가 감소하면 부동산 가격이 하락할 것이라고 예상합니다. '인구가 감소하면 당연히 집에 대한 절대적인 수요량이 줄어들 것이고, 수요가 감소하니 집값도 떨어진다'는 논리입니다. 이 문장만 보면 맞는 말 같습니다. 하지만 저는 인구수 감소를 근거로 한 부동산 하락론에 동의하지 않습니다. 물론 인구감소 추세는 거스를 수 없는 명백한 현상입니다. 또한 수요가 감소하면 가격이 하락한다는 것을 부정할 생각은 없습니다. 다만, 그 결과에 대한 해석은 통계를 뭉뚱그려 볼 것이 아니라 디테일하게 접근해야 합니다. 단순히 인구가 줄어드니 집값도 떨어진다고 결론을 내릴 것이 아니라는 말이지요. 그보다는 '어느 지역의 집값이 무너지는지', '수요가 감소하더라도 살아남는 지역은 어디인지'의 측면에서 바라볼 필요가 있습니다. '10년 후에도 가치가 있는 부동산 투자'를 염두에 두고 있다면 더욱 그렇습니다. 이제 통계청에서 발표한 자료를 토대로 인구감소 현상을 부동산 투자의 관점에서 디테일하게 해석해보겠습니다.

◉ 통계 자료에서 드러나는 진실

2022년 대한민국 총인구는 약 5,200만 명이었습니다. 통계청에서는 향후 정부 정책과 다양한 경제·사회발전계획을 수립하는 데 기초자료로 활용하기 위해서 현시점의 인구를 기준으로 미래 인구 규모를 추계 및 전망합니다. 가장 최근 자료에 따르면 2070년 대한민국 총인구는 약 3,700만 명으로 추산됩니다. 지금으로부터 약 50년 후에는 1,500만 명에 달하는 인구가 사라진다는 뜻입니다. 통계에 근거하면 대한민국 인구수는 2020년에 정점을 찍고 이후부터는 하향세입니다. 인구수만 줄어드는 것이 아닙니다. 인구 피라미드를 살펴보면 2024년 대한민국의 평균연령은 44.9세입니다. 반면에 2070년에는 58.5세입니다. 그러나 인구 추계를 보면 고위값, 중위값, 저위값을 나눠서 보는데, 저위값 기준으로 2070년 평균연령은 60.8세입니다.

그림 1-1 대한민국 인구피라미드

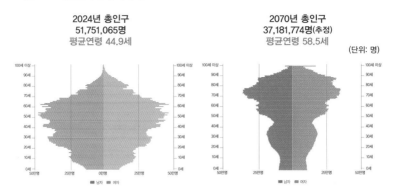

자료: 통계지리정보서비스 SGIS(2024년 기준)

65세 이상 고령자가 전체 인구의 20%를 넘어서면 '초고령화 사회'라고 하는데, 대한민국은 초고령화 사회를 목전에 둔 상태입니다. 합계출산율이 1 이하로 떨어져 계속 내리막을 걷고 있다는 소식은 이제 놀랍지 않습니다. 참고로 2023년 합계출산율은 0.721로 해당 통계가 집계된 이래 최저 수치를 기록했습니다. 이처럼 젊은 세대는 줄어들고, 노년층은 점점 늘어남에 따라 사회 전반의 생산성을 비롯해 여러 측면에서 우려되는 바가 많습니다.

그런데 이쯤에서 한 가지 질문을 던져보겠습니다. 인구수가 이렇게 극적으로 감소한다고 해서 대한민국 전 지역에서 인구가 줄어들까요? 그렇지 않습니다. 인구감소 문제는 사회 전반에 영향을 미치기 때문에 통계청 외에도 각 부처가 이와 관계된 지표를 주기적으로 발표합니다. 저는 인구감소 지역을 발표한 행정안전부 발표에 주목합니다.

그림 1-2 전국 인구감소지역

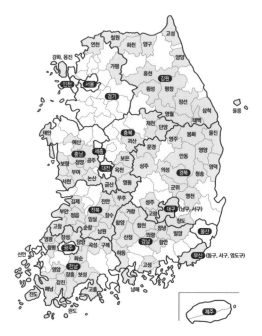

자료: 행정안전부(2021년 최초 지정)

〈그림 1-2〉에서 하늘색으로 표시된 부분이 인구감소 지역입니다. 우리가 눈여겨볼 부분은 하늘색으로 표시되지 않은 지역들입니다. 서울 및 수도권, 광역시들이 여기에 해당합니다. 물론 경기도, 인천광역시, 대구광역시, 부산광역시에도 인구감소 지역으로 지정된 곳이 있기는 하지만 그 수가 미미합니다. 쉽게 말해 서울 및 수도권은 인구감소의 영향권에서 벗어난 지역이라는 뜻입니다.

서울 및 수도권은 아니지만 하얗게 표시된 부분들도 있습니다. 주요 광역시 및 거점도시들입니다. 충북 세종, 경북 울산, 전북 전주 등

그림 1-3 지역별 인구밀도

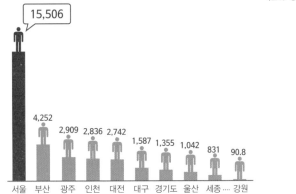

(단위: 명/km²)

자료: 통계청 KOSIS(2023년 기준)

이 대표적입니다. 양질의 일자리가 보장되는 지역은 인구가 줄어드는 추세에도 사람이 모입니다. 우리가 흔히 '대한민국 제2의 도시'라고 부르는 부산의 경우 청년 인구가 점차 줄어들고 있습니다. 이유는 자명합니다. 일자리가 없기 때문입니다. 2023년 부산상공회의소는 매출액을 기준으로 했을 때 국내 100대 기업에 속하는 부산 기업이 놀랍게도 단 한 곳도 없다고 발표했습니다. 같은 자료에 따르면, 국내 1,000대 기업 중 749곳이 서울과 경기, 인천 등 수도권에 집중됐습니다.˚ 이러한 수도권 집중 현상은 〈그림 1-3〉의 인구밀도 통계를 보면 한눈에 파악할 수 있습니다.

인구밀도는 특정 지역의 단위면적 당 인구수의 비율을 나타내는

˚ 경제는 이미 '초메가서울'…매출 100대기업 중 78곳 '인서울', 매일경제, 2023년 11월 15일.

지표인데, 지역별 인구를 그 지역의 면적으로 나누어 계산합니다. 계산에 따르면 2023년 기준, 서울의 인구밀도는 15,506명으로 단위면적 당 인구수에서 압도적인 차이를 보여줍니다. 인구밀도 2위인 부산(4,252명)의 약 3.6배에 달하는 수치입니다.

이러한 서울 및 수도권 집중 경향을 단적으로 볼 수 있는 사례로 실버타운이 있습니다. 주변인 중에 은퇴하면 번잡한 도시를 떠나 시골에서 유유자적한 삶을 살겠다고 꿈꾸는 사람들이 적지 않습니다. 하지만 현실은 다릅니다. 고령에 접어들수록 의료 서비스 이용의 편의성을 위해 도시에서 살기를 희망하기 때문입니다. 실제로 지방 혹은 경기도의 산 좋고 물 좋은 곳에 실버타운을 개원한 사례를 보면 그 결과는 시원찮습니다. 대표적으로 교직원공제회에서 출자해 설립한 실버타운은 경영난을 이기지 못하고 2022년 파산했습니다. 반면에 서울 광진구에 개원한 한 실버타운은 보증금 및 이용료가 초고가임에도 불구하고 평균 입주 대기 기간이 2년 이상일 정도로 사람들이 줄을 섭니다. 일자리를 찾는 청년층만 도시로 몰리는 게 아니라는 것이죠.

또한 인구수 감소를 집값 하락과 연결 짓는 논리에 반대하는 이유는 주택 소유 및 주택 보급 상황은 가구 수로 봐야 타당하기 때문입니다. 인구가 줄어든다고 해도 가구가 세밀화되면 필요한 주택 수는 늘어납니다. 최근에는 1인 가구가 늘어나는 추세인데 2024년 9월, 통계청이 발표한 「장래가구추계 전국편: 2022년~2052년」 자료에 따르면 1인 가구는 2022년 739만 가구(34.1%)에서 2052년 962만 가구

(41.3%)로 증가할 전망입니다. 약 두 집 중 한 집이 1인 가구인 셈이죠.

상황이 이러한데 '인구수가 줄어들면 집값이 떨어진다'고 전망할 수 있을까요? 물론 집값이 떨어지는 지역도 생깁니다. 하지만 그렇지 않은 지역도 엄연히 존재한다는 사실을 여러 통계가 보여줍니다. 서울 및 수도권 집중 현상을 해소할 수 있는 정책이 이상적으로 펼쳐지지 않는 한, 서울 및 수도권으로의 쏠림 현상은 더욱 가속화되리라고 전망합니다. 그리고 이런 경향은 반드시 집값에도 반영되기 마련입니다.

♀ 서울에 살지 않아도 서울 아파트를 산다

서울 집값이 거품이라는 논리에는 소득 대비 집값이 과중하게 비싸다는 인식이 저변에 깔려있습니다. 아무리 서울에 사람들이 몰리고 고소득자가 많다고 해도, 결국은 소득에 비해 너무 비싸서 가격이 무너질 거라는 것이죠. 이러한 인식이 성립하려면 서울 부동산은 서울 사람들만 매수하는 닫힌 시장이어야 한다는 전제가 필요합니다. 그런데 지금 서울은 단순히 서울 사람들만의 주거 대상이 아니라 전 국민의 투자 대상으로 바뀌고 있다는 것을 인식해야 합니다.

조금만 검색해봐도 '서울 아파트 외지인 매수 비중 역대 최고'라는 기사를 어렵지 않게 발견할 수 있습니다. '서울 아파트 매수자의

그림 1-4 외지인이 다른 지역 아파트에 투자하는 비율

(단위: %)

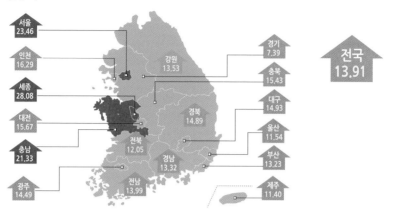

자료 : 한국부동산원(2023.01~2024.10)

약 25%는 외지인', 강남3구·마용성과 같이 소위 '상급시 쏠림 현상 심화', 특정 시점과 지역을 한정해서 보면 '마용성 외지인 매수 비중 30% 돌파' 이런 기사가 나옵니다. 실제로도 그런지 통계를 확인해보 겠습니다.

〈그림 1-4〉는 특정 시점을 한정하기보다는 2023년 1월부터 최 근 2024년 10월까지의 한국부동산원 통계로 만들었습니다. 전국 아 파트 외지인 투자 비율을 살펴보면 서울은 23.46%로 확실히 수치가 높습니다. 그러나 세종 28.08%, 충남 21.33%, 다른 지자체들도 경 기 7.39%를 제외하면 모두 10%대의 투자 비율을 보여주고 있습니 다. 그러면 해당 서울 쏠림이 유의미한 것일까요? 단순히 서로 지역

그림 1-5 서울 거주민이 지방 아파트에 투자하는 비율

(단위: %)

서울
-

인천
7.86

세종
2.73

대전
2.08

충남
4.14

광주
1.53

강원
6.53

경기
12.89

충북
3.46

대구
1.06

울산
1.21

부산
1.52

경북
1.50

전북
2.87

경남
1.33

전남
2.17

제주
4.53

전국
5.29

자료 : 한국부동산원(2023.01~2024.10)

간 교류하면서 투자하는 비율이 있지 않을까요?

한국부동산원은 반대로 서울 사람들의 다른 지역 매수율을 별도로 집계했습니다. 〈그림 1-5〉를 보면 아주 대비되는 수치가 나타납니다. 서울 사람들의 매입 비중은 경기도 12.89%, 인천 7.86%, 수도권이 가장 높고, 강원도 6.53%를 제외한 지방은 대부분 1~2% 사이의 매입 비중을 보여주고 있습니다. 이는 사실상 서울 사람들은 지방에 별로 관심 없으며, 지방은 지방 사람들끼리만 서로 오가고, 지방 사람들의 서울 사랑은 남다르다는 것을 보여줍니다.

주목해야 할 점은 서울 사람들이 가장 많이 매수하는 지역이 경기도인 것에 비해, 지방 사람들의 매수 비중이 가장 낮은 곳 또한 경기도라는 점입니다. 수도권 사람들은 서울 집값이 너무 오르면 굳이 비싸게 서울에 있을 필요가 있나 하면서 입지 좋은 경기도를 선택하는 반면, 지방 사람들은 무조건 '서울'을 사야 한다는 인식이 뚜렷하기 때문입니다.

지방 사람들의 투자가 서울로 모이는 현상에는 여러 가지 이유가 있습니다. 앞서 설명한 인구감소도 분명한 이유 중 하나죠. 서울·수도권 사람들은 아직 인구감소를 크게 체감하지 않지만, 지방 사람들은 학교가 폐교되고, 길거리에 청년들의 모습이 줄어들면서 상권이 무너지는 상황을 체감하고 있는데 언론 및 전문가들이 위기론을 강하게 주장하니 지방 투자를 주저하게 되는 것이죠. 그렇다고 지방 사람들이 부동산 투자를 멈추는 것은 아닙니다.

한국은 금융 자산보다 부동산 자산 비중이 압도적으로 높습니다. 그래서 자산을 적절히 분산할 수 있도록 균형 잡힌 투자 교육을 실천해야 한다고도 말합니다. 어느 정도 일리가 있지만, 지금까지 한평생 부동산으로 부를 일궈온 사람이 앞으로 부동산 시장이 좋지 않을 것 같다고 갑자기 부동산을 처분하고 금융 자산에 투자할까요? 실제로 부동산 투자를 위해 상담을 받으러 오는 사람들을 보면 젊은 사람보다는 어르신 비중이 압도적으로 높습니다. 인플레이션이라는 개념은 몰라도 돈을 통장에 계속 두면 손해라는 인식이 있고, 무언가를 들고 있어야 한다면 부동산이 좋겠다면서 오는 것이죠. 막연하게 지방은 하락할 것 같고, 다주택자는 세금 규제도 심하니 서울에 집 하나 사두고 싶다고 합니다. 부동산 위기론을 듣고 매수를 단념하는 사람도 있겠지만, 매수를 할 때 비싸더라도 더 확실하고 안전한 투자처로 가야겠다는 움직임도 같이 형성하게 됩니다.

결국은 물가상승률을 방어하기 위해 인플레이션 헤지(Inflation hedge)를 넘어서 '에셋파킹(Asset parking)'* 이라는 말까지 등장하게 됩니다. 많은 사람이 부동산 가격을 보면서 "너무 많이 올랐다. 저기서 얼마나 더 오르겠냐?", "이미 비싼데 저기서 수익률이 얼마나 나오냐?" 라는 우려가 쏟아집니다. 하지만 자산가들은 수익률이 중요한 게 아니라 '잃지 않는 것'을 더 중요하게 생각합니다. 아예 투자 수익을 기대하지 않는 건 아니지만, 가만히 두고 자산이 깎이는 것보단 낫다는 판단하에 투자하는 것이죠. 예를 들어 반포에 있는 33평형 아파트가 60억 원에 거래되었는데, 실거래가가 65억 원이 되었다면 과연 수익률이 높을까요? 취득세만 약 2억 원을 납부해야 하고 보유세도 높은데 말이죠. 그런데도 매수하는 이유는 안전자산으로의 이동하기 위함입니다.

즉, 서울 부동산은 서울 사람들만을 위한 시장이 아니라 전 국민의 투자지로 변모했습니다. 많은 사람이 "서울 부동산 가격이 너무 비싸다"라고 말하지만, 서울은 전 국민의 부가 집중되는 곳이라는 걸 인지하고 가격을 바라봐야 합니다.

지방 사람들의 서울 부동산 투자는 단순히 전국의 부가 서울로 몰

---

* 자산을 상대적으로 안전한 곳에 저장한다는 의미로, 자산(Asset)과 주차(Parking)가 결합된 신조어다. 주로 주거 상품이나, 부동산을 일컫는다.

리는 데에서 그치지 않고, 부동산 시장의 양극화를 더욱 심화시켜 문제가 됩니다. 지방의 자본이 서울로 몰려들면서 지방에는 돈이 돌지 않아 지방 부동산 가격이 하락하게 되고, 서울 쏠림 현상도 더욱 강화되기 때문입니다. 게다가 지방 사람들이 서울을 잘 알지 못한 채 투자하는 것 또한 서울 쏠림 현상을 심화시키는 요소로 작용하고 있습니다.

♀ 서울을 잘 알지 못해도 서울 부동산을 산다

지방 사람들은 단순히 '서울 부동산이 좋다', '서울 부동산을 매수해야 한다'라는 막연한 생각으로 투자하는 경우가 많습니다. 반면, 서울 사람들은 자신이 거주하는 지역임에도 서울을 종종 저평가하는 경향이 있습니다. 10년, 20년 사는 동안 특별히 크게 발전하지 않았는데 가격이 천정부지로 높아지는 게 이해되지 않기 때문입니다. 예전에는 10억 원 미만이었던 주택가격이 20억 원을 넘어가면 거품이 꼈다고 느끼게 되죠. 반면, 지방 사람들은 서울 집값이 과거에는 어땠는지 잘 모르기 때문에 단순히 현재 가격만 보고 매수 결정을 내리게 됩니다. 오히려 구체적인 정보 없이 쉽게 투자 결정을 내리는 경우가 있습니다.

일반화라고 생각할 수 있지만, 반대로 내가 살지 않은 지방의 부동산을 매수한다고 가정하면 어떨까요? 주로 해당 지역의 거점 도시나 광역시부터 고민할 것입니다. 부산에 투자하겠다고 결심하면 가장 먼저 '해운대구'를 떠올릴 겁니다. 부동산 공부를 좀 해본 사람들은 해수동을 떠올리며, 수영구나 동래구도 좋다고 생각할 수 있겠지만, 대부분은 '부산은 해운대'라는 인식으로 해운대에 매수하러 갈 가능성이 높습니다. 그래서 해운대의 집값이 치솟으면 부산 사람들은 상대적으로 덜 오른 수영구나 동래구로 이동할 수 있지만, 외지인은 '부산은 해운대'라고만 생각하고 다른 지역은 고려하지 않는 경우가 많습니다. 마찬가지로 대구는 수성구, 대전은 유성구처럼, 대표적인 지역들만 떠올리고 그 외 지역에 대해서는 잘 알지 못하는 것이 현실입니다.

사람들은 생각보다 2등 입지가 어디인지, 3등 입지가 어디인지 잘 모릅니다. 대구의 부동산 사장님이 "수성구의 집값이 워낙 높으니까 다른 구는 어떠세요? 다른 구는 반값으로도 매수할 수 있습니다"라고 권유해도 투자하는 사람이 '대구는 수성구가 최고'라고 생각한다면 수성구를 벗어나려고 하지 않습니다. 대구 사람들이 봤을 때는 범어네거리라든가 핵심 지역들 학원가들 이런 데를 생각할 것이고, 사실상 행정구역만 수성구고 이 금액이면 바로 옆에 다른 곳을 사겠다 싶은 곳조차도 외지인들은 말 그대로 행정구역이 수성구냐 아니냐를 더더욱 따진다는 것이죠.

서울도 마찬가지입니다. 서울에 투자하려는 지방 사람들은 강남 3구인 서초구, 강남구, 송파구를 우선으로 생각합니다. 하지만 강남이 아무리 좋아도 집값이 워낙 높다 보니 자금에 맞춰서 그다음 강북 3대장인 마포구, 용산구, 성동구(일명 마용성)를 검토하게 됩니다. 근데 여기서도 자금이 부족하면 어떻게 될까요? 보통 서울 사람들은 서대문구나, 동대문구로 눈을 돌리겠지만 지방 사람들은 "서대문구 투자하라는 이야기는 못 들어봤는데?" 하면서 다른 입지로 넘어가지 않을 가능성이 높습니다. 자금 부담으로 고민하는 분에게 계획했던 곳은 아니지만 여기도 투자하기 괜찮다고 설명해도 자금을 더 맞춰서라도 사면 샀지, 뒤로 밀리지 않는 경향이 심합니다. 창동 역세권 개발, 광운대 역세권 개발 호재를 설명해도 지방 사람들은 애초에 창동이 어디에 있는지, 광운대가 어디에 있는지조차 모릅니다. 흔히 부산, 대구, 대전, 광주의 1~2등 입지는 알아도 3~4등 입지는 어딘지 모르는 것과 같습니다.

〈그림 1-6〉을 보면 외지인의 깅님 3구와 마용싱 투자 비중이 높음을 확인할 수 있습니다. 하지만 그렇다고 다른 구의 투자 비중이 낮은 것도 아닙니다. 통계적으로는 유의미할 정도의 차이가 나타나지 않고 있는데요. 이는 '곧 죽어도 서울'이라는 생각으로 투자하는 지방 사람들이 많기 때문입니다. 그러나 서울 거주자들은 서울 집값이 비싸면 경기도나 인천으로 눈을 돌립니다. 이로 인해 서울 집값 상승은 서울 거주자들을 경기도와 인천으로 밀어내고, 지방 사람들은 서울에 집중 투자하는 현상이 두드러지고 있습니다.

지방 부동산 가격을 보면 저평가되었다고 생각하는 지역도 존재합니다. 따라서 부동산에 대한 부정적인 거대 담론들이 가장 먼저 지

그림 1-6 외지인이 서울 아파트에 투자하는 비율

(단위: %)

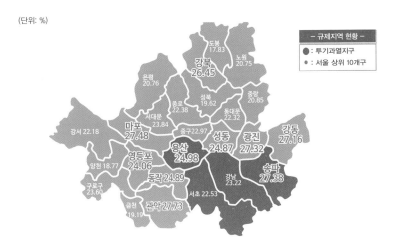

자료 : 한국부동산원(2023.01~2024.10)

방 부동산 시장의 심리를 악화시키면서 서울 쏠림 현상을 가속화하고 있음을 인지해볼 필요가 있습니다.

한국의 20년 뒤 미래는 일본일까?

우리나라의 미래를 전망할 때 흔히 일본의 사례를 참조하곤 합니다. '일본은 한국의 20년 뒤의 모습이다'라는 관점은 언론이나 기관 등에서 부동산 시장을 예측할 때도 적용됩니다. 가령, 국책연구기관인 한국개발연구원(KDI)은 2015년 「주택 시장의 추세적 요인 분석: 일본과의 비교를 중심으로」 보고서에서 '일본에서 1990년에 나타난 고령화로 인한 집값 붕괴'가 한국에서는 2019년부터 본격화할 것이라고 발표했습니다. 소득이 줄어든 노인들이 집을 팔거나 집의 크기를 줄여 이사하고, 집을 구매할 여력이 있는 생산가능인구가 줄어듦에 따라 집값이 떨어질 것이라는 시나리오입니다.

하지만 이 예측은 완전히 틀렸습니다. 고령화가 가속화되는 상황인 것은 맞습니다. 하지만 그로 인해 집값이 하락할 것이라는 전망은 틀렸습니다. 집값 하락은커녕 오히려 2019년은 서울뿐만 아니라 전국 부동산 가격이 폭등하며 '영끌'이라는 단어가 나올 정도로 부동산 매수 열기가 뜨거웠습니다. 이후 정부에서 과열된 시장을 가라앉히기 위해 여러 정책을 내놓았지만 결과는 어땠나요? 오히려 내 집 마련을 하지 못한 사람들의 불안 심리를 자극해 집값이 더 상승했던 것을 우리 모두 다 기억하고 있습니다. 일명 베이비부머 세대(1955~1963년생)가 은퇴하면서 집을 처분할 것이라는 KDI 전망과 다르게, 그들은 부동산을 처분하지 않았습니다. 정확하게는 매도하는 노년층이 존재했지만, 반대로 매수하는 노년층도 있다 보니 은퇴하면 보유 자산을 처분할 것이고 이는 부동산 가격 하락을 이끌 것이라는 전제가 깨진 것입니다.

한국은행 역시 2015년 12월 「금융안정보고서」에서 은퇴 고령층이 소득 감소에 대응하기 위한 부채 디레버리징 과정에서 자산 시장에 충격이 발생하고, 부채를 원활히 상환하지 못하는 고령 취약 가계가 증가하는 등 리스크가 발생할 것이라 전망했습니다. 한국은 부동산 등의 실물자산 비중이 압도적으로 높은 만큼 이들의 부동산 비중 감소는 부동산 시장에 충격을 줄 수 있다고 본 것이죠. 2015년 당시 해당 발표는 언론을 타면서 크게 이슈가 되었습니다. 2008년 금융 위기 이후 2014년까지 부동산 시장 암흑기를 겪다가 2015년부터 본격적으로 서울 분양 시장을 기점으로 부동산 가격이 상승하던 분위기에 찬물을 끼얹었고 더 하락할 것이라는 부동산 비관론이 팽배했던 시기였으니까요.

여기서 중요한 것은 왜 전망이 틀렸는가입니다. 여러 가지 이유가 있겠지만, 먼저 시대가 바뀌었습니다. 이제 은퇴한 부모를 자녀가 부양한다는 인식보다는, 각자 독립적인 거주를 선호하는 것으로 바뀌면서 은퇴 후에도 자가에 대한 수요가 꾸준하다는 것입니다. 자가를 보유한 사람이 다운사이징을 할 것으로 전망했지만, 그렇지 않은 사람들이 더 많아서 예견했던 매물 폭탄 현상은 나타나지 않았습니다. 오히려 반대로 부동산 구매층 중에서 60대 이상인 매수자가 20% 정도를 차지합니다.

베이비부머의 은퇴가 시작되었어도 부동산 가격이 하락하지 않은 이유로 주택연금 제도를 언급하는 전문가도 있습니다. 주택을 팔기보다는 그대로 거주하면서 금융화를 통한 소득을 확보했다는 것인데요. 한국 노년층의 주택연금 제도 이용률은 상당히 낮은 편입니다. 금융 지식의 부족 및 홍보 부족일 수 있겠지만, 무엇보다 내 집을 온전하게 보유해야 한다는 욕구가 매우 높습니다. 향후 내 집을 빼앗긴다는 인식에 가입을 꺼리는 사람들도 많습니다. 실제로 어르신과 상담을 진행하다 보면, 부동산을 처분하기보다는 그간 부를 쌓아왔던 기틀이 부동산이었던 만큼 부동산 투자를 더 하려고 합니다. 퇴직금으로 자영업을 시작했다가 망했다는 뉴스가 너무 많아서 사업보다는 투자를 선호하고, 변동성이 높은 주식보다는 안전한 부동산 투자를 더 선호하는 것이죠. 게다가 고령자는 전월세를 구하는 것 또한 쉽지 않습니다. 일부 임대인들은 고령자를 받지 않기 때문입니다. 한두 번 거절을 경험하면 기분이 나빠서 집을 매수하는 경우를 많이 봤습니다. 물론 자산에 여유가 있는 노년의 이야기라고 치부하실 수도 있겠지만, 반대로 말하면 자산적 여유만 있다면 나이에 상관없이 부동산을 늘리고 싶어 하지, 줄이고 싶어 하는 사람은 없다는 말과 같습니다.

다시 일본의 사례로 돌아오겠습니다. 1990년대 초반 버블경제의 붕괴로 일본의 부동산 가격이 대폭 하락한 것은 사실입니다. 1980년대 후반 일본 부동산 시장은 '도쿄에 있는 모든 지역의 부동산을 처분하면 미국 전 국토를 살 수 있다'라는 말이 있을 정도로 대단했습니다. 1980년대 후반 눈부신 경제 성장에 도달한 일본은 급등한 부동산 가격 등을 안정화하고 과도한 투기를 억제하기 위해 긴축 통화 정책을 펼칩니다. 이로 인해 금리가 상승하자 부동산 시장에 유입되던 자금이 급격히 줄어들면서 부동산 가격이 차츰 하락하기 시작했습니다.

이윽고 1992년을 기점으로 일본 경제가 불황에 접어들자 집값 하락에 가속이 붙기 시작했고, 주택담보대출을 갚지 못하는 가구가 늘어납니다. 부동산을 담보로 한 대출에서 다량의 부실채권이 나오며 은행도 타격을 입게 됩니다. 시중 은행의 자본 건전성이 위협받으니 일본 경제 전체가 경색되는 것은 당연했습니다. 당시 상업용 부동산의 경우, 가격이 절반 이상 떨어지기도 했습니다. 이러한 일본의 부동산 폭락은 이후 이어진 '잃어버린 10년'의 주요한 원인으로 작용했습니다. 물론 집값 하락에 저출산·고령화의 영향이 없지는 않았을 것입니다.

그랬던 일본에서 최근 변화의 조짐이 보이고 있습니다. 특히 수도 도쿄의 신축 맨션을 중심으로 부동산이 가파른 오름세를 보이고 있습니다. 일본 부동산경제연구소(不動産経済研究所)가 발표한 통계에 따르면 2023년 도쿄 23구 신축 맨션의 평균가는 11,561만 엔(한화 약 11억 원)으로 2022년의 8,236만 엔보다 39.4% 상승했습니다. 이는 일본 집값이 폭등했던 버블경제 시기의 가격을 뛰어넘는 가격입니다. 이와 같은 집값의 오름세를 반영하듯 '억션'*이란 말도 다시 등장했습니다. '물론 집값 반등의 경향은 전체 평균이 아니라 도쿄의 신축이 주도하고 있습니다만 주목할 만한 변화임은 분명합니다.

그렇다면 우리나라의 수도권 지역에 견줄 수 있는 도쿄 주변 지역들은 어떤 변화가 있었을까요? 도쿄 인근 지역의 부동산 가격 변화와 관련해 참조할 만한 사례로 다마 뉴타운이 있습니다. 다마 뉴타운은 1970년대에 조성된 신도시로 일본 도쿄 중심부에서 서쪽으로 약

●　　1억 엔(약 9억 6,000만 원)이 넘는 고가의 맨션을 줄여 부른 말.

30킬로미터 떨어진 지역입니다.* 우리나라로 치면 서울 중심부에서 일산 또는 분당 정도의 거리입니다. 다마 뉴타운은 1965년에 계획되어 1971년부터 입주를 시작했는데 가장 먼저 입주를 시작한 다마시의 경우, 지금은 한 동의 절반이 빈집이라는 보도가 있을 만큼 고령화로 인한 문제가 심각합니다. 50년의 세월이 지났으니 그곳에 살던 젊은 층들이 모두 노인이 된 것이지요. 다마 뉴타운의 사례는 저출산·고령화 시대에 접어든 현시점에서 경기 수도권 부동산 상황을 마냥 낙관할 수 있을지를 고민하게 만듭니다.

다마 뉴타운의 역세권 주변은 도시재생사업을 통해 정비**가 되어 신축 건물 및 시설들이 들어섰고 젊은이들도 거주하고 있습니다만, 그 외 지역은 굉장한 침체를 겪는 중입니다. 다마 뉴타운의 사례를 보면 현재 우리나라 수도권에 인구가 집중되는 상황이라고 해도 교통이나 일자리가 애매한 경기 수도권 지역은 향후 미래 가치를 장담할 수 없다고 말할 수 있습니다. 인구 팽창 시기에는 계속 수요가 있지만, 인구 축소 시기가 오면 해당 주택의 수요를 뒷받침할 사람들이 줄어들기 시작합니다. 과거에는 주택이 부족했고 사람은 많다 보니 경기도에서 출퇴근 하면서도 살아왔지만, 사람들이 줄기 시작하면 통근 거리를 감수하며 멀리 거주하기보다는 도심으로 향하게 됩니다.

* 행정구역상으로 다마 뉴타운은 도쿄도 내에 위치해 있다. 도쿄도 크기가 서울의 2배이기 때문에 서울과 비교할 때는 도쿄 23구를 기준으로 보고, 일본 내에서도 도쿄 23구는 별도로 구분해서 통계를 내고 있다.
** 일본의 도시재생은 한국과 달리 철거를 통한 정비도 병행했다. 한국의 도시재생은 보존이라는 이미지가 강한 것과 대비된다.

일본을 보면서 한국의 20년 뒤의 미래다, 20년 뒤에 한국 부동산 가격도 하락할 것이라고 말한다면 반은 맞고 반은 틀린 결과가 될 것입니다. 인구가 감소하면서 지방은 침체되고 일자리를 찾아 젊은 이들은 도심으로 이동하게 됩니다. 또한 노인들만 남게 되는 지역은 학교 폐교는 물론 소비력이 떨어지면서 마트 및 각종 판매 업체들도 함께 사라져 인프라 자체가 붕괴될 것입니다. 단순히 중심지로 이동하는 것을 떠나 동네가 슬럼화가 되면서 주거의 질이 오히려 더 낮아지게 되는 것이 동시에 나타나는 것입니다. 즉, 일본을 통해 인구 감소가 부동산의 지역별 양극화를 더 가속화하는 것임을 알 수 있습니다. 현재 일산, 분당 등 인프라 등이 갖춰져 있는 1기 신도시의 경우, 재건축이 속도를 내며 제대로 진행되지 않으면, 즉 신축 아파트로의 전환이 원활하게 이루어지지 않으면 지금 당장은 아니겠지만 장기적인 관점으로 봤을 때는 다마 뉴타운처럼 공실화를 겪을 우려가 적지 않습니다. 재건축·재개발 규제 완화의 필요성에 대해서는 3장에서 더욱 구체적으로 이야기하겠습니다.

♀ 인구 소멸 시대에도 살아남는 지역에 주목하라

이런 상황들을 살펴보면, 20년 뒤 저출산·고령화의 인구 문제로 인해 대한민국 집값이 폭락할 것이라는 전망에 쉽게 동의하기 어렵습니다. 참고로 경제협력개발기구(OECD) 가입국 중 장기간에 걸쳐 집값 하락을 경험한 나라는 유일하게 일본뿐입니다. 즉, 일본이 특수한 사례라는 뜻이지요. 물론 세계 금융 위기나 미국발 금리 변동과 같은 글로벌 경제적 이벤트의 영향으로 집값이 주춤하거나 잠시 하락하는 나라들도 있긴 했지만, 중장기적인 단위로 봤을 때는 대개 우상향의 추세를 보였습니다.

앞서도 말했듯이 인구 소멸 시대에도 분명 살아남는 지역은 있습니다. 저는 2023년 당시 2024년 부동산 시장을 '초양극화'로 전망했습니다. 2022년도 하반기에 시장이 확 무너졌다가 2023년 1.3 부동산 대책이 나온 후 불꽃 같은 상승으로 강남권역은 전고점을 돌파하는 단지가 속출했습니다. 강남이 아니더라도 서울 신축 아파트를 중심으로 가격 상승의 흐름이 이어졌습니다만, '오르는 곳만 오르고 안 오르는 곳은 안 오르는' 경향이 뚜렷해지고 있습니다. 지역별 양극화 및 상품별 양극화가 나타나고 있으며, 더 나아가서 같은 지역 내 아파트라 하더라도 구축과 신축, 소형과 대형, 역세권과 비역세권을 두고 격차가 점점 더 벌어지는 모습이 보입니다. 이러한 초양극화의 추세는 2025년 이후로도 계속될 것으로 보입니다.

물론 이런 양극화 현상이 경제적으로나 사회적으로 좋다고 옹호하는 것은 아닙니다. 그러나 투자를 함에 있어서 시장의 움직임을 있는 그대로 현실적으로 관망할 필요가 있습니다. 투자의 대가 워런 버핏의 유명한 격언이 있습니다.

규칙 1: 절대 돈을 잃지 마라.

규칙 2: 절대 규칙 1을 잊지 마라.

즉, 투자에 있어서 무엇보다 '손해를 보지 않는 것'이 중요합니다. 부동산 투자로 돈을 버는 것도 중요하지만 잃지 않기 위해서라면 장단점을 모두 인지하고 리스크를 최대한 제거하면서 투자를 해야 합니다. 현명한 투자자라면 인구수 감소, 지방 소멸의 시대, 서울 및 수도권 집중화 현상을 '옳고 그름'의 잣대로 보기보다 그럼에도 살아남는 지역이 어디인지를 주목해 '잃지 않는 투자'에 베팅하길 바랍니다.

PF 위기는 부동산 시장에 어떤 영향을 줬을까?

부동산 위기를 이야기하면서 최근 많이 언급된 이슈는 부동산 프로젝트 파이낸싱(Project Financing, 이하 PF) 위기입니다. PF는 쉽게 말해 신용도나 담보 대신 사업 계획이나 수익성 등 미래의 현금 흐름을 근거로 자금을 조달하는 금융기법입니다. PF는 우리나라에서 대개 부동산 개발을 위한 자금 조달 방식으로 사용됩니다. 신규 주택을 짓거나 재개발·재건축을 진행할 때는 막대한 공사비가 투입되기 때문이죠. 그런데 2022년 소위 '레고랜드 사태'라 불리는 레고랜드의 채무불이행 사건으로 인한 건설사와 금융권의 부실 문제로 부동산 시장이 한동안 크게 술렁였습니다.

2012년 8월 강원도와 영국 멀린 엔터테인먼트 등은 춘천시 중도에 레고랜드 건설을 확정하고 이를 위해 강원중도개발공사의 전신 법인인 엘엘개발을 설립합니다. 당시 강원도는 레고랜드 개발의 시행사로서 이 법인의 지분 44%를 소유하고 있었습니다. 그런데 사업을 진행하던 도중 공사 부지에서 대규모 선사유적이 발견되고, 문화재청의 권고에 따라 2014년부터 약 5년간 레고랜드 개발은 전면 중단됩니다. 사업 진척은 없는데 공사 기간은 늘어나고 그사이에 금융비를 비롯해 사업비는 지출해야 하니, 이로 인한 손실을 메꾸기 위해 강원중도개발공사는 사업자금 유치를 위한 특수목적법인인 '아이원제일차'를 설립해 약 2,050억 원 규모의 ABCP 채권*을 발행합니다. 당시 이 채권은 강원도가 보증했는데, 지자체가 보증을 서는 채권인 만큼 많은 금융기관이 안전하다고 판단해 투자를 진행합니다.

시간이 흘러 2022년 5월에 레고랜드가 오픈했고 그해 9월 29일에 ABCP 채권 만기일이 도래합니다. 하지만 9월 28일 김진태 강원도지사는 보증 의무를 이행하는 대신 강원중도개발공사에 대해 회생절차를 신청하겠다고 발표합니다. 그 결과, A1 등급이었던 채권은 일주일 만에 부도 처리가 됩니다. 지자체가 발행한 채권이 부도났다는 사실은 시장에 심각한 혼란과 충격을 줬고, 이후로 부동산 PF 부실은 한국 경제의 뇌관으로 인식되었습니다. 레고랜드 사태 직

---

* 유동화 전문회사인 특수목적회사(SPC)가 매출채권, 부동산 등의 자산을 담보로 발행하는 기업어음.

후 회사채 시장 투자심리가 위축되고 기업들의 연이은 회사채 발행이 실패함에 따라 자금 조달에 어려움을 겪게 됩니다. 사태의 심각성을 인지한 강원도는 10월 하순 채무보증 지급금 2,050억 원에 대한 예산안을 편성, 추진하고 채무를 이행하겠다고 발표합니다. 정부역시 10월 23일에 50조 원 이상의 유동성 공급 프로그램을 가동하겠다고 발표합니다. '레고랜드 사태'의 핵심은 부동산 PF 부실 문제가 건설사, 금융사 등의 손실로도 연결되며 내수 경기 전체를 혼란에 빠트릴 수 있다 보니 정부까지 나서서 수습하게 되었다는 것입니다.

당시 시장은 미국이 급격하게 기준금리를 인상하면서 한국도 기준금리를 따라 올리고 있었고, 부동산 시장 역시 하락하는 게 아니냐는 기류가 형성되었습니다. 그러던 중에 지자체가 보증한 사업인 부동산 PF가 터진 것입니다. 사실상 신뢰의 문제였고 이게 시발점이되어서 신규 PF는 물론, 기존 PF도 금리 인상 및 만기 연장 거절 등으로 상황이 꼬이기 시작합니다. 정부가 대책을 내놓았지만 근본적으로 부동산 시장 침체와 미분양 증가, 이로 인한 신용경색으로 시행사들이 무너지기 시작합니다. 시행사가 무너지자 책임준공을 확약했던 시공사들도 같이 부실화됩니다. 여러 사업장이 계속 나빠지자 지방을 중심으로 사업을 하던 중소, 중견 건설사들이 무너지고, 100대 건설사(자체 시행사업 비중이 높던 곳)조차도 워크아웃(기업 개선 작업)을 신청하는 사태가 벌어졌습니다. 시공사가 무너지니 최종적으로 PF 자금을 모았던 금융사까지도 위기가 터지면서 제2금융권, 증권사 중에서 부동산 PF 대출을 많이 했던 몇몇 곳은 언제 무너질지 모른다는 위기론도 돌았습니다. 그러면 도대체 부동산 PF가 무엇이기에 연쇄적으로 영향을 준다는 것일까요?

📍 기형적인 부동산 PF의 구조

먼저 시행사와 시공사부터 다루겠습니다. 많은 사람이 이 둘을 구분하지 못합니다. 시행사는 부동산개발사업의 모든 책임을 지고 전 과정을 관리, 감독하는 회사입니다. 시공사는 시행사로부터 도급받아 공사만 하는 회사로 우리가 흔히 아는 건설사가 곧 시공사입니다. 간혹 시공사가 시행사 역할을 합니다만 메이저 건설사의 경우 전체 사업 중 시행사업 비율로 따져보면 10% 정도밖에 안 됩니다. 시행사가 공사를 진행하려면 자본이 필요합니다. 통상 부동산개발사업에서 시행사의 자기자본비율은 5~10% 수준입니다. 그렇다면 여기서 궁금증이 하나 생깁니다. 5~10% 수준의 자기자본만 가지고서 어떻게 천억 단위의 프로젝트를 진행할 수 있을까요? 방법은 대출입니다. 이때 시공사에서 신용보강을 목적으로 시행사와 책임준공확약을 한다든가 연대보증의 방식을 택하기도 합니다. 이후 'SPC'라고 불리는 특수목적법인이 설립되고 이곳에서 ABS(자산유동화기업어음) 또는 ABCP(자산유동화어음) 채권을 발행하고 만기가 될 때마다

그림 1-7 부동산 PF 기본 구조

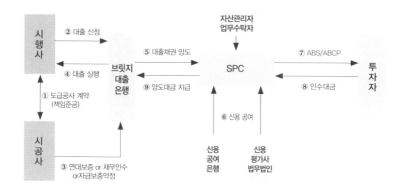

상환하는 방식으로 자금을 조달합니다. 은행이나 증권사 등 대주단은 프로젝트를 보면서 사업성이 좋으면 대출을 승인합니다. 그런데 이 PF에 모럴해저드(도덕적 해이)가 발생한 것이 문제였습니다. 원칙적으로는 시행사가 진행하려는 부동산 개발 프로젝트가 입지가 좋고, 분양 가능성이 높아서 자금 대여를 해줘도 안정적인 수입을 얻을 것으로 예상될 때 대출을 승인해줘야 합니다. 하지만 그렇지 못했다는 겁니다. 당시 부동산 불패 신화에 대한 믿음이 팽배했고 증권사 직원조차도 PF 대출을 성사해야 성과급을 받는 구조가 되다 보니 면밀하게 검토하지 않고 특별한 결격 사유가 없다면 일단 통과시키기 급급했던 것입니다.

　시행사는 당장 땅값조차 없는 상태에서 사업을 진행하다 보니 땅값의 잔금부터 대출받는 경우가 비일비재합니다. 이는 정식으로 PF 대출이 실행되기 전에 받는다고 해서 일명 브릿지 대출(bridge loan)

로, 이후 정식으로 사업 진행 시 PF 대출을 받아 상환해버립니다. 브릿지 대출은 리스크가 커서 금리 및 수수료도 더 높게 받아 갑니다. 이렇게 보면 시행사는 땅값도 남의 돈으로 사고, PF 대출을 일으켜서 공사를 진행하고 추후 일반 분양을 통해 얻은 분양 수입으로 공사비를 지급하고 추후 PF 대출 금액도 상환하는 구조가 됩니다. 자기자본은 총 프로젝트 비용 대비 3%밖에 안 되어도 프로젝트 진행이 가능한 이유입니다. 그렇다 보니 성공하면 어마어마한 수익을 남길 수 있는 구조지만, 역으로 부동산 시장이 침체되고, 금리가 올라가 자본잠식이 되면 분양해도 남는 게 없는 상황이 됩니다. 가령 5,000억 원짜리 프로젝트를 한다면 시행사는 150억 원으로 시작했다는 것이고, 사업 지연으로 손실이 150억 원을 넘어가게 되면 사업을 이행해봤자 부채만 남으니 시행사는 파산을 신청해버리는 것입니다. 이 때문에 2024년 6월, KDI는 선진국처럼 시행사업 시 자기자본비율을 3%에서 30~40%까지 올려야 한다고 주장했습니다.

현실이 이러니 업계에서 시행사를 두고 '성공하면 회장님, 실패하는 사기꾼'이라는 말도 있습니다. 그런데 이러한 시행사업이 어떻게 작동하게 된 것일까요? 사실상 한국에서 시행사라고 하면 '신영', 'MDM' 같은 대형사도 있지만, 대부분은 영세합니다. 건설사나 증권사도 이를 모르지 않습니다. 그렇다 보니 증권사에서는 시행사의 프로젝트 사업성을 보고 판단하는 것이 아니라 시공사의 책임준공 및 신용보강을 믿고 승인합니다. 애초에 시행사는 믿지 않고 시공사의 규모가 더 크니까 시공사 이름을 보고 대출을 실행시켜준 것이나 다름없죠. 그러면 시공사는 사업 현장을 잘 분석하고 선별 수주해야 하지만, 일단 수주하기 위해 책임준공 확약을 남발한 회사도 있고, 대형 건설사뿐만 아니라 중소 건설사들은 더더욱 일감을 받기 위해서라도 해당 구조를 받아들이게 되었습니다.

이 기이한 구조는 앞서 말했듯 부동산 가격이 계속 상승할 때는 문제가 없지만 하락하면 수면 위로 드러나게 됩니다. 시행사는 자본 잠식이 되는 순간 폐업하고 도망가고, 시공사는 일단은 책임준공 확약이 되어 있으니 돈을 못 받아도 어쩔 수 없이 공사를 진행하게 되는데요. 만약 문제가 터진 현장이 한두 개 정도면 어떻게든 사업을 대신 끌고 가서 준공하고 분양 수입으로 도급 공사비를 회수하면 되겠지만, 사업 여건이 좋지 않을 때는 여러 현장에서 문제가 발생하다 보니 체력이 약한 중소, 중견 건설사들부터 무너지는 것입니다.

증권사 역시 일부 프로젝트에서 문제가 발생하는 것은 상관없었겠지만, 여러 현장에서 채무상환이 불이행되고 공사가 멈추게 되면 손실도 손실인데 뱅크런(예금주들이 한꺼번에 돈을 찾아가는 대규모 예금 인출 폭주 사태)이 발생할 수도 있습니다. 이를 어떻게든 막기 위해 다른 곳에 투자한 자금을 회수하고, 이게 또 멀쩡했던 사업장의 금리 인상 및 자금 유출로 위험해지는 신용경색이 연달아 나타나게 됩니다.

📍 PF 위기는 아직도 현재 진행형

문제는 PF 위기가 현재 진행형이라는 것입니다. 2022년에 본격적으로 문제가 터지기 시작한 것이지, 2023년, 2024년에도 PF 위기론은 계속 등장하고 있습니다. 지금도 힘든 것을 넘어서 무너지는 시행사, 시공사가 있습니다. PF 위기로 부동산 시장이 무너질 것이라고 말하는 사람도 존재합니다. 더 나아가 PF가 터지지 않도록 정부가 개입하는 것이 잘못이라고 하면서, 한번 터트려줘야 부동산 시장이 정상화된다고 말하기도 합니다. 이렇게 극단적인 주장을 들어보면 한국의 시행사업 구조가 참 기형적이라고 생각할 수 있습니다. 진짜 디벨로퍼(developer)로서 저평가된 곳을 개발하는 사람들도 있지만, 사실상 시기가 좋아서 한탕에 성공했을 뿐인 사람들도 많습니다. 모두가 이윤은 내가 취하고 손실은 남에게 전가할 생각만 하니 문제가 된 것이고, 저 역시 이 시장이 정상이라고 보지는 않습니다. 하지만 그렇다고 해서 이 PF를 무조건 터트리는 게 정답인지는 저도 잘 모르겠습니다. 사회 구조적으로 너무 많이 연결되어 있기 때문입니다. 시행사들은 이미 많이 무너졌고, 시공사들도 무너지고 있지만, 본격적으로 정부가 지원을 끊고 방치한다면 그나마 연명하고 있던 시행사와 시공사는 그대로 다 파산하게 될 것입니다. 연관되는 일자리가 사라지는 것을 떠나서도 연쇄적으로 해당 프로젝트에 투자한 증권사 및 대주단도 손실을 받게 됩니다. 도미노처럼 대한민국 경제 전반적인 충격으로 이어지는 것이죠. 그래서 정부도 각종 대책으로 PF 문제가 더 커지지 않게 막고 있습니다. 혹자는 대마불사(大馬不死)라고 비판하면서 정부가 부동산 경기를 부양하려고 그런다고 하지만, 빈대 잡으려고 초가삼간 태울 수는 없는 노릇인 만큼 정부도 어쩔 수 없는 심정일 것입니다. 앞으로 시행사업이 어떻게 건강하게 자리잡을 수 있을지는 정부가 해야 할 노력이긴 하지만, 지금까지는 아슬아슬한 외줄 타기처럼 이어오고 있습니다.

사회적인 충격이 워낙 크다 보니 정부는 어떻게든 연착륙을 유도하고 있지만, 시장 정상화를 위해 PF를 터트리면 어떻게 될까요? 터트리는 게 옳은지 그른지는 모르겠습니다만, 한번 짚어보겠습니다.

⊙ PF 문제가 터진다면 부동산 시장은 어떻게 될까?

저는 부동산 시장을 전망할 때 크게 두 가지를 구분해야 한다고 이야기합니다. 하나는 '건설 시장'이고 다른 하나는 '주택 시장'입니다. 전자는 신규 주택공급과 관련되고, 후자는 재고 주택거래와 관련이 있습니다. 이 둘을 나누어서 보는 이유는 부동산 시장을 전망할 때 두 시장이 다른 방향과 분위기를 보여주기 때문입니다.

건설 시장은 매우 어렵습니다. 2023년 연말, 국내 건설사 중 시공능력 평가 16위(2023년 기준)인 태영건설이 워크아웃을 신청했습니다. 3조 원대에 이르는 PF 대출을 감당하지 못했기 때문입니다. 태영

건설은 고금리와 도급 공사비 급등으로 인해 미처 착공도 시작하지 못한 현장이 많아짐에 따라 PF 대출 상환에 큰 어려움을 겪었습니다. 한국신용평가가 제공하는 정보에 따르면 2023년 12월 20일 기준 태영건설의 신용등급은 A-였습니다. 이후 일주일이 조금 넘는 사이에 CCC(채무불이행 위험이 크다고 여겨지는 투기 등급)로 떨어진 것입니다. 업계에서 손꼽히는 건설사도 이러니 중소 건설사들의 사정은 말할 것도 없습니다. 문제는 이러한 건설사들이 겪는 진통이 건설자금을 대출해준 금융권으로 이어지면서 금융업계의 부실로 이어진다는 것입니다. 이것이 많은 전문가가 PF 위기를 대한민국 경제 위기의 뇌관으로 꼽는 이유입니다. 태영건설의 워크아웃 신청 이후 정부는 바로 관련 대응 방안을 내놓았습니다. 가령 태영건설이 참여한 PF 사업장 60개를 재구조화하거나 매각하겠다는 등의 방침을 내놓았지요.

자, 이렇게 건설업의 경기가 나쁜 상황에서 정부가 동아줄을 놓으면 어떻게 될까요? 대규모로 구조조정에 들어가게 될 것입니다. 시행사들은 말할 것도 없고, 시공사들도 줄도산으로 가겠지요. 2008년 금융위기 이후 많은 건설업체가 파산했고, 그룹사에 있는 회사들은 모그룹의 지원을 통해 살아남긴 했지만, 반대로 이때 너무 무리한 지원을 감행하면서 그룹 전체가 휘청인 곳도 있습니다. 당시 건설경기 침체는 말할 것도 없고 서울에서도 미분양이 넘쳤던 시절이기 때문에 하도 안 팔리니 할인분양을 진행했습니다. 그러니 부동산 PF가 터지면 부동산 가격 안정을 줄 것으로 생각할 수 있습니다.

그런데 부동산 시장을 '건설 시장'과 '주택 시장'으로 구분해야 한

그림 1-8 아파트 인허가 실적

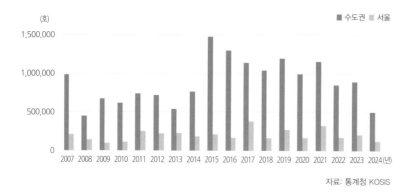

자료: 통계청 KOSIS

다고 말한 이유가 있습니다. '건설 시장'은 지금도 엄청나게 어렵고, 신규 사업은커녕 지금 진행 중인 프로젝트를 수습하기 급급합니다.

　그렇다 보니 〈그림 1-8〉에서처럼 인허가 물량은 계속 감소하고 있습니다. 더 문제는 기존 인허가 물량도 착공으로 가지 못하고 있다는 것입니다. PF 위기가 본격화되기 전에는 전체 인허가 물량이 100이라고 했을 때 실제 착공으로 가는 비율이 80~90%이라고 했다면, 지금은 60% 전후로 낮아졌습니다. 착공하면 돌이킬 수 없는 데다가 공사비가 계속 투입되어야 하니 인허가를 다 받았더라도 착공하기가 부담스러운 것입니다. 아예 착공 전에 투입금 중 일부라도 회수하자는 심정으로 부지를 처분하는 곳도 있습니다. 그러면 여기서 말하는 '건설 시장'의 위축은 결국 '신규 공급 감소'라는 사실을 알 수 있습니다. 앞으로 신규 공급이 없어지면 '주택 시장'은 어떻게 될까요? 재고 주택을 보유한 사람들에게는 호재입니다. 많은 사람이

그림 1-9 주택 시장 진단 모델 '벌집순환모형'

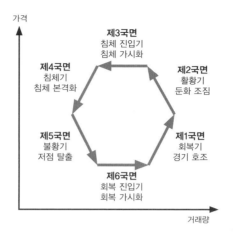

PF 위기가 부동산 시장에 타격을 줄 것이라고 말하지만, 엄밀하게 시장을 구분해서 보면 '건설 시장'이 타격을 받는 것이지 '주택 시장' 입장에서는 호재라는 것입니다.

부동산 이론 중에 '벌집순환모형(Honeycomb Cycle)'이 있습니다. 주택 시장이 일반적인 경기 사이클과 주택의 입주 시차에 영향을 받아 거래량과 주택가격의 관계가 육각형의 패턴을 나타내면서 6단계로 순환한다는 이론입니다. 일반적으로 경기순환주기를 4국면으로 보는 것과 다르게 부동산 시장을 6국면으로 나눠보는 가장 결정적인 차이는 바로 '공급 시차(time lag)'에 있습니다. 부동산은 공사 기간만 3년을 잡는 만큼 실질적으로 토지 매입부터 시작해서 인허가를 받고 사업을 진행하는 데 중장기적인 관점으로 바라볼 수밖에 없습니다. 그렇다 보니 부동산 경기가 좋을 때는 분양 사업성이 높은 만큼 너도나도 사업을 시작하다가 공급 과잉이 오면 다시 부동산 시장의 안정을 위해 둔화됩니다. 경기가 안 좋을 때는 있던 사업도 취소하면서, 공급 부족으로 다시금 부동산 시장이 상승한다는 것입니다.

이제 부동산 PF를 터트려서 어떻게든 연명하던 시행사업들을 다 무너트린 후에 공급을 반토막 내는 게 유리한 것인지, 연착륙을 유도해서 완공시키는 게 좋은지는 관점이 달리 보일 것입니다. 즉, PF 문제와 주택 시장은 포인트가 다르다는 것입니다.

📍 PF 위기로 진짜 위험한 곳은?

PF로 부동산 시장이 무너지면 전반적인 땅값이 떨어질 것이고, 시행사와 시공사들은 파산 위기에서 더 적극적으로 할인분양을 할 수 있다는 의견도 있습니다. 여기서도 쟁점을 구분해서 봐야 합니다. 먼저, 땅값이 떨어진다고 해서 아파트 등 집값이 떨어지지 않습니다. 서울 같은 구도심은 빈 택지가 없으니 단독주택 등을 헐고 다세대 빌라나 오피스텔 아파트를 건축하게 되는데, 시행사가 신규 개발을 멈추게 되면 단독주택 가격이 하락하겠지요. 아파트 가격 하락과는 다른 이야기입니다. 그러면 미분양 처리에는 직접적인 영향이 있을 수 있는 거 아니냐는 지적에는 맞는 말이긴 합니다. 당연히 신축 아파트를 할인분양 하면 인근 집값에 악영향을 미칩니다. 지금 미분양이 많은 지역이 어디인지를 생각해보면 답이 나옵니다. 서울은 분양가가 수억 원이 올라갔음에도 수백 대 일의 경쟁률을 보여주면서 어마어마한 열기인 반면, 지방은 완판 자체가 힘들고, 미분양이 많아서 할인분양하는 곳들도 많습니다. 지금의 부동산 PF 문제도 입지가 좋은 서울의 아파트 이야기가 아니라 지방의 아파트, 혹은 서울이라 해도 오피스텔, 생활형숙박시설 등 아파트가 아닌 곳들이 문제가 되는 것입니다. 지방의 모 아파트 단지에서는 시행사가 1억 원 할인한 금액에 분양을 진행하니까 할인분양 받은 사람은 입주하지 못하도록 입주자들이 이삿짐 트럭을 세워 막는 경우도 있습니다. 시행사도 할인분양을 하고 싶어서 한 게 아니라 버티지 못하니 가격을 조정하는 것이죠. 사실상 부동산 PF 터트리는 것은 지방의 부동산 시장을 죽이는 것과 다름없습니다. 지금도 지방 부동산 소유자들은 서울과 지방간 부동산 양극화로 상대적 박탈감을 느끼다가 다 처분하고 서울 부동산을 매수하러 오는 소위 '똘똘한 한 채' 현상이 나타나고 있습니다. 여기서 PF까지 터지면 더더욱 지방에는 미래가 없다고 생각하고 안전자산을 찾아 움직이는 사람들이 더 늘지 않을까 우려됩니다.

부동산 PF는 심각한 게 맞고, 정부에서도 지금까지는 몰라도 앞으로는 구조적인 개혁을 통해서 정상적으로 작동할 수 있게 유도해야 합니다. PF 위기를 통해 '건설 시장(신규 주택)'과 '주택 시장(재고 주택)'을 구분해서 보고, 지역도 서울과 지방을 구분해서 보면 전혀 다른 양상으로 나타나는 것을 확인해볼 수 있습니다.

주택공급은
이미 충분한 걸까?

    향후 부동산 가격이 하락할 것이라 주장하는 전문가들은 '공급은 이미 충분하다'라고 말합니다. 이때 거론되는 근거로 가장 대표적인 것이 주택보급률입니다. 주택보급률은 2008년 기준으로 100이 넘어갔습니다. 모든 가구가 1주택씩 보유해도 집이 남는다는 뜻인데요. 이렇다 보니 집이 부족한 이유가 다주택자들 때문이라고 인식하게 되었고, 실제로 김현미 전 국토교통부 장관은 문재인 정부 시절 공급은 충분하다고 발표했습니다. 이후 정권이 바뀌어도 기조는 크게 달라지지 않았습니다. 달라진 것은 전에는 다주택자 때문에 공급이 불필요하다고 언급하다가 집값이 오르자 부랴부랴 3기 신도시로 대표되는 공급 대책을 내놓았던 것인데, 대외적으로는 꾸준한 공급을 위해 정비사업 활성화를 유도하겠다고 하지만, 공급은 충분하니 조급해할 필요는 없다는게 현 정부의 기조입니다.

⦿ 공급이 충분하다는 말의 함정

'공급 충분' vs '공급 부족'의 대립은 팽팽합니다. 같은 수치와 지표를 보면서도 왜 이런 인식 차이가 있을까요? 결론부터 말씀드리자면 저는 공급이 부족하다고 말합니다. 정확하게는 '내가 원하는 주택의 공급이 부족'합니다.

다음 페이지의 〈그림 1-10〉을 보면 주택보급률은 2008년에 100을 넘어갔고 상승이 지속되다가 최근에는 또 낮아지고 있습니다. 주택보급률은 가구 수 대비 수치인만큼 최근 1인 가구 증가가 영향을 준 것으로 보입니다. 아무리 인구가 감소해도 가구 수가 증가하면 주택 수요가 늘어난다고 해도, 주택보급률은 100이 넘어갑니다.

〈그림 1-11〉에서 가장 높은 수치는 무주택자로 비율은 43.8%입니다. 1주택자는 41.7%로 역시 큰 비중을 차지하고 있습니다. 2주택자는 10.7%, 3주택자는 2.4%, 3주택 초과 보유자는 1.3%입니다. 이 통계를 보면 부의 집중화, 소수가 다수의 집을 독점하고 있다는 판단이 들 것입니다. 다주택자 관련해서는 50채 초과 보유자에 대한 통

그림 1-10 주택보급률

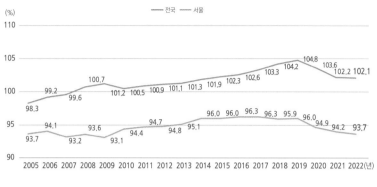

자료: 통계청 KOSIS

그림 1-11 가구별 주택 소유 현황

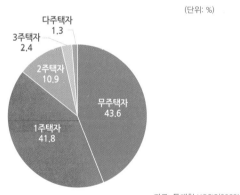

(단위: %)

자료: 통계청 KOSIS(2023년 기준)

계까지 있습니다. 여기까지 읽으면 부동산 공급은 충분한데, 소수의
다주택자들이 내 집을 다 가져가서 주택이 부족하다고 생각할 수 있
지요. 하지만 정말 공급이 충분한 것일까요?

진단이 잘못되면 처방이 잘못되고, 처방이 잘못되면 증상이 악화된다. 예를 들어 응급실에 환자가 머리가 너무 아프다고 찾아왔습니다. 진단을 위해 엑스레이, CT 다 찍어보았지만 특별한 이상이 보이지 않습니다. 그래서 의사가 이상이 없다며 돌려보내거나(무대책), 아픈 게 아닌데 아프다고 느끼니 정신질환으로 처방하면(잘못된 대책) 어떻게 될까요? 당연히 증상은 더 나빠집니다. 공급이 충분하다는 논리는 이와 같습니다.

공급이 충분하다는 말에는 함정이 있습니다. 바로 그 공급이 어디냐는 것이죠. 서울에 있는 무주택자들에게 지방에는 저렴한 주택이 많으니 지방에서 내 집 마련하라고 하면 어떨까요? 지방도 지방 나름이고 직장·교육·병원·가족·문화생활 등 각자 특정 지역에서 벗어나지 못하는 사유가 있습니다. 광역시여도 지역에 따라 미분양이 심해서 할인분양으로 수분양자[•]와 갈등이 있는 단지, '동호수 선착순 지정', '계약금 5% 가능, 중도금 무이자!' 이런 곳들 찾아보면 많습니다. 그런데 문제는 사람들이 원하는 공급은 지방이 아니라는 것에 있습니다.

이제 공급 이슈에서 확인해야 할 것은 수요가 많은 곳에 공급량 또한 많은지입니다. 공급량은 단순하게 2만 세대, 3만 세대로 판단할 수 있는 게 아닙니다. 수요가 높다면 5만 세대를 공급해도 부족할 수 있고, 수요가 적다면 1만 세대만 공급해도 공급 대란일 수도 있

• 부동산 분양 계약을 체결한 사람으로 아직 소유권을 취득하지 않은 상태를 말한다.

죠. 결국은 수요, 인구 혹은 가구 수 대비 주택공급량이 더 중요하다는 것입니다.

♀ 서울 집값은 비싸지 않다

우리나라에서 인구밀도와 수요가 가장 높은 곳은 당연히 서울입니다. 그래서 서울 집값이 비싼가 싶지만 저는 서울 집값이 비싸지 않다고 말합니다.

그림 1-12 부동산 중위·평균 가격

평균 주택 가격 (단위: 만 원)

전국			서울특별시		
아파트	단독	연립	아파트	단독	연립
51,304	46,279	21,768	126,233	113,567	33,783

중위 주택 가격

전국			서울특별시		
아파트	단독	연립	아파트	단독	연립
36,667	30,000	16,000	98,167	80,000	28,000

자료: KB부동산 (2024년 11월 기준)

정확하게는 서울의 주택이 비싼 게 아니라 서울의 아파트가 비싼 것입니다. 〈그림 1-12〉에서 서울의 아파트 평균 매매 가격을 보면 12억 원이 넘어갑니다. 여기서 중요한 것은 아파트에 비해 연립주택(빌라) 가격은 3억 3천만 원 정도밖에 안 된다는 것입니다. 참고로 통계에서 평균보다 더 많이 쓰이는 것은 중앙값입니다. 평균의 함정●이 있기 때문입니다. 서울특별시 아파트 중위 매매 가격을 보면 9억 8천만 원 정도입니다. 반면 연립주택의 경우는 2억 8천만 원입니다.

하지만 서울에 2억 8천만 원인 빌라가 어디 있고, 반대로 서울에 9억 원인 아파트는 어디 있을까요? 노원구, 도봉구, 강북구(일명 노도강)의 구축 아파트도 33평 기준으로 9억~10억 원씩 하는데 말이죠. 여기서도 알 수 있듯이 우리가 생각하는 주택의 여건은 적어도 25~33평의 면적으로 단지 규모도 있고, 역에서도 너무 멀지 않아야 매수 대상으로 바라본다는 것입니다. 빌라도 원룸, 투룸이 아니라 쓰리룸 이상으로 찾기 시작하면 금액대가 뛰는 것과 같지요.

흔히 근로소득을 모아서 어떻게 내 집을 마련하냐고 한탄하는데, 서울의 빌라를 매수하는 것은 어렵지 않습니다. 특히 정책자금 자체가 6억 원 이하 혹은 9억 원 이하에 맞춰져 있는 만큼 빌라는 매수할 방법이 많습니다. 2~3%대의 저금리로 대출이 가능하고, 취득세도 6억 원 이하는 1.1%고, 생애최초인 경우에는 200만 원 감면도 해줍니다. 그런데 문제는 다들 빌라보다 아파트를 원한다는 것이죠.

●　중앙값이나 최빈값을 고려하지 않고 그 수로만 사용했을 때 생기는 오류.

즉, 공급은 충분하다는 대전제 자체가 틀린 것을 인정해야 합니다. 정확하게는 살고 싶은 지역에 신축 아파트가 더 공급되길 원하는데, 자꾸 전체 주택공급을 운운하니 이상한 결과가 나오는 것이죠.

앞서 〈그림 1-10〉의 주택보급률 통계를 다시 보면, 새롭게 보이는 것이 있을 것입니다. 서울은 애초에 주택보급률이 100%도 안 됩니다. 주택 총량 자체도 부족한데, 여기에서의 주택은 모두 아파트가 아니라는 것도 한몫합니다.

장마철 때마다 침수되는 빌라도 있을 것이고, 너무 오래되어서 주거환경이 열악한 아파트도 있을 것입니다. 중위가격을 보면서 저런 가격에 집을 매수하는 게 맞는지 통계를 의심할 정도로 생각보다 주거환경이 열악한 주택이 많습니다. 많은 사람이 실제로 매수해서 거주할 대상으로 바라보는 주택의 기준은 꼭 역세권 신축 아파트가 아니라 해도 생각보다 허들이 높게 실정되어 있음을 인시할 필요가 있습니다.

♀ 양질의 '유효 공급'이 중요하다

그러면 이제 진단을 정확하게 해야 합니다. 부동산 공급이 충분하다고 말하면 거짓말이고, 내가 원하는 지역의 양질의 25~33평 아파트가 부족하다는 것입니다. 부족한 것은 서울의 '아파트'라는 사실을 명확하게 정의를 내려야 제대로 된 처방이 가능해집니다.

하지만 서울에는 빈 택지가 없으니 신축 아파트를 공급하기 위해서 재개발, 재건축이 필수 불가결입니다. 그러나 재건축은 투기의 온상이니 막아버리고, 재개발은 원주민을 내쫓는 젠트리피케이션의 근원이니 막으면서 도시재생사업을 지원했습니다. 그 결과, 서울의 신축 아파트 공급은 희소해져서 가격이 올라가는데, 공급은 충분하다고 인식하고 있으니 집값 상승은 말이 안 되는 것이고, 이는 다주택자들의 투기 수요라고 진단하니 다주택자 규제를 하고, 이에 따라 다주택자는 다 정리하고 똘똘한 한 채를 찾아 강남으로 갑니다.

숫자만 우선시하는 정부의 정책도 문제입니다. 3기 신도시의 신혼희망타운은 신혼부부의 주거 불안을 해소하기 위해 만든 단지인데 가장 넓은 평형이 전용 59㎡로, 투룸의 소형 평형이 더 많습니다. 이유는 금방 유추할 수 있습니다. 한정된 예산과 정해진 부지 내에서 84타입으로 넓게 1천 세대만 공급하기보다는, 소형으로 2~3천 세대로 만드는 게 정책적인 홍보가 더 많이 되기 때문입니다. 국민소득과 눈높이가 높아진 만큼 양질의 주택을 지어줘야 하는데, 과거처럼 지어주면 됐다는 식의 공급자의 마음가짐으로는 한계가 명확할 수밖에 없습니다. 이를 증명하듯 신혼희망타운도 소형 주택들은 미달이 뜨고 있습니다.* 수도권 아파트라고 해도 너무 좁은 면적에서 살라고 하는 것은 이제 한계가 있다는 것이죠.

* 신혼희망타운 46㎡ 또 미달… "작은 집 싫어", 조선비즈, 2020년 12월 12일.

정리하자면, 주택공급이 충분하다는 논리는 전제부터가 잘못되었습니다. 애초에 공급이 충분하면 주택가격이 올라갈 이유가 없지요. 공급 절대량이 많다고 해도 수요 대비 높은지, 우리가 원하는 입지에 선호 평형으로 얼마나 많이 공급되는지를 따져봐야 합니다. 구체적으로 내가 원하는 '서울의 33평 신축 아파트가 부족하다'고 명확하게 언급해야지, 그렇지 않으면 서울에 저렴한 빌라는 많다는 대답이 돌아올 수 있다는 점을 인지해야 합니다. 즉, 사람들이 원하는 '유효 공급'이 얼마나 되는지를 따져봐야 합니다.

○ 아파트 공사비 평당 천만 원 시대가 온다

'서울의 신축 아파트가 부족하다'로 진단을 명확하게 했다면 이를 해결하기 위한 처방은 매우 단순합니다. 바로 재개발, 재건축 활성화입니다. 그간 정비사업은 규제해야 하는 대상이었지만, 정권이 바뀐 뒤에는 재개발, 재건축을 다시금 활성화하려는 움직임이 있습니다. 안전진단 규제도 대폭 완화해서 재건축도 본격적으로 사업 추진이 가능해지고, 재개발의 경우도 적극적으로 정비구역을 지정해주고 있습니다. 그러면 이제 '신축 아파트의 공급 부족'이 해결될 수 있을까요?

재개발, 재건축 관련 뉴스를 검색하면 사업성을 이야기하는 기사가 많습니다. 과거와 다르게 이제는 재개발, 재건축의 사업성이 없으면 진행이 어렵기 때문입니다. 이때 아파트 공사비가 등장합니다. 정책으로 밀어붙인다고 해도 현장에서 수지타산이 맞지 않으면 공사는 멈추기 마련입니다. 불과 몇 년 전까지만 해도 아파트 도급 공사비는 평당 300~500만 원 선이었습니다. DL이앤씨 '아크로', 대우건설 '써밋', 현대건설 '디에이치' 같은 일명 하이엔드 브랜드들도 도급 공사비가 평당 600만 원을 넘지 않았습니다. 그런데 지금은 브랜드가 아님에도 도급 공사비가 평당 800~900만 원에 달합니다. 건자재 인상, 금융비용 폭등, 인건비 인상 때문입니다.

과거에는 '서울'이니까 저렴하게라도 수주한다는 분위기였지만 이제는 아닙니다. 2024년 4월에 두 건의 유찰 소식이 있었습니다. 하나는 용산 한강변의 재건축 단지인 '원효로 4가 산호' 아파트로, 평당 830만 원을 제시했지만 유찰되었습니다. 또 하나는 강남구 도곡동의 재건축 단지인 '도곡 개포한신' 아파트로, 조합 측에서 "낼 만큼 내고 고품질로 재건축하자"라는 데 뜻을 모아 평당 920만 원을 제시했지만 하이엔드 시공사들은 물론이고 아무도 입찰하지 않았습니다. 그래도 입지나 가격 면에서 괜찮았던 '도곡 개포한신' 아파트는 2024년 9월 2차 입찰에서 DL이앤씨가 수주했습니다. 반면에 '원효로 4가 산호' 아파트는 4차까지 유찰이 이어졌습니다. 유찰된 뒤에는 우선협상 대상자로 선정되었고, 다시 시공사 선정을 추진하고 있습니다. 부동산 투자에서 '용산'이라는 지역이 가진 이름값을 생각할 때 다소 놀라운 상황이 벌어진 것입니다.

노량진1구역은 2023년 11월에 평당 공사비 730만 원으로 입찰했지만 아무도 참여하지 않아 유찰되었다가 2024년 4월에 포스코에서 해당 금액으로 수주했습니다. 그리고 2024년 10월에는 평당 공사비를 703만 원으로 낮췄습니다. 분리발주*로 공사비를 줄였다고 하지만, 최근에는 각종 책임 소재 문제로 턴키(turnkey)발주**를 선호하는 것을 고려하면 수년 뒤 착공 시점에 이런저런 이유를 들며 공사비를 상향 조정할 것이라고 내다보고 있습니다.

이와 같은 뉴스를 접하면 어떤 생각이 먼저 드시나요? 부동산 시장의 변화를 현장에서 체감하는 저는 한두 해 전부터 여러 자리에서 이렇게 말해왔습니다. 바로 "아파트 도급 공사비 평당 천만 원 시대가 온다"고요. 3년 전만 해도 300만~500만 원이던 평당 단가가 이제는 800만~900만 원에 이르렀고, 앞으로는 1천만 원 수준에 달할 것입니다.

2023년 12월 '여의도 공작' 아파트 재건축의 공사비 경우에는 평당 1,070만 원에 계약이 이루어졌습니다. 이유는 초고층 하이엔드로 지을 예정이기 때문입니다. 통상적으로 20~30층의 아파트를 건축하는 것과 다르게 40층 넘게 짓는 초고층 공사는 공사비가 1.3배입니다. 여기에서 50층을 돌파하면 공사비는 1.3배가 더 추가됩니다. 단지 고급화는 별개고요. 그런데 보통 초고층으로 가는 단

●   전체 계약을 하나의 업체에 발주(의뢰)하지 않고 기술 분야별로 분리해 발주하는 방식.
●●   계약을 수주한 측에서 계획, 설계, 조달, 시행을 모두 책임지는 방식.

지들은 단지 고급화도 함께하다 보니 평당 공사비는 현실적으로 1,200~1,300만 원이 넘을 것으로 예상합니다.

반면 초고층과는 다른 요소로 공사비가 높게 책정되는 현장도 있습니다. 2024년 4월 신반포22차 조합은 공사비 1,300만 원에 현대엔지니어링과 계약을 체결했습니다. 2017년 시공사 선정 당시 조합은 현대엔지니어링과 $3.3㎡$당 569만 원에 계약을 맺었던 공사비가 어마어마하게 상승한 것이지요. 초고층으로 짓는 것도 아닌데 공사비가 높은 이유는 바로 '단지 규모가 작기' 때문입니다. 지하 3층~지상 최고 35층, 2개 동 160가구를 짓는 사업이다 보니 규모의 경제가 안 되는 것이지요. (2017년 당시 569만 원도 다른 단지들과 비교하면 매우 비싼 거였습니다.) 2024년 6월 방배7구역 재건축은 시공사 선정 입찰에서 평당 975만 원을 제시했는데, 유찰된 것에서도 알 수 있습니다. 방배7구역은 316세대로 역시 세대수가 적지요.

사업 규모와 공사비 간의 이야기는 이미 2022~2023년부터 꾸준히 말해왔습니다. '방배 삼호4차' 아파트 12동13동 가로주택정비사업은 120세대를 건축하는 소규모 정비사업입니다. 현대건설의 하이엔드 브랜드인 디에이치로 짓는다고 하지만 평당 공사비가 1,153만 원입니다. 현대건설로 시공사를 선정한 시점이 2022년 8월임을 고려하면 매우 큰 금액입니다. 실제로 2022년 당시 역대 최고 평당 공사비를 기록했습니다.

실제 재개발, 재건축 현장의 공사비 현황을 전달해드렸습니다. 이렇게만 이야기하면 '아무리 물가가 올랐다고는 하지만 건설사들이

그림 1-13 2023년 메이저 건설사 매출 및 영업이익률(상장사)

(단위 : 십억 원)

구분	매출	영업이익	매출원가율	영업이익률
삼성물산	41,895.7	2,870.2	84%	7%
현대건설	29,651.4	785.4	94%	3%
대우건설	11,647.8	662.5	90%	6%
GS건설	13,436.7	−387.9	98%	−3%
DL이엔씨	7,991.1	330.7	90%	4%
HDC현대산업개발	4,190.8	195.3	91%	5%

자료: 전자공시시스템 DART

공사비를 너무 부풀리는 거 아니야?'라고 생각하기 쉽습니다. 시공사들이 조합원들을 대상으로 폭리를 취한다고 말하는 사람도 많지요. 하지만 시공사 입장에서 보면 원가가 너무 올라 사실상 적자 수주를 한 것이나 다름이 없어 어떻게든 살기 위해 공사비를 올리려는 것뿐입니다.

전자공시시스템에 따르면 2024년 상장된 메이저 건설사의 평균 매출원가율은 91%입니다. 원가율은 인건비, 공사 자재비 등 매출에서 공사비가 차지하는 비율을 뜻합니다. 원가율이 100%를 넘기면 적자 운영인 셈인데, 공사비 등의 지출이 늘어남에 따라 수익 악화가 심각해졌음을 알 수 있습니다. 영업이익률 또한 마이너스인 곳도 있습니다. 많은 건설사가 2022년 주택경기가 침체되면서 다량으로 받은 수주 물량이 짐이 되어버리는 상황을 맞이했습니다.

앞서 PF 위기로 시행사들이 무너짐에 따라 시공사가 PF 대출 상환 부담을 떠안거나 미분양 증가로 자금이 돌지 않으면서 중소·중견 건설사들이 폐업 절차를 밟고 있다고 했습니다. 이러한 상황들을 배경으로 한 공사비 인상은 이제 엄연한 현실입니다. 건자재 인상, 금융비용 폭등, 인건비 인상 및 중대재해처벌법으로 안 그래도 살얼음판이 된 건설업은 적정 공사비도 못 받으면서 공사를 하기 어려워진 상황입니다.

상황이 이렇다 보니 재건축 현장의 경우에는 시공사와 조합 사이에 공사비 갈등으로 인해 심각한 대립이 있기도 합니다. 공사비와 관련해 지자체 차원에서도 검증제도 및 코디네이터를 파견하겠다고 했으나 현실성 없는 제도에 불만의 목소리가 큽니다. 한국부동산원의 공사비 검증을 거쳐 공사비를 낮추라 해도 강제력이 없다 보니 시공사가 낮춘 금액으로는 도저히 공사 못한다고 하면 달리 어찌할 방법이 없습니다. 강제력을 부여해도 해당 금액으로 공사가 불가능하니 문제지요. 이러한 상황에서 원활한 신규 주택공급을 기대하기란 어려운 면이 있는 것입니다.

SH 전 김헌동 사장은 33평 아파트 공사는 3억 원이면 가능하다면서 원가를 공개했습니다. 이를 보면 일반인들은 원가가 3억 원인데, 건설사들이 폭리를 취했다고 오해합니다. 문제는 해당 원가 공개의 대상들이 2011~2012년 세곡지구, 마곡지구 이야기거나 2017년 고덕강일지구 이야기입니다. 그 시절은 300~500만 원으로 공사할 수 있었습니다. 마치 '10년 전 짜장면 원가 3,000원이었다는 이야기' 같은 소리입니다.

이제 시공사들은 과거처럼 경쟁입찰을 하지 않고, 금액이 안 맞으면 입찰 자체를 안 합니다. 조합은 좋고 싫고를 떠나서 시공사가 입찰 자체를 안 하니 공사비를 높여서 재입찰을 하게 됩니다. 이미 시공사 선정을 한 곳들도 착공 전에 높아진 공사비를 요구받고 있습니다. 계약서 대부분에 '에스컬레이션 조항'이라고 해서 착공 이후로는 물가상승분을 반영하지 않는 조항이 있어서 어떻게든 착공 전에 공사비를 인상하는 것이지요.

이러한 공사비 인상으로 알아둬야 하는 포인트는 크게 두 가지입니다. 첫 번째, 과거와 다르게 공사비가 2~3배가 올라간 만큼 예전보다 재개발, 재건축을 진행하기 어렵다는 점입니다. 정비사업은 조합원들의 75% 동의가 있어야 진행 가능한데, 사업성이 부족한 단지는 분담금만 5~6억 원씩 나오니 무산될 가능성이 높습니다. 해당 사업성에 대한 부분은 3장에서 보다 자세하게 이야기하겠습니다.

두 번째, 이렇게 정비사업을 통한 신축 아파트 공급이 무산되면, 일반적인 아파트 순환 사이클이 깨진다는 점입니다. 신축 아파트가 새로 지어지면 당연히 가격이 높습니다. 그리고 연차가 쌓이면서 감가상각이 됩니다. 그러다 통상 25년 차가 넘어가기 시작하면 다시금 높아지기 시작하는데, 그 이유는 30년부터 재건축을 할 수 있기 때문입니다. 몇 년 후 신축 아파트가 될 입주권이므로 프리미엄이 붙는 것이죠. 그러나 이제부터 재건축에 분담금도 많이 들어가고 사업성이 부족해서 아예 무산될 수 있다면 어떻게 될까요? 이제는 30년 차 아파트를 재건축 입주권으로 바라보는 것이 아닌 재건축도 안 되는데 살기 힘든 오래된 아파트로 전락하는 것입니다. 신축과 구축의 가격 격차는 공사비 인상으로 인해 더 벌어지게 된다는 것도 당연한 이야기가 되어가고 있습니다.

◎ 5년 뒤, 공급 절벽의 시대가 다가온다

지금까지 공급에 대한 주요 내용들을 하나씩 짚어보았습니다. 기본적으로 공급이 충분하다는 논리에 대해서는 단순히 주택 수가 충분한 게 아니라 내가 원하는 '양질의 주택'이 부족한 것이고, 단순 공급이 아닌 '유효 공급'이 필요한데, 공사비가 2~3배 오르면서 공급이 어려운 시기가 오고 있습니다. 이제 현실적으로 공급 절벽 이슈가 어떻게 다가오는지를 알아보겠습니다.

〈그림 1-14〉는 빅데이터 기반의 아파트 정보 분석 사이트인 '부동산지인'에서 2024~2026년 지역별 아파트 입주 물량을 분석한 자료입니다. 서울은 말할 것도 없고 향후 2년 사이에 신규 아파트 입주 물량이 급격히 감소함을 확인할 수 있습니다. 경기도 권역은 물량이 많아 보이지만, 공급량은 인구 대비 공급량을 봐야 합니다. 경기도 권역의 인구수를 생각하면 2024~2026년 사이에 공급되는 20만 호의 입주 물량은 충분하지 않습니다. 수도권으로 밀려나는 서울의 가구와 수도권 집중화 경향을 고려하면 더더욱 그렇습니다.

그림 1-14 2024~2026년 지역별 아파트 입주물량

(단위: 가구)

	2024년	2025년	2026년		2024년	2025년	2026년
전국	379,861	254,791	159,771	강원도	11,127	8,307	7,855
서울특별시	39,414	32,296	8,631	경상남도	22,035	19,909	5,173
경기도	115,283	68,192	51,602	경상북도	23,010	12,340	3,986
부산광역시	17,953	10,549	11,381	전라남도	12,641	7,627	3,615
대구광역시	30,147	11,604	8,427	전라북도	8,319	10,069	5,864
인천광역시	31,994	25,118	14,742	충청남도	18,436	13,627	9,712
광주광역시	9,467	5,036	10,918	충청북도	17,843	13,156	7,710
대전광역시	12,760	11,047	6,388	제주도	777	1,309	204
울산광역시	4,431	3,570	3,262	세종특별시	4,224	1,035	301

자료: 부동산지인(2024년 12월 기준)

　　실제로 2025년까지는 공급량이 많습니다. 문제는 2026년 이후로 공급량이 확 떨어지는 것입니다. 이 공급 부족은 조만간에 닥쳐올 큰 이슈입니다. 윤석열 정부에서도 공급 물량을 늘릴 것이라는 시그널을 보내고 있습니다. 가령, 2024년 최상목 부총리 겸 기획재정부 장관은 '제7차 부동산 관계장관회의' 결과를 공개하며 주택 시장 안정화에 총력을 다해 대응하겠다고 밝히면서 그 일환으로 주택공급 확대 방안을 언급했습니다. 특히 청년 및 무주택 서민을 대상으로 교통 등 정주여건이 우수한 3기 신도시 등을 중심으로 시세보다 저렴하게 2029년까지 23.6만 호를 분양하고, 하반기에는 그린벨트 해제 등을 통해 수도권 신규 택지에 2만 호 이상 추가 공급하겠다고 말했습니다.

9.26 부동산 대책은 이러한 상황 인식에 대한 세부적인 대책이었을 텐데요. 9.26 부동산 대책의 세부 대응 방안 부분을 살펴보면 미매각 용지, 사업 미진행 부지 등 기존에 민간에서 추진을 예정했던 공공택지를 공공주택 사업으로 전환을 추진하겠다는 내용이 담겨 있습니다. LH가 조성한 공동주택 용지 중에는 3기 신도시를 포함해 전국에 미매각 용지가 많고 용지를 공급받은 건설사들도 대금을 연체하고 있어 공급 일정이 밀리고 있으니 정부의 대응 방안은 이에 대한 지적을 의식해 나온 것 같은데요. 이쯤에서 질문을 던질 필요가 있습니다. 과연 민간 공급이 될 물량을 공공이 공급한다고 해서 전체 공급의 총량에 변화가 있을까요? 당연히 아닙니다. 단지 민간 공급이 공공으로 바뀌었을 뿐이지요.

물론 민간에서 공급이 지연되니 공공으로라도 빠르게 공급하겠다는, 즉 속도 측면에서 공급을 늘리겠다는 의중이겠습니다. 하지만 민간에서도 부담이 되어서 매입을 꺼리는 토지를 공공이 짓겠다고 했을 때 그곳이 과연 선호도가 있는 입지일지는 확신할 수 없습니다. 공급 속도를 끌어올린다는 측면에서 제시한 또 하나의 방편은 패스트트랙입니다. 인허가에 걸리는 시간을 단축한다는 점에서 패스트트랙은 긍정적입니다. 하지만 앞서도 말했듯이 인허가를 받고서도 착공하지 못하는 현장이 태반이지요. 공사비 급등, PF 위기로 인한 시행사 줄도산 등 건설 경기의 위축으로 인해 시장에 공급 의지가 없는 상황에서 단지 인허가를 빨리 해주겠다는 대응 방안은 대상이 없는 공허한 정책이라는 생각도 듭니다.

그나마 실질적인 추가 공급 방안은 신규 택지 발표 조기화입니다. 하지만 이미 3기 신도시 중 가장 큰 규모를 자랑하는 광명·시흥의 경우에도 토지보상 시작이 몇 년씩 지연될 것이라 봅니다. 이미 발표한 지역도 수습이 안 되고 있는데, 신규 택지들만 계속 발표한다고 해서 현실성이 있는지, 진짜 공급은 가능한지 의문입니다. 9.26 부동산 대책을 아무리 긍정적으로 보려고 해도, 벌여놓은 사업을 수습하는 정책이지, 공급을 현실적으로 늘리는 정책이라고 보기는 어렵습니다. 이미 부동산 전문가들 사이에서는 공급 절벽을 우려하는 사람들이 많습니다. 그럼에도 지금의 국토교통부는 부동산 가격이 더 상승하는 것도 원치 않고 하락하는 것도 원치 않는, 사고만 터지지 않게 막기 급급한 모습입니다. 이렇게 미온적인 태도가 추후 공급 절벽이라는 부메랑으로 돌아오리라고 예상합니다.

주택공급량을 이야기할 때 한 가지 더 고려할 것이 있습니다. 바로 멸실 주택입니다. 가령, 정부에서 올해 서울시 공급량이 1만 호라고 발표했다면 실제로 1만 호가 늘었다고 볼 수 없습니다. 멸실 주택이 있기 때문입니다. 3기 신도시처럼 빈 땅에 신규 주택을 공급하는 경우라면 모를까, 〈그림 1-15〉를 보면 서울의 경우에는 1만 세대를 공급하든, 2만 세대를 공급하든 실질적으로 증가하는 세대수는 얼마 되지 않습니다.

이를 보여주는 사례가 가락시영 재건축 '송파 헬리오시티'입니다. 헬리오시티는 단일 규모 약 1만 세대 대단지로 완공되어 공급이 쏟아져나오면 집값이 폭락하리라는 전망이 있었습니다. 2024년 '둔촌

그림 1-15 서울 주택 멸실 현황

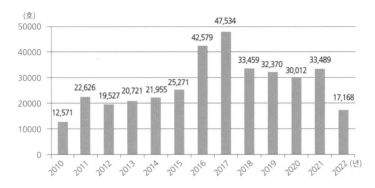

자료: 통계청 KOSIS

주공 재건축 올림픽파크포레온'이 1만 2천 세대로 그 기록을 깨긴 했지만, 당시 헬리오시티에 대한 인식은 2018~2021년 공급 과잉 이슈의 결정판으로 언론에서는 '1만 세대 공급 폭탄'으로 집값이 폭락할 거다, 공급이 충분하다고 보도했었고, 헬(Hell)리오시티라는 사람들의 조롱과 비난이 끊이지 않았습니다.

약 1만 세대 입주 폭탄, 그것도 서울 외곽이 아닌 송파구 공급 폭탄 이라던 헬리오시티는 입주장 때 전세가격만 조정되었을 뿐 매매 금액은 전혀 내려가지 않았습니다. 전세가격이 내려간 이유도 잔금을 내야 하는 수분양자들이 8~10%의 고금리 연체이자를 납부하는 대신 전세를 싸게 내놓았기 때문입니다. 당시 헬리오시티 전세는 33평 기준으로 4억 원까지도 내려갔습니다.˚ 왜 예상대로 금액이 내려가지 않았을까요? 이는 실질적인 물량을 보면 알 수 있습니다. 헬리오시티는 총 9,510세대였는데 일반 분양 세대 수는 1,558세대에 불과했습니다. 즉, 조합원 물량을 제외하고 실질적으로 주택 수가 증가한 세대수는 1,558세대뿐이었던 거죠.

입주장 때는 규제 때문에 매도 물량이 나오기 어렵습니다. 투기과열지구의 재건축은 조합설립인가로부터, 재개발은 관리처분인가로부터 소유권이전등기까지 전매금지 요건이 있습니다. 정확하게는 '조합원 지위 양도 금지' 규정으로써 전매는 가능하지만, 분양 자격이 박탈되는 것이죠. 그래서 헬리오시티 때도 단기양도세율 50%를 납부하기보다는 2년 보유해서 일반세율로 처분하거나, 2년 실거주해서 비과세로 처분하려고 했기 때문에 실질적인 매도 물량도 몇 없었고, 매도를 하려다가도 세금을 계산해보고 보류하기 일쑤였습니다.

이마저도 2020년 7.10 부동산 대책에서 2021년 6월 1일 이후로는 분양권 양도세율을 1년 미만 70%, 1년 이상 60%, 지방세 포함 77%, 66% 단일세율로 변경하다 보니 분양권은 전매할 수가 없습니다. 여기서 또 분양가상한제 지역에서 시세보다 저렴하게 분양받은 사람은 실거주하도록 요건까지 만들었습니다. 이렇게 규제하니 아이러니하게 입주장 때 매물 잠김 효과로 매도 물량이 안 나오고, 실거주를 강조할수록 전월세도 줄어드는 현상이 발생하게 되는 것입니다.

구도심의 입주 물량을 곧이곧대로 받아들이면 안 됩니다. '송파 헬리오시티'의 사례에서 보았듯이 조합원을 포함해 산정하는 허수가

---

* 물론 해당 전세가격만으로는 자금 조달이 되지 않아서 선순위 대출이 있는 상태에서 후순위로 들어가는 조건이었다.

있습니다. 게다가 서울은 꾸준히 정비사업을 진행하기에 멸실 주택이 존재합니다. 참고로 헬리오시티가 입주한 2018년 서울 아파트 입주 물량은 37,862세대고, 같은 해 서울의 멸실 물량은 33,459세대였습니다. 서울 같은 구도심은 구조적으로 순수한 공급량이 늘어나기 어려운 구조입니다. 3기 신도시와 같이 논밭을 수용해서 2만 세대, 3만 세대를 공급하면 모를까, 종전 물량이 있다 보니 순수한 공급은 많지 않습니다. 그나마 헬리오시티는 규모가 있었던 만큼 일반 분양도 많았던 것이지 강남의 다른 재건축을 보면 일반 분양 세대가 많아야 200~300세대고, 몇십 세대만 분양 물량으로 잡히는 경우가 많습니다.

그나마 재건축은 세대수가 늘어나는데, 재개발은 세대수가 줄기도 합니다. 재건축과 달리 재개발은 그 지역 내 주거가 정형화되어 있지 않습니다. 단독주택도 있지만, 다가구, 다세대, 무허가주택도 있지요. 주거 형태는 다르지만 각자 '1주택 1입주권'이 원칙입니다. 즉, 다세대 빌라 한 동에 8세대가 거주하면 입주권은 8개가 나옵니다. 반면 다가구는 한 동에 8가구가 거주한다 해도 소유권자는 1명이니 입주권은 1개만 나옵니다.* 단독주택도 다른 층에 세를 줬다고 해도 입주권은 1개입니다. 그래서 재개발을 진행하면 일반 분양 세대수는 많이 나와도 실질적인 가구 수는 줄어드는 조합도 있습니다. 길도 좁

---

* 주택 면적 혹은 권리가 크기에 따라 1+1 규정으로 60㎡ 이하의 주택을 추가로 받을 수도 있다.

고 주택 면적도 원룸, 투룸 형식으로 난잡하게 형성된 주거지를 정형한 뒤 59㎡, 84㎡의 아파트로 변경하기 때문도 있고, 모두가 분양 대상자가 되는 게 아니니 조합원 수 대비 일반 분양 세대수가 높아 보일 뿐입니다.

이러한 상황을 짚으면 혹자는 재개발·재건축 무용론을 외치기도 합니다. 실질적은 주택공급 효과도 없으면서, 원주민을 내쫓는 젠트리피케이션이 우려된다고요. 재개발·재건축은 노후화로 거주환경이 나쁜 곳을 거주 가치가 높은 주택으로 변화해주는 '유효 공급'입니다. 그런데 이러한 사항을 무시하고 역으로 주택 수가 유의미하게 증가하지 않는다며 재개발·재건축을 멈춰 버리면 더더욱 기존 신축 아파트들의 희소성만 높아지는 결과를 초래할 뿐입니다.

문제는 지금이 아니라 2026년도 이후입니다. 그전에는 실질 공급을 언급했다면, 2026년 이후로는 서울의 표면적인 공급량부터 급감할 예정이기 때문입니다. 〈그림 1-14〉를 보면 현재 집계된 2026년 입주 물량은 8천 가구입니다. 이러한 공급 통계는 모집공고 기준으로 누계하기 때문에 2026년 공급량은 이보다는 더 높아지겠지만 현 추세로는 1~2만 사이가 될 것으로 보입니다. 지금껏 서울은 주택공급이 크지는 않아도 조금씩 증가라도 되었는데, 멸실 물량까지 고려하면 이제는 순증이 아닌 순감할 시기가 머지않았습니다.

개인적으로 지금 집값 상승보다 2026년 이후 주택공급 부족 시대가 오면 얼마나 더 상승할지가 더 걱정입니다. 그간 공급 과잉론 등 다양한 거대 담론이 있었음에도 부동산 가격이 상승했는데, 공급 절벽까지 오게 되면 지금까지 올라간 것과 차원이 다르게 가격이 형성될 거라 봅니다. 중요한 것은 '2026년부터'라는 것입니다. 공급량이 2026년 딱 한 해에 부족한 게 아니라 2026년부터 시작으로 공급량은 계속 감소하게 됩니다. 그나마 3기 신도시 발표로 경기도에 물량이 5년 뒤에는 본격적으로 출하가 될 것인데, 3기 신도시에 대해서는 쟁점 포인트가 또 다르니 별도로 자세하게 다뤄보겠습니다.

📍 공급 무용론에 대하여

반면 여전히 부동산 시장 하락을 견지하는 일부 전문가들은 공급에 대해 두 가지 주장을 합니다. 첫 번째, 공급 부족이 사실이라 해도 집값은 상승하지 않는다는 주장입니다. 근거는 공급 과잉 시기에도 집값이 오른 것은 공급량이 많았어도 그보다 높았던 수요 때문에 수요공급 논리에 따라 오른 것이니 공급이 적어도 매수 심리가 약하면 집값도 하락한다는 것입니다.

실제로 금융위기 이후 부동산 시장은 2009년부터 본격적으로 하락하기 시작해서 2012년도까지 하락했고, 2013~2014년은 더 이상 하락하지는 않았지만 크게 오르지도 않는 상태가 계속되었죠. 서울에도 미분양이 많던 시기였고 시행사·시공사가 무너지며 공급량이 급감했지만, 집값이 올라가진 않았습니다. 하지만 그때는 금융위기 같은 거대한 거시경제적 충격이 왔을 때고, 지금은 서울 중심지부터 폭등하고 있는데, 여기에 부동산 공급도 줄어든다고 하면 과연 매수 심리가 약해질지 의문입니다.

두 번째로는 공급 통계 집계 방식이 잘못되었다는 것입니다. 민간 통계를 보면 일반 분양 시 모집공고를 기준으로 집계하는데 이것이 과소 집계되었다는 거죠. 2017~2018년에 2019~2021년을 예측한 수치를 보면 공급량이 급감하는 것으로 집계되었기 때문입니다. 실제로는 반대로 2019~2021년에 공급 과잉 이슈가 컸었죠. 통계상 집계 방식의 차이점이 있는 것은 사실입니다. 입주 물량 산정을 모집공고 기준으로 진행하게 되면 과소 집계가 될 수 있습니다. 분양 시장 상황에 따라 입주 1년 전 청약을 진행하는 것은 뒤늦게 포함되기 때문입니다. 극단적으로 신반포15차 재건축 '반포 래미안원펜타스'는 준공까지 나 한 뒤 2024년 7월 후분양을 신행했습니다.

문제는 이러한 주장을 일부 전문가만 하는 게 아니라 정부부터 나서서 하고 있다는 것입니다. 2024년 7월 국토교통부는 주택 시장 안정화 방안에 대한 보도자료를 발표했습니다. 〈그림 1-16〉 속 민간 전문가들이 공급 부족을 전망하는데, 충분하다고 말하는 이유가 무엇이냐는 질문의 답을 보면, 부동산원·R114의 통계에는 입지가 양호한 청년안심주택 등이 미반영되어 있기 때문이라고 합니다. 미반영된 주택 수치까지 더하면 결코 입주 물량이 적지 않다는 것이지요. 즉, 부동산원·R114의 입주물량 통계는 틀렸고, 정부는 인허가권자로서 풍부한 데이터를 기반으로 입주 물량을 예측하기에 더 정확하

그림 1-16 7.18 국토교통부의 주택 시장안정화 방안 보도자료 중 발췌

| 참고 3 | 10문 10답 QA |

[시장상황]

1. 최근 서울 강남 등 아파트 가격상승이 서울, 수도권 등으로 확산·과열될 수 있다는 우려가 있는데, 시장상황에 대한 정부 평가는?

□ 최근 부동산 시장이 서울·수도권 아파트 중심으로 가격 오름세가 지속되고 있으며 인근 지역으로 일부 확산되고 있는 상황

  ○ 반면 비아파트와 지방 주택가격은 하락하고 있어 시장 전반적인 과열 움직임으로 보기는 어려움

  ○ 다만, 최근 서울 아파트 가격 상승폭이 확대되고 있는 만큼 시장 상황을 예의주시하고 있으며, 투기 수요 등 과열 움직임이 나타날 경우 즉각 조치할 계획

□ 최근 서울, 수도권 아파트의 상승세는 전세사기 여파로 인한 아파트 쏠림 현상과 금리인하 기대감, 공급 불안심리 등이 복합 작용하여 실수요자들이 매수에 참여하게 된 것이 주요 원인이라고 생각함

□ 현재 주택시장은 주택 수급과 유동성, 시장 참여자의 심리 등 다양한 측면에서 상방요인과 하방요인이 상존하고 있는 상황

  ○ 금리인하 기대가 높아지면서 주택시장 유동성도 늘고 있으며, 수급 불안 확대로 매수심리가 살아나 가격 상방요인으로 작용 중

  ○ 다만, 스트레스 DSR 2단계 시행(9월) 등 정부의 가계부채 관리의지가 확고하고, COFIX 등 주택담보대출 관련 금리가 과거 과열기 대비 월등히 높은 수준으로 일반 가계의 자금 조달부담이 여전한 상황

    · 월말균 COFIX 금리(%): ('20.5~'21.10) 0.92 → ('24.1~6) 3.58
      월말균 은행채 5년물 금리(%): ('20.5~'21.10) 1.66 → ('24.1~6) 3.80

  ○ 서울 아파트의 입주물량은 올해와 내년 예년 수준을 기록할 것으로 보이며, 3기 신도시 입주가 '27년 이후부터 본격화될 경우 공급 측면에서 시장 안정효과가 나타날 것으로 기대

[주택공급]

5. 민간 전문가들은 '24~25년 서울·수도권 아파트가 부족한 것으로 전망하는데, 충분하다고 주장하는 근거는?

□ '25년 전국 아파트 입주물량이 다소 감소할 예정이나, 미분양이 누적된 지방에서 입주물량이 줄어드는 영향이 크며,

  ○ 수도권에서 입주예정인 아파트는 '24년 18.8만호, '25년 15.2만호로, 지난 10년 평균(연간 17.1만호) 대비 90~110% 수준 유지 전망

  ○ 국민들 관심이 높은 서울시 아파트 입주의 경우 '24년 3.8만호, '25년 4.8만호로, 지난 10년평균(연간 3.8만호)을 초과하는 100~127% 전망

  · 서울시는 인허가권자로부터 보다 풍부한 데이터를 기반으로 예측한 입주예정 물량과 부동산R114 예측물량에 대해 착공여부 등 진행상황을 전수 비교검증한 결과,
    = 서울시 추산치('24년 3.8만호, '25년 4.8만호)가 보다 달성 가능성이 높다고 판단
     ※ 입주 예정단지R114를 중심으로 '25년 1월 서울시 입주율 0.8만호로 예측하였으나, 실제물량 3월까지 1.2만호로 집계
    = 부동산R114 추산치에는 입지가 양호한 청년안심주택(民 역세권청년주택) 등 미반영
  ○ 아울러, 정부는 등 하반기부터 지자체, 전문가 및 유관기관 등과의 협업을 통해 아파트 입주예정 물량 추산방식을 보완할 예정

'23년도 아파트 입주실적 및 '24~25년도 입주예정 물량

지역	2023년도		2024년도		2025년도		10년평균
	실적(만호)	10년평균비	매정(만호)	10년평균비	예정	10년평균비	(만호)
전국	37.0	104%	37.4	105%	29.2	82%	35.5
수도권	19.5	114%	18.8	110%	15.2	89%	17.1
서울	2.7	72%	3.8	100%	4.8	127%	3.8
비수도권	17.5	95%	18.6	101%	14.0	76%	18.4

□ 아울러, PF대출 보증 확대 등으로 올해 1~5월까지 수도권 아파트 착공 물량은 5.7만호로, 전년 동기(3.5만호) 대비 63% 증가

  ○ 서울 아파트는 1~5월까지 1.0만호 착공, 전년 동기 대비 13% 증가

□ 민생토론회의 후속 입법과제 등을 신속히 이행하고, 기 완료된 공급규제 개선 효과가 가시화되면서 주택공급은 지속 확대될 것으로 기대

다는 것입니다.

정부의 입주 물량 산출은 인허가 지표를 기준으로 진행하는데, 요즘 인허가를 받아도 PF 위기로 실착공을 하는 비율이 낮아지거나 공사 기간 연장 및 극단적으로는 공사 중단이 되면서 실제 예상 시기에서 밀리는 이슈가 있는 만큼 반대로 과대 집계되는 경향이 있습니다. 부동산원·R114의 방법은 과소 집계의 문제는 있을 수 있어도 안전하고 확실한 물량을 추가하는 반면, 정부는 인허가 내용을 기준으로 예측해 실질적인 추산치를 뽑기 때문에 서로 장단점이 있는 다른 방식일 뿐이지 틀린 게 아닙니다.

한편으로 공급 물량은 충분하다는 국토교통부의 발표에 진짜 부

족한 것은 2026년 이후니까 2026년 입주 물량을 발표하라고 지적하자 국토교통부는 현시점에서 2026년 아파트 입주물량을 예측하는 것에는 한계가 있다고 2024년 8월 21일 보도자료를 배포했습니다. 민간업체의 조사 방식의 한계가 있다는 것인데요. 지금껏 국토교통부는 인허가 물량 수치를 가지고 정밀하게 예측함을 자랑해왔는데, 2026년 이후 물량은 알 수 없다고 발표한 것이죠.

2026년 이후 공급 감소 이슈는 박원순 전 서울시장 재임 시절, 9년간 신규 재개발·재건축 승인은커녕, 있던 사업도 지연시키고, 해체할 때부터 이미 예견된 것입니다. 2021년 11월, 2026년부터 본격적으로 공급에 영향이 있을 거라는 지적에 당시 국토교통부는 2026년 이후로도 평균보다 많은 물량이 있을 것이라고 자신했습니다. 그러나 속일 수 없는 것이 아파트 인허가 수치입니다. 부동산이라는 게 관성으로 움직이는 부분이 있습니다. 2022년에 부동산 시장이 꺾이며, PF 위기가 본격화되었어도 정비사업이 궤도에 올라왔었다면 그대로 진행되었을 것입니다. 문제는 시행사가 파산하면서 시공사가 책임준공 확약으로 억지로 떠안고 진행하는 사업들, 시공사조차도 무너지는 상황이 계속되고 있었다 보니 2024년 인허가 물량은 급격하게 감소하는 것을 확인할 수 있습니다(〈그림1-8〉 참고).

인허가가 줄어드는 것도 문제지만, 이후 지표도 걱정됩니다. 〈그림 1-17〉을 보면 전체 인허가 물량을 100이라고 봤을 때 전에는 실착공으로 가는 비율이 80~90% 선이었다면, 이제는 인허가를 받고 실착공으로 가는 비율이 60%로 뚝 떨어졌습니다. 인허가 건수부터

그림 1-17 인허가 대비 착공 비율 지표

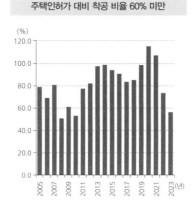

당해연도 주택 인허가 대비 착공

주택인허가 대비 착공 비율 60% 미만

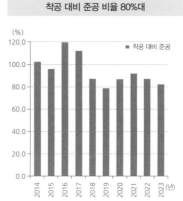

3년 전 주택 착공 대비 당해연도 준공

착공 대비 준공 비율 80%대

자료: 건설산업연구원

급감하고 있는데, 기존에 받은 인허가조차도 이행이 안 되고 있으니 2026년 이후에는 본격적으로 공급 감소를 넘어 공급 절벽 시대가 열릴 것으로 보입니다.

◯ 2026년 전세가 폭등 시나리오

본격적으로 공급 부족 현상이 심해지면 어떻게 될지 임대차 시장에 초점을 맞춰보겠습니다. 주택공급 감소는 주택가격 상승의 문제를 넘어서 전월세 시장에 큰 영향을 미칠 것으로 보입니다. 공급이 감소하게 되면 전세가격이 상승한다는 것 자체는 부정하기 어렵습니다. 공급이 많았을 때 전세 시세는 하락하고, 공급이 감소했을 때 전세 시세는 상승하는 것을 어렵지 않게 확인해볼 수가 있는데요. 앞서 대규모 입주장 때도 매매 가격은 흔들리지 않음을 알 수 있습니다.

그런데 전세 시세는 입주장마다 정도의 차이가 있었을 뿐이지 항상 흔들렸습니다. 아무래도 해당 대단지가 동시에 전월세를 맞추다 보니 임대차 매물이 한 번에 시장에 풀리는 것도 있고, 구축도 아니고 신축 아파트가 싸게 나오다 보니 인근 지역의 아파트 전월세 시세에도 영향을 주게 됩니다. 그런데 앞으로 이러한 입주장이 없다는 것은 전세에 하방 압력을 줄 요인이 사라진다는 뜻입니다. 즉, 전세가격이 상승을 초래할 가능성이 매우 높습니다.

이 지점에서 주택의 가장 큰 특징을 떠올려야 합니다. 바로 주택은 '필수재'라는 점입니다. 사람은 어떤 형태로든 주거 공간이 필요로 하고 그 대안이 바로 전월세입니다. 즉, 매매 시장에서 발을 뺀다고 해서 주거 문제에서 완전히 자유로워질 수는 없다는 것입니다.

이는 부동산 하락 시기인 2009~2014년의 사례에서도 확인할 수 있습니다. 당시 집값 하락 시기가 왔을 때, 주택공급이 적었음에도 매매 금액은 하락했습니다. 이를 근거로 일부에서는 주택의 공급량보다는 사람들의 심리가 더 중요하다고 주장하기도 합니다. 그러나 여기서 주목해야 할 점은, 같은 시기에 전세가격은 반대로 상승했다는 사실입니다. 오히려 매수를 하지 않게 되면 더욱더 전월세를 찾을 수밖에 없기 때문입니다.

　이렇게 전세가격이 상승하면서 매매와 전세가격의 차이가 크게 줄어들거나, 심지어 일부 지역에서는 전세가격이 매매 금액을 역전하는 현상까지 나타났습니다. 이때 고려해야 할 또 다른 요소는 지역별 수급 차이입니다. 만약 내가 거주하는 지역이 근본적으로 주택 수요가 감소하는 곳이 아니라면, 즉 계속해서 사람들이 몰릴 것으로 예상되는 지역이라면 상황은 더욱 복잡해집니다. 당장의 매수 수요가 없다고 해서, 또는 일시적으로 매수 의향이 있는 사람들이 관망세로 돌아선다고 해서 그 지역의 주택 수요 자체가 사라지는 것은 아닙니다. 단지 매매 수요가 임대차 수요로 전환된 것에 불과합니다. 무주택자들은 집값이 하락하기를 바랍니다. 그런데 정작 집값이 하락할 때는 더 하락할까 봐 두려워서 집을 못 삽니다.

　혹자는 전세 제도 자체가 문제의 근원이라고 주장하기도 합니다. 전세를 없애야 집값이 떨어진다는 논리입니다. 물론 전세가 없어지면 목돈이 없는 사람들은 주택 매수를 할 수 없게 되고, 전세를 통해 레버리지 효과를 누렸던 사람들은 전세 보증금을 반환할 능력이 없어 시장에 충격이 올 수 있습니다. 하지만 전세가 없어지면 월세화가 가속화될 수밖에 없고, 이는 결국 월세 가격의 상승으로 이어질 가능성이 높습니다. 월세 가격이 오르면 결국 임대 수익률이 상승하게 되고, 이는 다시 주택가격 상승의 원인이 됩니다.

　전세자금 대출만 없애라는 주장도 비슷합니다. 애초에 소비자가 전세자금 대출을 받는 것 자체가 대출 이자가 월세보다 저렴하기 때문에 선택하는 것입니다. 이를 없애면 결국 소비자들은 더 비싼 월세를 부담할 수밖에 없어지는 것입니다. 오히려 담보 능력이 없는데 무분별한 전세보증보험으로 급증한 주택도시보증공사의 손실을 세금으로 메워야 하는 사항을 비판하고 보완할 필요가 있어 보입니다. 전세 자금 대출 자체의 리스크 평가를 은행에 위임하고 시장 논리로 가야 하는 것이지 정부가 개입해서 해라, 말아라 할 게 아닙니다. 전세보증제도도 민간에서 자율로 각자 리스크 평가에 따라 보증액을 조율하든 보험료를 하면서 시장 경제에 맞춰서 움직일 것을 사실상 정부가 보장해주니 이를 악용해서 전세 보증금을 탈취하는 전세 사기꾼이 발생합니다. 그렇다고 일방적으로 또 없애면 소비자의 편익이 감소하는 현상이 나타나게 됩니다. 항상 극단적으로 결정하기보다는 개선과 보안의 관점에서 접근해야 합니다.

결국 2026년 이후 공급 감소가 본격화되면 전세가격 상승 압력을 받을 것입니다. 이러한 상황에서 우리가 가장 우려해야 할 것은 '패닉 바잉(Panic Buying)' 현상입니다. 패닉 바잉이란 말 그대로 공포에 질려 경쟁적으로 부동산을 매수하는 상황을 말합니다.

그전에는 사실 집값은 올라간다 하더라도 전월세 시장 자체는 그렇게 급변하지 않고 상대적으로 안정적으로 천천히 상승하고 있었습니다. 그런데 전세 시장이 혼란스럽게 되고 뉴스에서 계속적으로 전세가격이 하루아침에 몇 천, 몇 억씩 뛰었다고 나온 시점은 바로 2020년도 임대차 3법이 본격적으로 이슈화된 이후입니다.

4장에서 더 자세히 이야기하겠지만 임대차 3법이라고 하게 되면 크게 세 가지를 얘기하는데요. '임대차 신고제, 전월세 상한제, 계약 갱신청구권제'입니다. 여기서 가장 큰 이슈가 되었던 게 바로 '계약 갱신청구권'으로서 전세가 현행 주택임대차보호법에 따르면 2년 동안만 유지할 수 있도록 되어 있는데 그 이후로는 계약갱신 청구권을 한 번 쓰게 되면 집주인은 특별한 사유가 없는 이상 갱신 거절을 할 수가 없고 5% 이내에 임대료만 인상한 채 2년을 더 살 수 있도록 해주는 것이었습니다.

의도는 좋지만 시장은 혼란에 빠질 수밖에 없습니다. 이 시장 자체가 폐쇄 시장이 아니다 보니까 이게 모두 다 같이 전세 보증금을 5% 이내로만 올리게 되면 행복하긴 하겠지만 새롭게 전세를 구하게 되는 사람들이 등장할 수밖에 없죠. 예를 들어서 신혼부부가 생긴다든가 아니면 지방에서 서울로 학업, 질병, 업무에 의하여 직장을 옮겨 서울로 왔더니 임대차 물량이 없어지면서 그 소수의 남는 임대 물량에 사람들이 엄청 쏠리게 되면 전세가격이 폭등할 수밖에 없는 현상이 나타나게 됩니다.

부동산은 나의 일이 아니라고 하면서 현업에만 집중하던 사람들까지 지금이라도 주택을 매수해야겠다는 생각으로 시장에 참여할 때가 진짜 과열이 오게 됩니다. 2017년부터 부동산 가격이 폭등할 때도 매매 금액이 먼저 치솟았을 뿐, 전월세는 상대적으로 안정적이었다 보니 가만히 있는 세입자는 내 일이 아니다 생각하면서 그냥 있을 수 있었습니다. 그런데 내 전세가격이 올라가기 시작하면 이제 더 이상 남의 일이 아니게 되는 것이죠.

2026년도 이후가 공급이 급감하면 전세가격이 또 치솟을 것이고 제2의 패닉 바잉이 올 수도 있습니다. 그리고 2027년도에는 대선이 있습니다. 그렇다 보니까 이때 당시 전월세 시장이 혼란스럽고 부동산 시장이 과열되면 정치권에서도 가만히 있지 않을 가능성이 높습니다. 그러면 이때 가장 우려하는 사항 중 하나가 지금 현행 계약 갱신 청구권은 1회만 쓸 수 있도록 돼 있는데, 이 1회라는 것을 2회, 3회로 만들지 말라는 보장이 없습니다. 그러면 이제는 전세 또한 더 파국으로 갈 수가 있고 전세가격의 폭등 혹은 전세 소멸을 얘기하는 분들도 있는데 그러면 월세화가 더 심해질 가능성이 높습니다.

결국 도망칠 낙원은 없습니다. 수요가 없는 지역이면 모를까 계속적으로 수요가 높은 지역에 내가 거주를 희망한다면 이야기는 다릅니다. 학업, 직장, 병원 등 특정 요건으로 인하여 내가 계속적으로 해당 지역에 거주를 희망한다고 하면 주택 매수를 생각하지 않았다 하더라도 전월세 상승으로 고통받을 가능성이 매우 높습니다. 그렇기 때문에 2026년 이후가 정말 문제인 것이고, 나는 은퇴해서 지방으로 내려갈 계획이 있거나 사람들 수요가 없는 곳에서 쾌적하게 있겠다는 게 아니라면, 2026년에 가서 판단하면 늦을 가능성이 높다고 봅니다.

결론적으로, 2026년 이후의 주택 시장은 단순히 집값 상승의 문제를 넘어 전월세 시장의 큰 변화를 가져올 것으로 예상됩니다. 이는 무주택자들에게 큰 시련이 될 가능성이 높습니다. 지금도 너무 늦었다고 생각할 수 있고, 집값이 비싸다고 생각될지 모르지만, 어느 때고 내 집 마련이 쉬웠던 시기는 없었습니다. 지나고 보니 기회였던 것이지 항상 여유가 있어서 매수하는 사람은 많지 않습니다. 거듭 강조했듯이 지나고 보면 지금이 기회일 수 있다는 점을 명심해야 합니다. 주택 시장의 변화에 대비하여 각자의 상황에 맞는 최선의 선택을 하기를 권해드립니다.

소득 대비 집값이
너무 높은 것은 아닐까?

　지금까지 부동산 시장에 대한 거대 담론을 주로 다뤘습니다. 인구가 줄어든다고 해서 내가 원하는 곳의 수요도 같이 빠질 것인지 살펴보고, PF 위기 역시 '건설 시장'과 '주택 시장'을 구분해야 한다고 했습니다. 공급 측면에서 봤을 때도 주택이 충분한 게 아니라 내가 원하는 양질의 주택이 부족하고, 무엇보다도 2026년 이후 공급 절벽은 매우 심각해지리라 전망합니다. 이렇듯 부동산 가격이 필연적으로 상승할 수밖에 없다는 걸 이해하면, 다음으로 나오는 쟁점이 '소득 대비 집값이 너무 높다, 부동산에 집중된 가계부채가 심각하다'는 것입니다.

2,000조 원 정도의 가계부채 상당수가 부동산 시장에 쏠리다 보니 '부동산 가격이 하락하면, 가계부채의 위기가 오고, 이는 한국 경제가 침체로 이어진다'는 시나리오를 우려합니다. 일본의 거품 경제의 몰락처럼 한국도 빚으로 지탱하던 부동산 거품이 꺼지면 속절없이 폭락할 것이라며, IMF는 기업의 파산이었지만, 가계부채는 개인의 파산이기 때문에 밑바닥부터 흔들리면서 전체가 무너질 것이라는 거죠. 가계부채가 터지면 돌이킬 수 없으니 정부는 부동산 가격이 급등하는 것도 싫어하지만, 급락하는 것도 싫어한다는 의견도 있습니다. 하지만 대마불사(大馬不死) 같은 이야기를 하려는 것이 아닙니다. 과연 한국의 부동산 가격은 소득 대비 과도한 것인지, 너무 무리하게 유지되고 있는지를 알아보겠습니다.

♀ 한국의 PIR은 전 세계적으로 높다?

예전부터 항상 집값이 비싸다고 했지만, 얼마나 비싼지는 각각의 소득에 따라 체감이 다를 수밖에 없습니다. 그렇다 보니 나온 값이 PIR(Price to income ratio)입니다. PIR이란 소득 대비 가격 비율입니다. 즉, 연 소득을 한 푼도 안 쓰고 꼬박 모았을 때 내 집 마련까지 몇 년이 걸리는지 계산한 지수입니다. 집값이 국가별로도 다른데 그 나라 국민의 소득 대비 집값으로 보는 게 합리적이라며, 부동산 가격의 과열 지수로 많이들 쓰고 있습니다. 세계 도시·국가 비교 통계 사이트인 넘베오(Numbeo)에 따르면 2023년을 기준으로 한국의 PIR은 26배로, 주요 80개국의 중위값(11.9배)을 훌쩍 넘어 상위 11위권입니다. 이 넘베오의 지수는 2024년 9월 한국은행 통화신용정책 보고서에도 인용될 정도로 많이 쓰이고 있습니다.

2024년 11월에는 한국(서울)의 PIR이 27.3배로 더 높아졌습니다. PIR이 기점에 따라서 줄었다 늘어났다 하는 것도 이상하지만, 국가별 상대적 순위를 보면 17위로 여전히 타 국가 대비 높아 보입니다. 집값이 비싸기로 유명한 미국 뉴욕은 74위로 PIR은 15배이니까요. 여기서 의문점이 생깁니다. 정말 우리나라 집값이 뉴욕보다 비싼 것일까?

홈페이지에서 PIR 지수의 기준을 찾아보고 의문을 해결할 수 있었습니다. 넘베오의 PIR은 가구의 순 가처분소득으로 27평형($90m^2$) 아파트 매매를 가정해 산출된 지수였습니다. 왜 $90m^2$인지는 모르겠지만 설령 국민평수인 $84m^2$가 기준이라 해도, 아파트가 기준점이라고 하면 다른 주택 유형들은 다 배제가 됩니다. 한국 외에 전 세계적으로 아파트를 선호하는 국가가 얼마나 있을까요? 해외에서는 단독주택에서 거주하는 게 일반적이고 아파트는 할렘의 임대주택 이미지가 강합니다. 즉, 설정을 어떻게 하느냐에 따라서 PIR 수치는 달라질 수 있습니다. 애초에 넘베오는 전문적으로 PIR을 산출하는 곳이 아니라 수많은 지표를 비교할 수 있는 사이트일 뿐 가볍게 참고할 뿐이지 공신력이 있거나, 검증된 곳이 아닙니다.

이 PIR 지수와 관련된 또 다른 논쟁이 있었습니다. 원희룡 전 국토교통부 장관이 2022년 9월 언론사와의 인터뷰에서 "서울의 PIR이 18인데, 이게 10~12 정도로 떨어져야 정상"* 이라고 발언한 것인데요. 이 말에 힘입어 부동산 하락을 지지하는 사람들 또한 집값이 빠져야 한다고 주장했었습니다. 하지만 모두가 아시다시피 집값은 2022년 하반기에 바닥을 찍은 이후 2023년 내내 가격이 회복했고, 2024년에는 전고점을 돌파하는 곳도 속속 등장했습니다. 당시 PIR은 높았던 것인가요, 낮았던 것인가요?

📍 진짜 한국의 PIR을 구해보자

이제 근본적으로 PIR 기준을 어떻게 설정할 것인가에 대한 진지한 고찰이 필요합니다. 주택 매매 가격과 연 가구 소득의 평균을 어떤 기준으로 잡느냐에 따라서 결괏값이 달라지기 때문입니다.

앞의 〈그림 1-12〉를 보면 기준을 전국 주택가격과 서울 주택가격이 다르고, 평균값으로 구했는지 중앙값(중위수)으로 구했는지에 따라 달라지는 것을 확인할 수 있습니다. 이처럼 평균값과 중앙값은 아예 다릅니다. 이상치(Outlier)가 들어있으면 전체 평균값이 중앙값

●   국토부 장관의 '집값 계산'…서울 40% 더 내려야 한다, 중앙일보, 2022년 9월 28일.

에서 벗어나게 됩니다. 만약 중위소득을 기준으로, 중위 주택가격이 아닌 서울 평균 아파트 가격으로 계산을 하게 되면 PIR이 높아지게 됩니다. 몇몇 사람들은 이 지표를 근거로 우리나라 집값이 너무 비싸다고 주장하는 것이죠. 과연 그런지 직접 PIR을 구해보았습니다.

다음 페이지에 있는 〈그림 1-18〉은 1인 가구부터 4인 가구까지의 중위소득을 기준으로 전국 중위 주택가격 및 서울시 중위 주택가격 PIR을 각각 산출해보았습니다. 1인 가구 기준으로는 무엇이든 비쌀 수밖에 없지만, 4인 가구 기준으로 전국 중위 주택가격 PIR은 5밖에 안 됩니다. 서울시를 기준으로 하면 이야기가 조금 달라지는데 10으로 뛰고, 서울의 아파트를 기준으로 잡으면 14가 되네요.

〈그림 1-19〉는 소득은 중앙값이되, 주택가격을 평균으로 바꿔보았습니다. 평균으로 바꿔도 4인 가구 중위소득을 기준으로 전국 아파트는 7 정도인데, 서울 아파트의 경우 18로 확 높아지는 것을 확인할 수 있습니다. 만약 PIR을 낮추고 싶다면 평균 소득을 기준으로, 집값은 중앙값으로 계산하면 됩니다. 〈그림 1-20〉을 보면 PIR이 낮아진 것을 확인할 수 있습니다. 〈그림 1-21〉는 모든 값을 평균으로 뒀을 때입니다. 모든 값을 중앙값으로 둔 〈그림 1-18〉과 같거나 살짝 더 낮은 수준입니다. 그러나 이때 평균 소득을 기준으로 한다면 분위 소득도 봐야 합니다.

그림 1-18 중위소득 기준, 전국 중위 주택가격 및 서울시 중위 주택가격 PIR

	월소득(원)	연소득(원)	전국 중위 주택 가격(만 원)				서울시 중위 주택 가격(만 원)			
			종합	아파트	단독	연립	종합	아파트	단독	연립
			31,333	36,500	30,000	16,500	69,500	97,500	80,000	28,000
1인 가구	2,228,445	26,741,340	12	14	11	6	26	36	30	10
2인 가구	3,682,609	44,191,308	7	8	7	4	16	22	16	6
3인 가구	4,714,657	56,575,884	6	6	5	3	12	17	14	5
4인 가구	5,729,913	68,758,956	5	5	4	2	10	14	12	4

그림 1-19 중위소득 기준, 전국 평균 주택가격 및 서울시 평균 주택가격 PIR

	월소득(원)	연소득(원)	전국 평균 주택 가격(만 원)				서울시 평균 주택 가격(만 원)			
			종합	아파트	단독	연립	종합	아파트	단독	연립
			45,456	50,920	45,966	21,730	93,296	124,378	113,047	33,706
1인 가구	2,228,445	26,741,340	17	19	17	8	35	47	42	13
2인 가구	3,682,609	44,191,308	10	12	10	5	21	28	26	8
3인 가구	4,714,657	56,575,884	8	9	8	4	16	22	20	6
4인 가구	5,729,913	68,758,956	7	7	7	3	14	18	16	5

그림 1-20 평균 소득 기준, 전국 중위 주택가격 및 서울시 중위 주택가격 PIR

	월소득(원)	연소득(원)	전국 중위 주택 가격(만 원)				서울시 중위 주택 가격(만 원)			
			종합	아파트	단독	연립	종합	아파트	단독	연립
			31,333	36,500	30,000	16,500	69,500	97,500	80,000	28,000
1인 가구	2,805,278	33,663,336	9	11	9	5	21	29	24	8
2인 가구	4,456,229	54,474,748	6	7	6	3	13	18	15	5
3인 가구	6,782,966	81,395,592	4	4	4	2	9	12	10	3
4인 가구	7,854,858	94,258,296	3	4	3	2	7	10	8	3

그림 1-21 평균 소득 기준, 전국 평균 주택가격 및 서울시 평균 주택가격 PIR

	월소득(원)	연소득(원)	전국 평균 주택 가격(만 원)				서울시 평균 주택 가격(만 원)			
			종합	아파트	단독	연립	종합	아파트	단독	연립
			45,456	50,920	45,966	21,730	93,296	124,378	113,047	33,706
1인 가구	2,805,278	33,663,336	14	15	14	6	28	37	34	10
2인 가구	4,456,229	54,474,748	9	10	9	4	17	23	21	6
3인 가구	6,782,966	81,395,592	6	6	6	3	11	14	14	4
4인 가구	7,854,858	94,258,296	5	5	5	2	10	12	12	4

자료: 통계청(월평균 가계수지 24년 2/4분기 소득), KB부동산(2024년 9월 기준 집값)

그림 1-22 분위 소득별, 전국 평균 주택가격 및 서울시 평균 주택가격 PIR

			전국 평균 주택 가격(만 원)				서울시 평균 주택 가격(만 원)			
			종합	아파트	단독	연립	종합	아파트	단독	연립
	월소득(원)	연소득(원)	45,456	50,920	45,966	21,730	93,296	124,378	113,047	33,706
1분위	747,836	8,974,032	51	57	51	24	104	139	126	38
2분위	1,566,282	18,795,384	24	27	24	12	50	66	60	18
3분위	2,385,254	28,623,048	16	18	16	8	33	43	39	12
4분위	3,121,154	37,453,848	12	14	12	6	25	33	30	9
5분위	3,842,293	46,107,516	10	11	10	5	20	27	25	7
6분위	4,601,968	55,223,616	8	9	8	4	17	23	20	6
7분위	5,481,059	65,772,708	7	8	7	3	14	19	17	5
8분위	6,548,473	78,581,676	6	6	6	3	12	16	14	4
9분위	8,246,771	98,961,252	5	5	5	2	9	13	11	3
10분위	13,056,165	156,673,980	3	3	3	1	6	8	7	2
도시근로자 평균소득	6,290,102	75,481,224	6	7	6	3	12	16	15	4

자료: 통계청(월평균 가계수지 24년 2/4분기 소득), KB부동산 (2024년 9월 기준 집값)

〈그림 1-22〉에서 10분위, 즉 상위 10% 소득을 보면 서울시 아파트를 기준으로 해도 PIR이 8밖에 안 됩니다. 즉, 서울 아파드를 매매하고자 한다면 상위 10% 자산을 목표로 하는 것입니다. 10분위 값을 기준으로 잡은 이유는 이제 서울의 부동산은 전국의 자산가가 구매하러 오는 투자 상품이기 때문입니다. 그러나 이 역시 자의적인 해석이라고 생각할 수 있어 보다 정확한 수치를 추가로 보여드리겠습니다.

PIR와 관련해 가장 정확한 지표를 산출하는 곳은 KB국민은행입니다. 소득과 신용을 보고 담보 대상 주택가격을 고려해서 주택담보 대출을 실행시켜주기 때문에 진짜 주택을 매수하는 사람들의 실질 소득과 실질 집값의 비율을 알 수 있습니다. 물론 KB국민은행만의

그림 1-23 KB국민은행의 PIR

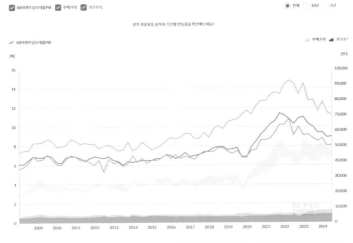

년도	서울			경기			인천		
	가구 소득	주택 가격	KB아파트 담보대출 PIR	가구 소득	주택 가격	KB아파트 담보대출 PIR	가구 소득	주택 가격	KB아파트 담보대출 PIR
'24.3Q	8,236	92,500	11.2	5,539	50,000	9	5,145	41,900	8.1
'24.2Q	7,812	90,000	11.5	5,392	48,500	8.9	4,962	40,000	8
'24.1Q	7,719	97,500	12.6	5,618	53,000	9.4	4,800	42,500	8.8

자료: KB부동산 데이터 허브

데이터지만 대한민국 3대 은행 중 하나니 KB국민은행 지표만으로
도 표본의 신뢰성은 충분하다고 봅니다.

〈그림 1-23〉를 보면 서울, 경기, 인천의 PIR을 볼 수 있는데, 서
울은 보면 11~12, 경기는 9, 인천은 8 정도입니다. 게다가 KB국민
은행의 PIR은 아파트 담보대출이 기준이다 보니 빌라나 단독주택 수
치는 빠져있습니다. 서울 아파트를 기준으로 해도 앞서 원희룡 장관

이 이야기한 PIR 10~12 내에 듭니다.

　서울의 집값이 비싼 게 아니라 서울의 아파트 가격이 비싸다 하더라도, 대출로 매수하는 사람은 사실상 실거주자인 만큼* 서울 거주자의 소득 대비 집값은 11~12임을 확인할 수 있습니다.

◯ PIR 지수에 잡히지 않는 것

KB국민은행 PIR이 현시점 가장 정확한 PIR이라고 했지만, 누락된 수치도 존재합니다. 사업자인 경우, 정확한 소득을 집계하기가 힘듭니다. 또한 아예 주택담보대출을 받지 않고 매수하는 경우도 집계에 포함되지 않습니다. KB국민은행만으로도 표본의 대표성은 충분하다고 보지만 현금으로 매수하는 사람까지 고려하면, 실질적으로는 더 낮아질 수 있다는 것이죠. 전세를 낀 갭투자 비중이 높은 것 또한 고려할 필요가 있습니다. '서울 부동산은 서울 거주자만 매수하지 않는다'는 것도 포인트입니다. 앞서서도 외지인 투자 비율 이야기를 했었는데요(〈그림 1-6〉 참고). 2023년 1월~2024년 8월을 기준으로 서울 아파트 외지인 투자 비율을 살펴보면 20~30%가량이 외지인

---

* 　실거주를 안 한다면 대출이 아니라 전세를 낀 갭투자를 했을 것이니 대출받은 사람은 사실상 실거주자임을 유추해볼 수 있다.

거래입니다. 지방에 자산가가 서울 부동산을 대출 없이 매수했다면 PIR 지수는 더 낮아질 수 있는 거죠.

지역구로도 차이가 있습니다. 반포에 60억 원 실거래, 압구정 100억 원 거래 등 뉴스에 등장하는 주택들은 과연 대출로 매수한 것일까요? 저는 KB부동산 현장자문위원 활동을 오랜 기간 하고 있는데요. KB부동산에 건의한 사항 중 하나가 해당 PIR 지수를 서울시 구별로 산출해보자는 것입니다.

강남구의 PIR은 얼마일까?

노원구의 PIR은 얼마일까?

강남구의 높은 집값과 달리 정작 PIR은 생각보다 더 낮을 수도 있다고 봅니다. 결국 개개인의 소득에 따라 매수하는 것이니 무리해도 소득 대비 부담할 수 있는 집값인 겁니다.

반대로 자기 자본은 낮지만, 전세라는 레버리지를 활용해서 무리하게 갭투자를 한 경우를 고려해보면 PIR은 높아질 수 있습니다. 즉, 소득 대비 자산 가격에 거품이 있다는 말입니다. 이러한 이유로 몇몇 부동산 전문가는 전세 제도로 인해 소액으로 갭투자가 가능해졌고, 이는 매매 가격을 높이는 데 일조했으므로 전세 제도는 없어져야 한다고 주장합니다. 그러나 갭투자 때문에 자산 시장에 거품이 있다는 것은 고가주택 시장보다 저가주택 시장에 더 치명적입니다. 저가주택 시장일수록 전세가율이 높습니다. 미래에 얻을 기대 수익이 낮다 보니 매수 희망자가 적기 때문입니다. 반대로 인기가 높은 지역인 고가주택 시장은 전세가율이 낮습니다. 임대차 수익보다 향후 매매 차익에 따른 기대 수익이 높기 때문이지요.

대표적인 것이 바로 2022년 전세사기 사태입니다. 전세사기는 고가의 아파트가 아니라 저가의 빌라, 오피스텔 등에서 대규모로 발생했습니다. 사람들이 빌라, 오피스텔의 매수를 기피하자 전세와 매매 금액의 차이가 좁혀졌고, 소액으로 매수하는 사람들이 크게 증가한 탓입니다. 가령, 4억 원의 집을 3억 8천만 원에 전세로 내놓아서 2천만 원으로 매수한 갭투자라면 세입자보다 집주인이 더 돈 없는 사람입니다. 이런 갭투자는 PIR을 올리는 요소고, 집값이 흔들리면 가장 먼저 타격을 받게 됩니다. 역전세로 인한 타격은 빌라 전세 금액 하락보다 강남 아파트 전세가 더 컸습니다. 역전세를 막기 위해 5억 원에서 10억 원씩 더 빌려서 상환해준 사람도 많았습니다. 하지만 강남 아파트는 전세 사기 매물로 등장하지 않습니다. 어떻게든 돈을 구해서 역전세를 해결했기 때문입니다. 집을 매도해서 손실을 보더라도 내줬죠. 이유는 단순합니다. 집값도 많이 빠졌지만, 그래도 경매로 넘기는 것보다는 낫기 때문에 주택을 사수하는 것이죠.

은행 대출 기준에는 LTV가 존재합니다. DTI, DSR 때문에 LTV 한도만큼 대출이 나오지 않다 보니 그 중요성이 뒤로 밀리는 것 같지만, LTV의 본래 목적은 부동산 가격이 하락하거나 채무자에게 문제가 발생해 물건이 경매로 넘어가도 대출 원금을 회수할 수 있도록 설정한 측면이 강합니다. 그런데 전세가율이 높은 저가주택들은 이러한 저항선이 사실상 없다시피 한 것이고, 빌라 역전세는 아파트와 달리 5천만 원 안팎이었다 하더라도 집주인 입장에서는 이미 자본잠식을 넘어서 그 돈을 내어줄 여력이 없는 것이죠. 그러니 경매로 넘겨버리는 것입니다. 이러한 사항을 인지하고 경매 매물을 확인하면 대부분 빌라·오피스텔·상가입니다. 아파트는 비율이 낮고, 서울 신축 아파트는 더더욱 보기가 힘듭니다.

전문가 중에서는 전세가격이 집값을 올린다고, 전세가 문제라고 말하기도 합니다. 물론 전세자금대출이 전세가격을 더 부풀리는 효과는 있습니다. 그러나 전세자금대출 상한선은 최대 5억 원입니다. 오히려 이런 보증보험 및 전세자금대출이 빌라 가격을 지탱해주고 있는 것이죠. 보증보험 및 전세자금대출을 규제해버리면, 아파트도 충격을 받겠지만, 빌라와 오피스텔이 더 큰 타격을 받습니다. 지방 소액 갭투자로 들어간 사람들도 마찬가지고 봅니다. 결론적으로 PIR 관점에서 보면 오히려 안전한 주택이 어디인지, 역설적이지만 어느 자산이 소득 대비 거품인지 다시 생각해볼 수 있다고 봅니다.

〇 소득의 양극화는 곧 집값 양극화

강남구의 PIR 지수는 더 낮을 수 있다고 언급했듯이 실질소득 관점에서 접근해보겠습니다. 이를 단적으로 잘 보여주는 것이 바로 최

그림 1-24 연도별 최저임금 추이

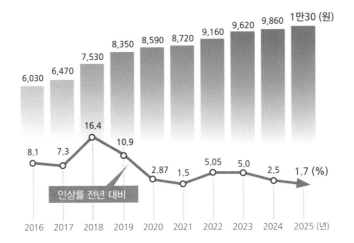

자료: 최저임금위원회

저임금 이슈입니다. 2025년 최저임금은 1.7% 인상해 1만 원을 돌파했다고 합니다. 사상 처음으로 최저임금 1만 원 시대가 열렸지만, 노동자도 불만이고 사측도 불만입니다.

사측은 경기가 안 좋은데 최저임금을 더 올리면 다 같이 죽는 거라며 불평하고, 노동계는 최저임금 1.7% 인상은 물가상승률보다도 못하기 때문에 실질임금은 오히려 하락한 것이라며 불평합니다.

반면 2024년 수출은 역대 최고치입니다. 산업통상자원부의 발표에 따르면 올해 10월까지의 수출은 전년 대비 9.1% 증가한 5,662억 달러입니다. 또한 2023년 10월 이후 13개월 연속으로 플러스 성장을 했으며, 무역수지는 2023년 6월 이후 17개월 연속 흑자를 유지하고 있습니다. 러시아-우크라이나 전쟁과 중동사태 등 대외 여건이

녹록지 않은 상황에서 우리나라가 글로벌 10대 수출국 중 올해 가장 높은 수출 증가율을 기록 중인 것이 신기할 따름입니다.

그런데 왜 한국 경제는 어렵다고 하는 것일까요? 세부 항목을 보면 이야기가 좀 달라집니다. 지금 대한민국 수출을 견인하는 큰 축은 반도체와 자동차로 이 둘은 역대 최대입니다. 하지만 다른 전통 수출 품목의 비율은 낮아졌습니다. 즉, 내수 기반으로 움직이거나 채산성이 낮은 중소기업 및 자영업자는 경기가 안 좋아서 비명을 지르고, 청년들도 취업을 기피하고 있습니다. 이는 근로자의 임금에도 영향을 끼치고 있습니다. 통계청의 「2022년 임금근로 일자리 소득(보수) 결과」에 따르면 대기업 근로자의 평균 소득은 월 591만 원(세전 기준)으로 중소기업 평균 소득 286만 원의 2.1배입니다. 대기업과 중소기업의 격차도 커졌지만, 대기업 내에서도 격차가 점점 더 벌어지고 있는 게 문제입니다. 돈을 버는 업종만 잘 된다는 것이지요.

자영업자 수치도 살펴보겠습니다. 2024년 9월 통계청에 따르면 지난달 기준 고용원 없는 자영업자는 430만 6,000명으로, 1년 전보다 6만 4,000명 줄었습니다. 인건비가 나오지 않아서 홀로 영업하던 자영업자들이 줄폐업을 하고 있습니다. 경기는 좋지 않습니다. 그런데 경기가 안 좋으니 집값도 떨어질까요?

전반적인 집값은 하향평준화가 될 수도 있습니다. 근로자든 자영업자든 기본적인 수요층들이 받쳐주지 못하니까요. 반면 고소득자들이 원하는 주택들은 전혀 다른 시장으로 움직일 가능성이 높습니다. 그 사람들의 소득은 높아지고 있으니까요. 이런 식으로 소득격차가 벌어지면 해당 고소득자들이 원하는 주거지역만 폭등하고 상급지와 중급지, 하급지 갭의 격차가 점점 더 벌어지다 못해, 시장이 따로 분리될 가능성이 큽니다.

주택가격은 소득만으로 설명하기보다는 다양한 요소들이 중첩적으로 적용되어 가격이 형성됩니다. 그러나 국내 주택가격이 거품이라고 말하는 사람의 가장 대표적인 비판 중 하나가 바로 PIR입니다. 언뜻 들으면 소득 대비 너무 말도 안 되는 금액이라고 생각할 수 있습니다. 그러나 PIR 수치가 어떻게 계산된 것이며, 계산법이 맞는지 생각해보면 쟁점들이 많습니다. 무작정 중위소득을 기준으로 서울 아파트 가격이 비싸다고 말하는 사람이 있다면, 국민의 중위소득을 기준으로 수도의 주택을 마련하기 쉬운 나라가 있는지 반문하고 싶습니다.

통화 정책 및 화폐가치와 부동산의 상관관계는?

　부동산 시장을 이야기할 때 빠지지 않는 분석 요인이 있습니다. 바로 금리입니다. 2024년 9월 18일, 미국이 기준금리를 전격 인하했습니다. 기존의 연 5.25~5.5%에서 연 4.75~5.0%로 낮춘 0.5%의 빅컷을 발표한 것입니다. 2022년 3월 기준금리를 올리기 시작한 이후 30개월 만의 일입니다. 미국은 코로나19 위기에 대응하기 위해 2020년 3월 긴급히 금리를 낮춰 기준금리는 0.25%로 사실상 제로금리의 시대였습니다. 코로나19 동안 막대한 유동성이 풀리면서 자산 가격상승을 불러왔었지만 반대로 미국이 금리를 높이는 동안 한국 역시 기준금리를 따라 올리면서 2022년 하반기 부동산 시장에

그림 1-25 미국 기준금리 추이

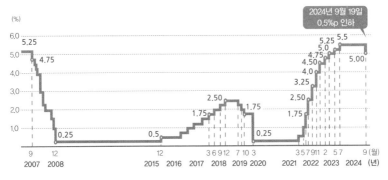

자료: 미 연방준비제도 Fed

큰 타격이 있었습니다.

그간 고금리에 고통받다가 드디어 미국에서 통화 정책 대변화를 예고하는 소식이 들리자 국내에서는 이와 관련해 집값 상승, 가계부채와 관련된 기사들이 쏟아졌습니다. 금리 인하가 실물경세 부양에는 도움이 되겠지만 집값 상승에는 기름을 붓는 격이 될 수도 있다는 진단이었습니다. 최근 정부가 급증하는 가계부채 위험을 줄이고자 가산금리를 높이고 대출한도를 줄이는 등의 규제책을 발표했으나, 근본적으로 기준금리가 인하하면 집값 상승이 높아지는 게 아니겠냐는 것이죠. 하지만 고금리 부담으로 진통을 겪었던 국내 수요가 미국발 금리 인하의 영향으로 숨통이 트이겠다는 전망과 더불어 'R의 공포'에 대한 우려도 있습니다. 'R'은 '경기침체'를 의미하는 'Recession'의 약자로, 경기가 침체되고 소비심리가 줄어드는데 과연 집값이 올라가겠느냐고 보는 의견입니다.

○ 금리가 상승할 때의 부동산

일반적으로 기준금리를 인상하면 조달금리가 올라가고, 기업 투자와 가계 소비가 감소하게 됩니다. 그 결과, 경기 후퇴로 이어져 GDP(국내총생산)가 줄어들 것이라고 봅니다. 하지만 실제 경기 흐름은 다릅니다. 중요한 것은 금리 인상의 결과를 있는 그대로 해석하는 것이 아니라 애초에 한국은행이 '왜' 금리 인상이라는 결정을 내렸는지를 고려해야 합니다. 금리는 일종의 후행지표입니다. 즉, 실물 경기의 흐름이 우선이고 그 흐름을 통제하기 위한 수단으로써 금리를 인상하거나 인하하는 것입니다. 가령, 인플레이션이 높고 경기가 과열된 상황이라면 한국은행에서는 경기를 진정시킬 목적으로 금리를 인상하는 식입니다. 즉, 금리 인상으로 야기된 기업 투자 감소나 가계 소비 감소는 의도하지 않은 금리 인상의 부작용이 아니라 금리 인상을 통해 한국은행이 애초에 목적했던 경기 조정의 결과라는 말이지요.

금리에서 알아둬야 할 개념으로 '테일러 준칙(Taylor's Rule)'이 있습니다. 존 테일러라는 미국의 경제학자가 통화 정책과 경제의 흐름을 연구한 결과, 금리를 결정하는 가장 큰 변수가 무엇인지 설명한 이론입니다. 공식이 다소 복잡하기는 합니다만, 결론만 요약하자면 금리를 결정하는 가장 큰 변수는 인플레이션이고, 여기에 경기 수준·상황에 따라 금리가 결정된다는 것입니다. 테일러 준칙에 따르면 인플레이션이 높거나 경기가 과열되었다면, 금리를 높여서 과열된

그림 1-26 물가상승률과 주택가격상승률의 상관관계

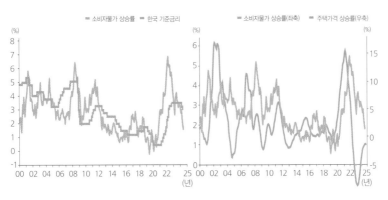

자료: 통계청, 한국은행경제통계시스템, KB부동산

경기를 가라앉히고, 인플레이션을 안정시키고, 그 반대의 경우라면 금리를 낮춰서 소비와 투자를 진작시켜 경기를 부양합니다.

금리를 결정하는 한국은행이 가장 우선하는 목표는 '물가안정'입니다. 경제학에서는 '골디락스(Goldilocks)'라고 표현하는 상태, 즉 경기가 지나치게 과열되지도, 그렇다고 해서 너무 가라앉은 상황도 아닌 딱 적절한 상태를 추구하는 것이죠.

물가안정이 중요하다고 했으니 소비자물가와 기준금리 사이의 관계를 살펴보겠습니다. 〈그림 1-26〉을 보면 기준금리가 높았던 시기에는 소비자물가도 역시 높았다는 사실을 알 수 있습니다. 이렇게 물가가 높을 때, 즉 인플레이션이 높을 때는 주택가격도 상승합니다. 즉, 이 세 지표는 시기에 따라 조금씩 선행이냐, 후행이냐는 차이가

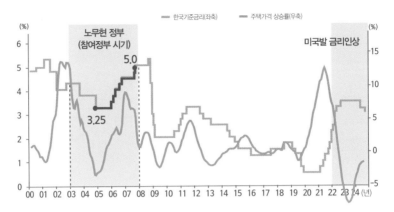

자료: 한국은행경제통계시스템, 한국감정원, 전국주택가격동향조사

있지만 대체로 같은 방향으로 움직입니다. 결론적으로 금리가 상승할 때 부동산 가격이 어떻게 되는지에 대한 답을 구해보겠습니다.

〈그림 1-27〉은 기준금리와 주택가격의 상승률을 하나의 그래프에 합친 것입니다. 통계적으로 금리를 인상한 시기에는 부동산 가격도 상승하는 경향이 있었습니다. 금리 인상은 부동산 가격에 악영향을 미친다고만 생각하지만, 애초에 금리를 인상하려는 시기는 인플레이션이 높거나 경기가 과열인 상태인 만큼 반대로 부동산 가격이 상승했습니다. 즉, 인과관계가 역전된 것이죠. 대표적으로 부동산 호황기였던 참여정부만 해도 7차례의 금리 인상이 있었습니다. 당시에는 가장 낮았을 때가 3.25%였고 노무현 참여정부 시기 5%까지 올렸고, 2008년 8월 5.25%를 끝으로 서브프라임모기지 사태와 함께 글로벌 금융위기가 닥치면서 다시금 금리를 낮추기 전까지 부동산

가격은 계속 상승했습니다. 그렇다 보니 기준금리를 인하할 때, 부동산 가격이 하락할 것이라며 R의 공포를 이야기하는 사람들이 등장하게 된 배경입니다.

◉ 2022년 부동산 시장이 기존과 달랐던 이유

기본적인 배경지식이 쌓였다면 지금부터가 중요합니다. 저는 앞으로 부동산 가격이 오를 것이라 전망합니다. 앞서 말한 것과 상반되는데, 2022년의 금리 인상과 부동산 하락 자체가 기존 틀에서 벗어났기 때문에 상황이 다르다고 봅니다. 2022년 하반기에 부동산 시장은 무너졌습니다. 그런데 당시에는 경기도 좋지 않았고, 인플레이션은 정말 높았습니다. 하반기는 물가상승률이 5~6%씩 되었으니까요. 인플레이션 자체는 실물자산인 부동산에 긍정적인 요소인데 정작 부동산 가격은 꺾였습니다. 왜 그랬을까요?

2022년 당시 주택가격 상승을 예측한 저로서는 이해가 되지 않아, 어떻게 된 것인지 복기하고 공부했는데요. 그 결과, 2022년 시장이 과거 통계와 예측을 모두 빗나간 이유는 크게 두 가지였습니다. 첫 번째로는 국외 요소로 불가피하게 금리가 인상된 점, 두 번째는 시장에서 대응할 틈도 없이 너무 빠르고 급격하게 금리를 올렸다는 것입니다.

그림 1-28 미국 연준의 점도표

2021년 12월	2022년 12월

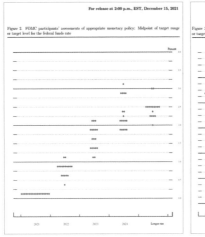 

자료: 미국 연방준비제도이사회(www.federalreserve.gov)

2022년 당시 미국은 4연속으로 자이언트 스텝﹡을 밟으며 인상에 굉장한 가속을 냈습니다. 사실 미국의 이런 조치는 그 누구도 예상하지 못했었습니다. 2021년 12월 연준의 점도표(dot plot)를 살펴보면 기준금리는 바닥이었습니다. 금리를 올리긴 하겠지만 2022년에는 1% 전후로만 올리고 중장기적으로 3%까지 오를 것이라 예상했습니다. 그러나 바로 1년 뒤 2022년 12월 점도표를 보면 이미 금리는 4.5%까지 올라갔고, 2023년 7월 미 기준금리는 5.5%까지 올라갔습니다. 금리가 치솟은 것도 문제지만, 앞으로 얼마나 더 오를지 모른

﹡ 한 번에 기준금리를 0.75%p 인상하는 것.

다는 공포가 시장을 지배했었습니다. 고금리 부담에 부동산 시장이 무너졌고, 부동산뿐만 아니라 주식 등 전체 자산 시장이 어려워졌습니다.

경제학에서는 내생변수와 외생변수를 구분합니다. 내생변수는 모델 내에 존재하는 변수고, 외생변수는 모델 바깥에 존재하는 변수입니다. 만일 국내 요인만 보고 물가상승률이나 경제성장률 등을 토대로 금리를 조정했다면 2022년 한국은행은 기준금리를 이렇게까지 단기간에 급격히 올리지 않았을 것입니다. 하지만 미국의 기준금리가 인상되면서 달러화 강세 현상이 나타났고, 환율 방어를 위해 한국 역시 기준금리를 올릴 수밖에 없는 상황이 된 것이죠. 그러나 미국은 물가상승률도 높았지만, 경제 성장 등 각종 지표가 좋다 보니 계속 금리를 높여도 버틸 수 있는 기초체력이 있었고, 인플레이션이 잡힐 때까지 금리를 높였습니다. 반면 한국은 경제 상황에 맞지 않은 과도한 금리 인상으로 고통받은 것입니다. 또한 예상과 달리 빠르고 급격하게 금리를 올림으로써 시장이 미처 대응도 하기 전에 고금리로 바뀐 것도 한몫합니다.

대출 금리 상승으로 이자 부담이 높아지는 것도 있지만, 금리가 높아진다는 것은 할인율이 높아진다는 것과도 같습니다. 할인율이 높다는 말은 '미래의 현금 흐름을 현재 가치로 환산할 때 더 낮은 금액으로 평가'한다는 의미입니다. 즉, 금리가 낮았을 때는 미래에 투자하는 것이 훨씬 더 나았지만, 금리가 높아짐으로 현재 현금의 가치가 더 높아진 것입니다. 더 쉬운 개념으로는 요구수익률이 높아졌다고 봐도 됩니다. 과거 기준금리가 제로 금리던 시절에는 상가나 건물 등 수익형 부동산에 투자 시 수익률이 3%만 되어도 괜찮다면서 투자하는 사람이 많았습니다. 특히 대출을 일으켜서 레버리지 자금으로 활용하는 경우가 많았죠. 이러한 저금리 덕분에 건물 가격은 천정부지 상승했습니다. 그러나 금리가 상승해 예금 금리가 6%까지 치솟았습니다. 은행 수익률만 6%라면 어떤 투자를 해도 수익률이 안 맞게 됩니다. 그렇다고 임대료를 올려 받자니 오히려 자영업자 폐업률이 높아지고, 상가 임대료는 하락하는 악순환으로 수익형 부동산 가격이 폭락하게 됩니다.

부동산 가격이 하락했던 2022년은 사실상 아주 특수한 상황이었습니다. 이후 2023년 초부터 서울 부동산 시장을 필두로 집값이 반등하기 시작했는데, 그때만 해도 은행도 흔들릴 수 있다며 부동산 비관론이 팽배했습니다. 금리도 계속 오르기도 했고요. 요컨대 2022년 당시의 미국발 금리 인상은 일반적인 흐름을 벗어난 일종의 예외입니다.

이러한 특수성을 이해하고 나면 반대로 이번의 금리 인하는 과도하게 높였던 금리를 정상화하는 과정으로 이해하는 게 맞습니다. 물가상승률이 많이 낮아지고, 경기가 좋지 않다 보니 경기 부양을 위해서는 금리를 빠르게 낮춰야 한다는 거죠. 한국은 2024년 10월에 기준금리를 낮추기 시작하면서 고금리 시대가 끝났음을 알렸습니다. 가격은 원래 예상치 못한 흐름으로 움직일 때 공포로 움직이는 경향이 강합니다. 금리가 올라가도 얼마나 더 올라가고, 고금리 시기가 얼마나 오래 지속될지 알 수 없는 공포가 있었는데, 이제는 지금보다 낮아지면 낮아졌지 올라갈 것이라는 두려움이 없어지면서 부동산의 매수·매도 심리가 개선될 것으로 보입니다. 즉, 이번 금리 인상·인 하는 기존의 시장과는 전혀 다른 움직임을 보여준 만큼 기존의 방향 과도 또 다를 것으로 보고 있습니다.

♀ 인플레이션 헤지할 수 있는 상품에 투자하자

어떤 시장에서든 금리의 중요성을 강조합니다. 그런데 가끔 전문가 조차도 명목금리와 실질금리를 혼용해 사용하는 모습을 자주 접합 니다. 명목금리와 실질금리는 구분해야 합니다. 기본적으로 명목금 리는 인플레이션을 고려하지 않은 표면상의 이자율입니다. 은행에 갔을 때 접하는 대출 금리 5%, 예금 금리 2%는 명목금리입니다. 반 면 실질금리는 명목금리에서 인플레이션을 고려한 금리입니다. 물 가상승률(인플레이션) 때문에 돈의 구매력이 떨어지기 때문에, 명목금 리가 5%라고 해도 물가가 같은 비율로 상승하면 실제로 얻는 수익 은 줄어들게 됩니다. 실질금리는 실제 구매력을 반영한 금리이므로, 경제 주체들이 체감하는 진정한 금리라고 볼 수 있습니다.

'피셔 효과(Fisher Effect)'는 경제학자 어빙 피셔가 제시한 이론으 로, 명목금리와 실질금리 간의 관계를 설명합니다. 명목이자율을 i,

실질이자율을 r, 인플레이션율을 π라고 했을 때, 명목금리는 실질금리에 기대 인플레이션을 더한 값입니다. 즉, 인플레이션율이 높아지면 명목금리도 그만큼 상승해 실질금리를 일정하게 유지하려는 경향이 있다는 것입니다.

$$r = i - \pi$$

핵심은 바로 '인플레이션을 헤지(hedge)할 수 있는 상품에 투자하자'입니다. 1980년대 시중은행의 정기예금 및 적금 이율은 10%대 후반, 많게는 20% 후반대에 달했습니다. 그런데 은행 금리가 높았다고 해서 은행에 예금 및 적금만 들었던 사람 중 부자가 된 사람은 얼마나 될까요? 예금 금리가 그토록 높았다면 대출 금리는 몇 %였을까요? 당시 대출 금리는 최소 25% 이상이었습니다.

이때 명목금리의 함정에 빠지면 안 됩니다. 단순히 20%로 예금한 사람은 똑똑하고, 25%로 대출을 받았던 사람은 어리석다고 생각해선 안 됩니다. 흔히 대출에 대해 '미래 소득을 담보로 돈을 당겨 사용'함으로써 매월 이자를 부담하면서 산다고 생각합니다. 그래서 대출에 대해 부정적인 인식이 많죠. 그러나 2000년에 10억 원을 빌려서 20년 뒤인 2020년에 10억을 갚는다고 생각하면 체감이 될까요? 이자는 논외로 한다고 해도 20년 동안 화폐가치가 떨어졌습니다. 은행의 예금 이자가 20%라 해도 물가상승률이 20%라면 결국 남는 게 없습니다. 그나마 은행에 넣어놓았으면 불행 중 다행이지, 장롱 속에

그림 1-29 M2(광의통화) 수치

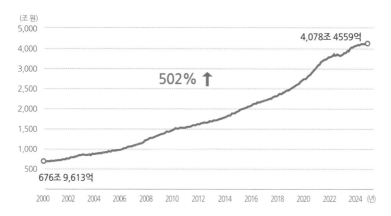

(조 원)

4,078조 4559억

502% ↑

676조 9,613억

2000 2002 2004 2006 2008 2010 2012 2014 2016 2018 2020 2022 2024 (년)

※M1(협의통화): 현금통화와 요구불예금 수시입출식예금(투신사 MMF 포함)
※M2(광의통화): M1+만기 2년 미만 금융상품(예적금, 시장형 및 실적배당형, 금융채 등)

자료: 한국은행 ECOS(2000.01~2024.09)

숨겨뒀다면 −20%가 되는 거죠. 반대로 대출은 단순히 물가상승률 뿐만 아니라, 당시 고도성장 시기로 더 큰 소득을 얻을 수 있었기 때문에 고금리여도 대출을 받았던 것입니다. 한 마디로 우리는 명목금리만 볼 것이 아니라 물가상승률을 고려한 실질금리가 몇인지를 봐야 합니다.

게다가 현금 자체는 시간이 지나면서 가치가 더욱 떨어집니다. 화폐가치와 직결되는 통화량 수치를 살펴보면 통화량이 점점 늘어나는 걸 확인할 수 있습니다. 〈그림 1-29〉에서 M2* 기준으로 지금으로부

＊ 광의의 통화로 불리며, 경제 내에서 유동성이 높은 자산의 범위를 M1보다 더 넓게 포함한 통화지표

터 2000년의 통화량은 676조 9,613억 원이었습니다. 현재는 500% 가까이 상승해 약 4,000조 원이 풀려 있는 상태입니다. 즉, 20여 년 전에 비해 화폐가치가 500% 넘게 떨어진 것입니다.

돈은 가지고 있기보다는 써야 합니다. 과거에 저축을 권장했던 이유는 국가 전체적으로 돈이 없었기 때문입니다. 개개인의 저축을 통해 자본을 모았고, 그 돈을 기업에게 빌려줌으로써 사업을 펼칠 수 있는 기반을 마련하려고 한 것이죠. 그렇다 보니 저축을 강조했었지만, 지금은 저축해서 남는 것이 없습니다. 돈을 수시입출금통장에 넣어둔다면 은행 금리는 0.1%밖에 안 됩니다. 여기에 이자소득세 15.4%를 원천징수하고 금융소득이 2,000만 원을 초과하면 종합과세를 합니다.

즉, 현금을 보유하고 있는 것 자체는 아무런 이득이 없습니다. 목적성을 가지고 자금을 모아야 하지만, 어차피 써야 할 지출이라면 빨리 소비하는 게 유리하다는 겁니다. 자동차도 필요하다면 일찍 사는 게 싸고, 핸드폰이나 컴퓨터나 하다못해 옷도 나중에 산다면 비싸게 살 가능성이 높지요. 그러나 이런 소비재들은 가치 보존적 성격을 지니지 않습니다. 식료품은 유통기한이 존재하고, 옷도 유행을 떠나서 시간이 오래 지나면 점점 낡습니다. 컴퓨터, 자동차와 같은 제품은 감가상각이 나타납니다. 내가 어차피 쓸 거면 빨리 사는 게 낫다는 것이지 그 구매 행위 자체가 자산을 지키는 수단이 되지는 못합니다.

결국은 단순 저축이 아닌 상태에서 부를 이루기 위해서는 화폐가치를 방어할 수 있는 자산으로 이동해야 합니다. 가장 대표적인 것이 실물자산인 금, 은, 부동산이지요. 원자재도 실물자산이지만 경기 상황이나 수급에 따라 변동성이 크다 보니, 또 다른 관점에서 접근하는 것이고 개인이 접근하기 가장 쉬운 실물자산은 결국 부동산입니다.

부동산은 화폐가치에 따라 상승하기 때문에 가격 방어가 됩니다. 대치동 은마아파트를 보면 1979년 당시 2천만 원에 분양했던 가격이 2000년에는 2억 원으로, 2024년에는 29억 원으로 거래되었습니다. 1979년 9급 공무원의 월급이 55,500원*이었으니 그때도 비쌌던 거죠. 그나마 부동산을 매수해둬서 가치가 보존된 것입니다.

📍 결국은 장기 우상향

2017년도에 다주택자 대상의 양도세 중과, 분양권 전매 시 양도소득세 강화, 금융 규제 강화 등을 골자로 한 8.2 부동산 대책이 발표되면서 하반기에 일시적으로 집값 상승이 눌렸다가 2018년 1~3월에 가격이 치솟았는데요. 당시 '마포구와 성동구 아파트 10억 클럽 진입', '강북에 드디어 10억대 아파트 나왔다' 하는 기사가 떠들썩하게 보도되었습니다. 그런데 불과 10년도 채 지나지 않은 지금, 집값 상황은 어떤가요? KB부동산 통계에 따르면, 2024년 서울 아파트 평균 매매가는 12억 원이 넘어갑니다. 여기에는 집값 자체가 올라

* 〈회전목마〉 추억의 공무원 월급봉투, 연합뉴스, 2003년 3월 14일.

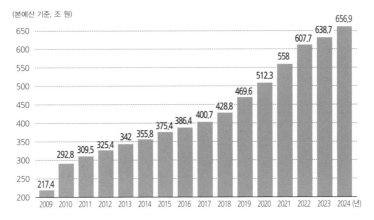

그림 1-30 연도별 국가 예산 규모

(본예산 기준, 조 원)

자료: 기획재정부

간 것도 있지만 몇 년 사이에 통화량 증가로 인해 화폐가치가 그만큼 떨어진 영향도 있습니다. 거꾸로 생각하면 부동산과 같은 실물자산은 인플레이션을 헤지하는 효과가 있는 것이지요.

〈그림 1-30〉에서 연도별 국가 예산 규모는 지금까지 감소한 적이 한 번도 없습니다. 윤석열 정권도 예산 증액의 폭이 이전 정권에 비해 작을 뿐이지 어김없이 매년 국가 예산 규모는 늘어나는 중입니다. 국가 재정은 균형 예산˚을 지향해야 한다고 하지만 그게 말처럼 쉽지는 않습니다. 지출해야 할 곳은 많은데 추가 수입원이 없다면 정부 입장에서는 수입을 늘려야 하는데요. 이를 위해 세금을 올린다면 조세 저항이 일어나기 때문에 과세 추진을 하는 일은 쉽지 않습니다.

˚ 정부 지출 금액이 수입액과 동일해 부채가 증가하지 않는 상태

또 다른 방법은 채권 발행인데, 채권은 결국 부채인 만큼 미래 세대에 더 큰 부담을 지운다는 비판을 피하기 어렵습니다. 결국 가장 쉬운 방법은 돈을 찍어내는 것인데, 이는 전체 통화량을 늘림으로써 화폐를 하락시키는 결과를 가져옵니다. 한편, 화폐가치 하락은 자산가일수록 그 영향을 크게 받습니다. 가령 화폐가치가 10%씩 떨어진다고 치면 현금 1억 원을 가진 사람은 1천만 원이 없어지는 셈입니다. 자산가들이 현금을 그대로 보유하지 않고 실물자산을 비롯해 다양한 방식으로 투자하는 이유입니다.

결국 부동산은 장기 우상향하는 자산입니다. 〈그림 1-31〉은 인플레이션과 경기 상승을 반영한 실질적 경기순환 주기입니다. 현재의 집값은 과도하게 높다, 하락해야 한다는 넘어서 박근혜 정부 시절이 좋았다, 2014년 집값이 정상이라고 주장하는 사람들이 있습니다. 경기순환 수기의 관점에서 봤을 때 이는 불가능합니다. 경기순환 주기는 인플레이션으로 인해 호경기와 불경기가 순환하는 과정을 거치면서 우상향할 수밖에 없습니다. 물론 경기가 역성장한 경우, 즉 디플레이션일 경우라면 이야기가 달라지겠지만 그러한 경기침체 상태를 정부가 아무런 조치도 취하지 않고 관망만 하고 있지는 않을 것입니다. 즉, 집값도 경기의 순환에 따라 추세적으로 상승하게 됩니다.

금리도 명목금리가 아니라 실질금리로 봐야 합니다. 2000년에 대출 금리가 7~8%였어도 당시 물가상승률이 3~4%였기에 실질금리는 4% 정도였습니다. 지금 대출 금리가 4~5%에 물가상승률이 2%면 실질금리는 2~3%밖에 안 하는 것이죠. 2022년 하반기 집값이

그림 1-31 실질적 경기순환주기

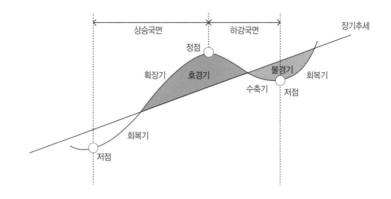

무너질 때 몇몇 전문가들은 더 떨어질 것이라 전망했지만, 그간 풀린 통화량과 인플레이션, 경제 성장을 고려하면 애초에 그 가격까지 내려갈 수가 없습니다.

집값을 보며 10년 전 가격으로 내려가야 한다고 주장한다면, 급여도 10년 전으로 내릴 수 있을까요? 제2의 IMF, 제2의 금융위기가 와서 실업자가 급등하고 기업이 도산하며 한국 경제가 근본부터 흔들린다면 부동산 역시 하락하겠지요. 그런 게 아니라면 그 시점마다 단기 고점, 단기 저점은 수급에 따라 있을 수는 있어도 결국 일정 변동폭(Fluctuation) 내에서 장기 우상향합니다.

📍 부동산 매수는 빠를수록 좋다

2024년 10월 11일, 한국은행에서 기준금리를 0.25% 인하하며, 이로써 3년 2개월 만에 긴축 통화 정책의 시대가 저물고, 시중에 돈을 풀어 경기를 부양하는 방향으로 바뀌게 되었습니다. 한국은행의 이런 결정은 현재 국내 경기 및 성장세가 부진하다는 판단 하에 고금리와 고물가로 인해 위축된 소비심리 및 기업 투자심리를 풀어주기 위한 목적이 큽니다. 반면 가산금리를 높이고 대출한도를 줄이는 2단계 스트레스 DSR˚을 시행하는 등 고강도의 가계대출 규제를 진행하는 등 여러 혼란도 공존하는 게 현 부동산 시장입니다.

하지만 이러한 금융 규제도 근본적인 기준금리 인하 기조 속에서는 상쇄가 될 것으로 보입니다. 2024년 9월 초, 이복현 금융감독원장이 강한 어조로 가계부채 문제를 지적하며 은행에 가계대출을 사율적으로 관리할 것을 주문했습니다. 이에 은행들이 자율적으로 대출 규제를 실행했지만, 은행별로 다르다 보니 혼란이 커졌죠. 결국 극심한 혼란과 피해를 받은 실소유자들의 비판에 사과했지만 은행들은 여전히 금융감독원의 눈치를 보면서 대출 규제를 유지하고 있습니다. 그러나 2025년에는 은행도 결국 대출 규제를 하나둘씩 풀 것입니다. 은행들도 영업해야 하고, 주택담보대출은 자산이 가장 확

˚ DSR(총부채원리금상환비율) 차주의 상환능력 대비 원리금상환부담을 나타내는 지표로 소득에 따라 대출 한도가 정해진다.

실한 대출이기 때문에 마다할 이유가 없습니다. 스트레스 DSR 도입 시 한도가 3~5천만 원 정도 감소하는데, 기준금리도 낮아지는 시점이다 보니 결국 한도 감소도 상쇄될 가능성이 높습니다.

이렇게 시장이 주춤할 때가 오히려 매수 기회입니다. 너도나도 매수하려는 불장일 때는 매수하기가 쉽지 않습니다. 차라리 거래가 주춤할 때 차분하게 매물 간 비교도 하고, 가격 조정을 요청하거나, 잔금 시점을 나에게 맞춰서 조율해볼 수 있는 거죠.

현 부동산 시장 분위기가 궁금하다면 가장 먼저 한국은행의 주택가격전망(CSI) 지수를 봐야 합니다. 이 지수는 전국의 약 2,200가구를 대상으로 매달 설문조사를 실시해 만드는 지표입니다. 부동산 시장에서 매수자와 매도자의 심리를 가늠하는 지표로 활용되고 있습니다. 다음 페이지의 〈그림 1-32〉를 보면 소비자동향지수로써 100을 기준점으로 삼는데, 100보다 높으면 시장 참여자들이 긍정적으로 전망하고 100보다 낮으면 부정적으로 전망한다는 의미입니다. 물론 심리지수라서 시장이 급격하게 요동치는 시기에는 편향된 심리로 인해 정확도가 떨어지고 객관적으로 시장을 예측한다고는 볼 수 없지만, 추세선이나 방향성은 참고할 만합니다.

〈그림 1-32〉를 보면 2024년 하반기에 정부에서 대출 규제책을 강하게 펼치면서 매수 심리가 꺾였습니다. 2024년 11월 기준으로 109를 기록했는데요. 서울만 따로 보면 114입니다. 추세선이 꺾이긴 했지만, 여전히 심리는 하락보다는 상승하리라 생각한다는 걸 보여줍니다. 아무래도 시장 참여자들의 심리가 2024년 9월 추석 이후,

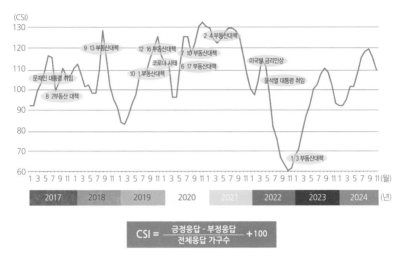

그림 1-32 주택가격전망(CSI) 지수

$$CSI = \frac{긍정응답 - 부정응답}{전체응답 가구수} + 100$$

자료: 한국은행 ECOS(2017.1~2024.11)

미국의 기준금리 인하 및 10월 한국은행의 금리 인하라는 소식과 맞물려 향후 집값 상승에 대한 기대감이 반영된 것으로 생각합니다.

그러나 2024년 12월 윤석열 대통령의 계엄령으로 정치적으로 혼란스러운 상황입니다. 이러한 추세가 계속되면 당분간은 심리가 더 얼어붙을 것이라 전망합니다만, 내가 매수하려는 지역이 중장기적으로 괜찮다는 확신이 있다면 오히려 기회일 수 있습니다.

저 지표가 올라간다고 해서 사야 하고, 낮아진다고 해서 팔아야 하는 것은 아니지만, 저처럼 매일 시장 분위기를 체크할 수 없는 상황에서는 요즘 분위기가 어떤지 정도로 간접 지표로써 활용해보시는 것을 권합니다. 통계 조사 시점도 있다 보니 실시간 반영은 아니고 2~3달 정도 늦습니다. 진짜 기회는 수치가 낮을 때 오지만, 진짜 그 시점에는 불안해서 결심을 못합니다. 적어도 추세선을 잘 지켜보다가 반등하기 시작한다면, 이미 주요 현장에서는 움직이는 곳들이 있을 것이니 그때라도 현장 분위기를 파악하러 움직이면 좋을 것 같습니다.

저에게 '부동산을 사야 한다면 언제 사야 해요?'라고 묻는 분들에게 항상 '지금'이라고 답합니다. 매수하고 싶은 곳이 누구나 살기에 좋다면 기다려서 이득이 될 일은 없습니다. 가격이 비싸 보여도 현시점에서 가치가 있는지에 집중해 판단해야 하지, 지나간 가격을 신경 쓰면 안 됩니다.

일례로 둔촌주공아파트 재건축이 있습니다. 2022년 12월 단군 이래 최대 재건축이라고 불렸던 '둔촌동 올림픽파크포레온' 분양 당시 저는 분명 가격이 상승하니 할 수 있다면 지금 분양받아야 한다고 주장했습니다. 단일 규모 1만 2천 세대 대단지에 일반 분양 세대수만 4,786세대였죠. 1순위 청약 시점에 부동산 시장 분위기는 지옥 그 자체였습니다. 다들 미분양으로 더 하락할 것이라는 비관론이 팽배했고, 서울 폭락의 서막을 전망했습니다. 그러던 때, 방송에서 올림픽파크포레온을 청약하라 했다고 저에게 악플이 쏟아졌습니다. "시장 분위기를 모르고 매수를 추천한다", "둔촌주공 조합에서 돈 받았냐" 등 다양한 비난을 참 많이 받았는데요. 국민평수 기준으로 약 10억 원에 분양을 진행했었고, 신축이 된 지금은 23~25억 원에 달합니다.

지나고 보니 기회였지만, 정작 기회가 주어졌을 때는 선택해야 하는 이유보다 하지 말아야 할 이유가 더 많습니다. 결국 각자도생(各自

圖生)입니다. 아무도 내 인생을 책임져주지 않고, 결국 결정은 스스로 해야 합니다.

저는 2022년 상승하리라 전망했고 꺾일 거라고는 예상하지 못했습니다. 그때 내가 무엇을 놓쳤는지 복기하고 수정 보완하는 과정을 거쳤습니다. 그래서 하락이 왔어도 주요 입지의 신축 아파트 혹은 조합 입주권을 들고 있는 만큼 매도할 때가 아니라 생각해서 그대로 보유했었습니다. 세금과 이자 부담이 있었지만, 투자에 있어서 소신과 원칙이 있었기에 믿고 기다렸고 지금은 시세가 회복하며 높은 가격을 유지하고 있습니다.

저는 둔촌주공을 청약하라 했을 때 실제로 청약을 넣었지만 떨어졌습니다. 대신 2023년 1월 다른 단지를 매수했죠. 그렇게 투자를 진행하고 돌아보니 2023년 1월이 가장 바닥을 찍은 가격이었습니다. 저조차도 그때가 바닥이라 예상하고 산 게 아닙니다. 다들 비관론이 팽배했고, 모든 지표가 다 부정적으로 뜨고 있었습니다. 다만 입지가 괜찮고 서울의 신축 아파트니 2~3년 지나면, 그래도 2~3억은 오르지 않을까 하는 생각으로 투자를 결정한 것이죠. 매수한 1월이 지나자 거짓말처럼 강남에서부터 급매물이 거래되더니 2~3월에는 실거래가가 바닥을 찍고 올라가는 게 보였고, 서울부터 시작해서 경기권역 등 점점 더 가격이 상승하고 퍼지기 시작했습니다.

사실 매수했을 때는 자금에 여유가 없었고, 보유한 주택의 대출 이자가 급등해서 부담이 커졌을 때입니다. 그 시점에 매수하는 선택은 어려운 결정이었습니다. 이렇게 투자라는 게 경계선상에 있습니다. 지금은 다 지난 이야기지만, 그때 제가 진짜로 청약을 넣고, 매수하는 것을 보고 용기를 내 본인도 투자했다는 사람들이 종종 있습니다. 이런 이야기를 들을 때마다 큰 보람을 느낍니다.

시장의 불확실성에도 불구하고 큰 틀에서 봤을 때 부동산 가격은 우상향한다는 것, 화폐가치는 하락하므로 실물자산을 이용해 인플레이션을 헤지해야 한다는 것을 알았다면 그다음은 행동할 차례입니다. 부동산 투자에 있어서 경기가 침체되면 어떻게 하지, 금리가 올라가면 어떻게 하지, PF가 무너지면 어떻게 하지 등등 투자심리를 제어할 이유는 많습니다. 하지만 걱정만 할 뿐 그 어떤 선택도 하지 않는다면 아무런 일도 일어나지 않습니다. 아니, 오히려 미래에 얻을 수 있는 수익을 생각한다면 오히려 선택을 주저하는 것이 손해를 보는 일입니다. 부동산 전문가로서 저는 장기적인 관점에서 봤을 때 '지금이 가장 저렴할 때'라고 생각합니다.

미래 가치가
보장되는
신축 아파트는
따로 있다

②

아파트만
살아남는다

1장 '부동산 투자 시대는 끝났다는 착각'에서 인구수 감소, PF 위기, 공급 과잉, PIR 지수, 화폐가치 하락으로 부동산 시장의 위기를 뒷받침하는 근거를 살펴보았습니다. 이에 대한 저의 주장을 요약하자면 '위기 속에서도 살아남는 곳은 언제나 존재한다'입니다. 그렇다면 다음으로 생각해봐야 하는 건 '과연 부동산 위기 속에서도 살아남는 곳은 어디인가'입니다. 강연이나 개별 상담을 할 때, 결국 청중이나 상담자가 하는 질문의 요점은 하나입니다. "그래서 어디를 사라는 건가요?" 이와 같은 질문을 받을 때마다 제 대답은 같습니다. "서울 신축 아파트만큼 미래 가치가 보장되는 곳은 없습니다."

📍 주택은 필수재다

경제학에서는 인간에게 필요한 재화를 몇 가지 개념으로 나누는데 그중 필수재와 사치재가 있습니다. 필수재의 경제학적 정의는 '어떤 상품의 가격이 1% 증가해도 구매가 거의 줄지 않는 상품'입니다. 이와 반대되는 개념이 사치재고요. 의식주는 대표적인 필수재죠.

그렇다면 땅은 필수재일까요? 아닙니다. 토지는 집을 지어 올릴 수 있는 바탕이지만 그것 자체만으로는 주거지의 기능을 하지 못합니다. 상가, 오피스텔, 오피스빌딩은 필수재일까요? 역시 아닙니다. 물론 장사를 하는 공간, 업무를 보는 공간, 투자의 공간일 수는 있지만 이 역시 선택적인 구석이 있습니다. 즉, 필수재로서의 '주(住)'는 우리가 잠을 자고 일상생활을 하는 공간인 '주택'을 뜻합니다. 자가로 마련하든, 전월세로 살든 소유의 여부를 떠나 인간에게는 주택이 필요합니다. 만약 본인 소유의 집이 없다면 전월세가 강제됩니다. 따라서 전월세가 상승하면 매수 심리가 올라가는 것도 당연한 흐름입니다. 집값 상승에 의한 심리적 박탈감이 매수 심리를 부추기는 것도 있지만 거주지 불안에 대한 자극이 더 크기 때문입니다.

따라서 부동산 공부는 선택이 아니라 필수입니다. 주식 투자는 평생 한 번도 해보지 않아도 살아가는 데 문제가 없습니다. 그러나 부동산, 주택의 경우는 매수 아니면 전월세로 강제되는 상품이다 보니 부동산 공부는 빠르든 늦든 결국엔 하게 됩니다. 당장 자금이 많지 않더라도 부동산 공부를 시작하길 권합니다. 훗날 부동산 투자를 마음먹었을 때는 공부할 여유 시간이 없을 수도 있습니다. 혹은 공부하다가 시장이 급변하는 것을 보고 조급해져서 실수하는 경우가 많습니다. 이 책을 시작으로 하나씩 부동산 지식을 쌓아가길 바랍니다.

📍 아파트, 부동산 투자의 시작

'나는 어떤 집에서 살고 싶은가?'

집을 매수하기 전, 꼭 이 질문에 답해보길 바랍니다. 실거주할 집이라면 내가 가진 욕구를 잘 들여다보고 그에 걸맞은 곳을 목표로 내 집 마련 계획을 세워야 합니다. 그 기준은 사람마다 천차만별이기에 무엇이 더 좋고 나쁜지 하나의 잣대로 가치 평가를 할 수는 없습니다. 주머니 사정이 다르고, 취향을 비롯해 삶에서 가치를 두는 부분도 저마다 다르니까요. 하지만 보편적인 기준에서 봤을 때 사람들이 살고 싶어 하는 집에는 공통점, 즉 일종의 교집합이 있습니다.

우선 주거환경이 쾌적하고 편의성을 갖춘 곳을 선호합니다. 여기에 학령기 자녀가 있다면 학군도 주택을 선택하는 중요한 기준으로 작용합니다. 직장과의 거리나 교통 편의성도 무시할 수 없죠. 한편, 많은 사람이 현재 살고 있는 집을 팔고 상급지로 가고 싶어 합니다. 이때 중요한 것은 '내가 매수한 비용보다 더 높은 값으로 매도할 수 있는가?', '내가 원하는 때에 매매가 원활하게 이뤄질 수 있는가?'입니다. 너무 당연한 말인 것 같지만, 의외로 무턱대고 부동산 구매에 뛰어드는 사람이 적지 않습니다.

실거주의 편의성과 미래 가치를 고려할 때, 아파트만큼 자산으로서의 장점을 두루 만족하는 주택 형식은 없다고 봅니다. '성냥갑 같은 아파트'라는 표현처럼 아파트는 흔히 획일적인 주거 양식의 상징으로 비판받곤 합니다. 하지만 아파트의 이런 표준화된 규격을 마냥 부정적으로 볼 것은 아닙니다. 부동산은 투자를 결정할 때 검토해야 할 정보가 많습니다. 실거주 여부, 가격의 적절성 등을 면밀히 검토한 후에 최종 구매를 결정합니다. 한두 푼으로 사는 게 아니니 당연합니다.

아파트는 투자 결과에 영향을 주는 리스크에 대한 정보가 가장 많이 공개된 상품입니다. 호갱노노, 직방 등 부동산 애플리케이션들만 접속해봐도 특정 단지의 세대수, 입주연한, 용적률, 건폐율 등 각종 수치와 정보들이 일목요연하게 나옵니다. 또한, 아파트는 '84㎡=국민평형'처럼 통상적인 면적 기준과 엇비슷한 평면 구조로 통일되어 있습니다. 거래 가격들도 투명하게 공개되어 있어서 현재 매수를 염두에 둔 단지는 물론이고 주변 시세도 파악하기 쉽습니다. 그렇기에 부동산 투자에 관심이 있다면 아파트 공부부터 시작해야 한다고 이야기합니다.

개인적으로 부동산 투자 중 아파트가 가장 쉽다고 생각합니다. 반대로 말하면 아파트 시장도 정확하게 이해하지 못한다면 다른 부동산 투자는 더더욱 할 수 없다고 봅니다. 당장 재개발·재건축과 같은 정비사업 투자도 그 사업성을 제대로 판단하려면 아파트 시세와 입지에 대한 이해가 선행되어야 합니다. 경매도 마찬가지죠. 경매 권리 분석 방법과 민법을 공부했어도, 아파트 입지를 몰라서 적정 낙찰가가 얼마인지 예측하지 못하면 돈을 벌 수는 없습니다.

그래서 부동산 초보자의 첫 투자는 아파트를 권합니다. 아파트를 직접 매수해봐야 올랐는지, 떨어졌는지 이유를 분석해볼 수 있고, 직접 보유하고 있을 때 보이는 것들이 있고, 같은 투자 금액이었어도 더 많이 상승한 단지가 있으면, 어떤 차이가 있었는지 분석해보면서 시장을 보는 눈을 키워나갈 수 있기 때문입니다.

○ 아파트가 대세다

투자를 논외로 하더라도 대한민국에서 아파트만큼 주거의 편의성이 보장된 주택 형식은 없습니다. 물론 산 좋고 물 좋은 지역에 땅을 마련해서 나만의 욕구와 취향을 반영한 맞춤형 단독주택을 지어 살수도 있습니다. 하지만 이런 집들은 나중에 처분해야 할 때 매매가 쉽지 않습니다. 사람들이 선호하는 교집합에서 벗어났기 때문입니다. '나만의 공간'이라는 장점이 매매할 때는 상당한 제약으로 작용하는 것이죠. 요컨대 주거 관리의 편의성, 매매의 수월성, 환금성 등을 고려한다면 아파트는 단독주택이나 다세대 빌라와 비교했을 때 상당한 우위에 있는 부동산 상품입니다.

2023년 연말, 〈한국경제〉는 부동산 100명을 대상으로 '가장 유망한 부동산 상품'에 대한 설문을 조사했습니다.[*] 전문가들은 사야 할 상품으로 재개발·재건축, 신축 아파트, 분양 아파트를 손꼽았습니다. 모두 신축 아파트거나 신축 아파트를 받을 수 있는 권리(분양권/입주권)입니다. 그 누구도 구축을 사라, 오피스텔을 사라, 생활형 숙박이나 지식산업센터에 투자하라라고 권하지 않았습니다. 그마저도 10% 비율로 추천된 곳은 꼬마빌딩 투자 정도입니다. 저뿐만 아니라 수많은 전문가의 손가락이 부동산 투자의 종착점으로 아파트, 그중에서도 신축 아파트를 가리키고 있습니다. 그 후로부터 1년 뒤인 2024년 9월에도 부동산 전문가 100명을 대상으로 설문을 진행했습니다.[**] 여기서도 전문가들은 가장 유망한 부동산 상품으로 신축 아파트, 재개발·재건축, 분양 아파트를 꼽았습니다. 좋든 싫든 아파트가 대세인 시대입니다.

• "재건축 추진 아파트 투자 유망" 60%, 한국경제, 2023년 10월 3일.
•• 공급 부족에 대출 규제 효과 '반짝'…64% "내 집 마련 빠를수록 좋다", 한국경제, 2024년 9월 18일.

빌라 가격이
쉽게 오르지 않는 이유

경제학에서 재화를 나누는 개념 중에는 '정상재'와 '열등재'라는 개념도 있습니다. 정상재는 소득이 증가함에 따라 수요가 증가하는 재화를 가리킵니다. 반대로 소득은 증가하나 수요는 감소하는 재화는 열등재입니다. 각각 상급재, 하급재라고도 부릅니다.

가령, 같은 아파트라고 해도 사람들이 더 넓은 아파트를 선호해 그 수요가 늘어난다면 이 경우 대형 아파트는 정상재입니다. 그 반대의 경우라면 열등재겠죠. 그렇다면 현실로 눈을 돌려봅시다. 돈이 많을수록 우리는 빌라보다 아파트를 선호합니다. 빌라는 일종의 주거 사다리 역할을 하는 경우가 많습니다. 앞서 말한 것처럼 환금성과 주거 편의성, 미래 가치적 측면에서 아파트가 빌라보다 우세하기 때문입니다. 즉, 빌라는 아파트와 견주었을 때 열등재입니다.

◉ 빌라는 열등재다

우선 환금성이 떨어집니다. 아파트는 33평, 25평 하면 딱 떠오르는 구조가 있습니다. 하지만 '빌라 27평', '빌라 33평' 하면 구조가 어떨지 가늠되지 않습니다. 표준화가 안 됐기 때문에 매수자도 매수 결정 시 고민할 지점이 많습니다. 즉, 아파트보다 매매 기간이 길어지는 경향이 있고, 급매일 때는 가격을 많이 낮춰야 합니다. 주거환경도 좋지 않은 편이죠. 대부분의 빌라 단지는 도로 폭도 좁고 건물들 사이의 간격도 밀착되어 있어 채광 등의 문제도 적지 않습니다. 주차 문제도 심각합니다. 요즘에는 필로티 공간을 만들어 주차장을 넉넉히 마련하는 곳들도 있긴 하지만 근본적으로 부지 자체가 넓지 않다 보니 '직렬주차'를 하게 됩니다. 밤에도 차를 빼달라고 하면 나가야 하고, 내가 나갈 때도 앞에 차가 빠지기까지 기다려야 하는 스트레스가 있습니다.

빌라도 가격이 전혀 움직이지 않는 것은 아닙니다. 다만 아파트에 비해 쉽게 가격이 오르지 않는 것이죠. 빌라 중에서도 단독주택이나 다가구주택은 가격이 오릅니다. 반면에 다세대주택은 그렇지 않습니

그림 2-1 다가구주택과 다세대주택의 차이점

	다가구주택 (단독주택으로 분류)	다세대주택 (공동주택으로 분류)
바닥면적 합계(연면적)	660㎡ 이하	660㎡ 이하
세대수	19세대 이하	–
허용 층수	3층 이하	4층 이하
구분등기 여부	불가능	가능
소유권	건물 전체를 1명이 소유	각 호수에 소유권자가 존재
매매 방식	건물 전체를 매매	각 호수를 개별적으로 매매

다. 이것은 토지 소유권을 내가 온전히 행사할 수 있는지, 없는지와
관련이 있습니다. 단독주택은 말 그대로 내가 소유한 토지 위에 올린
한 채의 주택에 한 세대가 거주합니다. 많은 사람이 다가구주택과 다
세대주택을 혼동하는데 다가구주택은 단독주택처럼 건물 전체를 단
독 등기로 해서 주인이 한 명인 주택입니다.

반면에 다세대주택은 공동주택으로 각 호수마다 구분등기가 되어
있어서 각각의 주인이 있습니다. 그 외에 면적, 층수, 분양 가능 여부,
세대 수 제한 등에 있어서 다가구주택과 다세대주택 사이에 차이가
있습니다만 역시나 가장 결정적인 차이는 단독으로 토지 소유권을
행사할 수 있는지입니다. 빌라는 대지지분*이 아파트보다 넓어서 좋
다고 생각하는 경향도 있지만, 다세대주택의 경우 이 대지지분을 활
용하기가 쉽지 않습니다.

* 주택 전체의 대지면적을 가구 수로 나누어 등기부등본에 표시되는 면적.

○ 공유지분은 가치가 떨어진다

단독주택을 거래한다고 가정해보겠습니다. 거래할 때는 땅값의 가치만 보고서 평당 얼마로 거래하지, 주택은 무가치 혹은 부속물 정도로 취급합니다. 만약 신축 건물을 지을 예정이라면 세입자 명도도 해야 하고 철거에 시간과 비용이 들어가니 마이너스 요소가 됩니다. 그나마 단독주택, 상가주택, 다가구주택의 경우는 소유권자가 1명이기 때문에 땅 소유권이 한 번에 넘어가는 장점이 있습니다. 그리고 이 중에서도 명도가 쉬운 단독을 더 선호합니다. 상가의 상가임대차보호법은 세입자를 위한 규정들이 많아서 명도가 오래 걸리고 쉽지 않습니다. 다가구는 상가주택보단 낫지만 역시 내보낼 세입자가 많다 보니 그만큼 시간과 비용이 많이 들어가죠.

그중에서도 각 호수에 소유권자가 있는 다세대 빌라는 거래하기가 굉장히 어렵습니다. 각 호수를 100% 매입하기가 천운에 가깝기 때문입니다. 가령 시세 평당 1억 원인 지역에 대지 100평 단독주택은 100억 원에 거래되는 반면, 인근 다세대 빌라는 총 대지면적이 100평이고 10개 호실이 각각 5억 원에 거래되고 있습니다. 단순하게 '100억 원에 단독을 사기보다 다세대 빌라의 10개 호실을 전부 50억 원에 사는 것이 이득'이라고 계산할 수 있지만 아무도 시도하지 않죠. 실거주라면 기다려도 매물이 나오지 않고, 사려면 웃돈을 줘야 하기 때문입니다. 웃돈을 줘도 팔지 않겠다 할 수 있습니다. 이뿐일까요. 어디선가 매수 소식을 듣곤 알박기*를 시전합니다. 결국 늘어난 시간에 따른 손실, 금융 비용 등으로 스트레스만 받고 본전도 못 찾습니다. 이렇게 토지 확보가 어렵습니다. 그러니 빌라가 아무리 싸 보여도 토지 소유권을 확보한 게 아니니, 땅값으로 비교하는 것 자체가 애초에 잘못된 것이죠.

특히 시행사 입장에서는 100% 자기 자본으로 움직이지 않습니다. 애초에 땅값도 대출받아서 움직이고(브릿지 대출), 인허가를 다 받고서야 사업비 대출(PF 대출)을 받으니까요. 이렇게 대출을 통해서 빠르게 사업을 추진해야 하는 시행사가 어느 세월에 빌라를 하나씩 매입할까요? 즉, 땅값도 빌려서 사업하는 시행사 입장에서 다세대 같은 공유지분은 취급 대상도 아니라는 게 핵심입니다. 결국 빌라의 경우 시세보다 싼 것 같아도 알고 보면 그게 제값인 경우가 많습니다.

같은 의미로 구분상가도 절대 사면 안 됩니다. 꼬마빌딩도 요즘 경기 때문에 쉽지 않다고 하지만 꼬마빌딩은 땅값으로 버티고, 무너져도 땅값이 지지해주는데, 구분상가는 수익률 딱 하나만 보고 들어가는 것이니 가치가 엉망진창이지요. 아파트 상가 분양 받지 말고, 신도시 상가 분양받지 말라고 하는 게 근본적으로 내 토지 소유권을 행사하지 못하기 때문입니다.

<hr/>

●   개발 예정지의 땅 일부를 먼저 사들인 뒤 사업자에게 고가로 되파는 부동산 투기 수법.

◎ 사람들이 선호하는 최종적인 형태의 주거

아파트도 공유지분인데 비싼 이유는 아파트가 사람들이 선호하는 최종적인 형태의 주거 양식이기 때문입니다. 그렇다 보니 아파트의 가격이 가장 먼저 움직이고, 그다음으로 신축 아파트 분양권 및 입주권, 그다음이 오피스텔, 빌라 순서로 움직입니다. 물론 재개발 호재가 있는 빌라, 즉 아파트가 될 수도 있다는 희망이 있는 일명 '예정지 빌라'는 입주권 가격이 오르기 시작하면 소액으로 대박의 꿈을 꾸는 사람들이 진입하며 가격이 움직이기도 합니다.

오피스텔은 아파트와 똑같이 만든 대형 면적의 아파텔*이 우세합니다. 일반적으로 오피스텔은 빌라보다 더욱 현대적이고 깔끔하게 만들어지기 때문에 구매자들이 빌라보다 더 선호하는 편입니다. 하지만 상업지역에 지어지다 보니 용적률을 최대한으로 뽑아서 600~900%로 짓기 때문에 재건축·재개발은 불가능하다고 봐야 합니다. 결국, 빌라는 주거용 부동산에서 택할 수 있는 가장 마지막 선택지라고 할 수 있습니다.

---

* 전용 85㎡ 이상을 아파텔이라 한다. 오피스텔은 서비스 면적이 없어서 85타입이 아파트 59타입, 즉 25평 사이즈다.

신축 아파트
전성시대

　현재 부동산 시장은 양극화를 넘어서 초양극화를 향해 달려가고 있습니다. 지역별 양극화도 있고, 상품별 양극화도 있죠. 아파트 내에서도 양극화가 나타나고 있습니다. '얼죽신(얼어 죽어도 신축)'이라는 신조어까지 등장할 정도로 신축 아파트 중심으로 가격이 상승하는 중입니다. 가령, 반포 3차와 경남아파트를 통합 재건축한 '반포 래미안원베일리'는 최근 전용면적 $84m^2$(33평)가 60억 원에 매매되며 큰 화제를 모았습니다. 이는 비단 강남만의 분위기가 아닙니다. 마용성만 봐도 전고점을 찍은 신축 단지들이 등장하고 있고, 준신축은 전고점까지는 아니라고 해도 가격을 많이 회복한 모습을 보여줬습니다.

핵심은 가격을 회복한 단지들이 그 지역을 대표하는 신축 아파트라는 점입니다. 구축은 여전히 전고점 대비 2~3억 원 정도 떨어져 있습니다. 아무리 마용성이라 해도 회복은 했을지언정 전고점 근처로도 못 오르고 있는 것이죠. 보통은 신축 가격이 오르면 이내 구축이 따라간다고 전망하는데, 저는 앞으로 '신축 아파트들만' 오를 것이라 보고 있습니다.

2024년 8월에 부동산인포가 부동산R114(렙스) 자료를 분석했습니다.˚ 2024년 1~7월까지 수도권에 있는 입주 1~5년 차 단지는 가격이 0.41% 상승했습니다. 6~10년 차 단지는 0.31%, 10년 초과 단지는 0.13% 올랐습니다. 신축 및 준신축 단지는 구축 단지보다 가격이 3배 이상 뛴 셈입니다. 이는 눈여겨봐야 하는 수치입니다. 부동산 시장이 뜨겁게 달아오르던 2020년 때, 수도권에서 가장 급격한 오름세(20.93%)를 기록한 아파트는 10년 넘은 구축 아파트들이었습니다. 준신축인 6~10년 차 아파트는 16.68%, 신축인 1~5년 차 아파트는 13.54% 상승했었고요. 최근 들어 신축 아파트 가격이 급등하는 이유는 무엇보다 아파트 설계나 커뮤니티와 같은 편의시설에서 실수요자들을 만족시키고 있기 때문입니다. 구축과 견줬을 때 신축의 희소성은 더욱 커지고 있습니다.

˚ 신축 아파트 갈수록 인기 '후끈'… 가격 상승률 구축의 3배, 세계일보, 2024년 8월 12일.

◉ 신축 아파트의 희소성에 주목하라

통계청에 따르면 2023년 서울특별시의 30년 이상 주택은 820,267호로 전체 주택의 26%를 차지합니다. 문제는 노후주택 비율이 빠르게 늘고 있다는 것입니다. 관련 통계가 처음 작성된 2015년의 노후주택 비율은 13.4%인데 8년 만에 10% 넘게 상승한 것이지요. 그 기간 동안 서울 내에서도 각종 정비 사업이 진행되었고, 2015~2022년 서울시 멸실 주택 수가 261,882호임을 고려하면 노후주택 비율이 늘어나는 현황이 더욱 눈에 띕니다. 문제는 이러한 추세가 더욱 가속화될 것이라는 점에 있습니다. 서울의 20~30년 미만 주택은 945,553호로 전체 주택 수에서 20년 이상 주택이 차지하는 비율은 52.4%로 과반수가 넘어갑니다.

저는 현재의 신축 아파트 선호 현상을 단순히 트렌드라고 치부할 수 없는 움직임이라고 봅니다. 구축은 더 이상 희소성을 담보할 수 없게 될 것이기 때문입니다. 이미 마포구에 있는 구축 33평과 은평구에 있는 신축 33평의 가격이 비슷합니다. 같은 지역이면 구축 대형 평수보다 신축 중소형 평수가 더 비싼 값에 거래됩니다. 이는 일시적인 격차가 아니라 신축 아파트 상승장의 서막이라고 전망합니다.

다음 페이지의 〈그림 2-2〉처럼 노후주택이 점점 더 늘어난다면, 앞으로 신축 선호 현상은 트렌드가 아닌 정설이 될 것입니다. 이 장의 시작 부분에서 '10년 뒤 신축 아파트가 살아남을 것이다'라고 이야기했습니다. 하지만 그 말을 막연하게 '신축은 무조건 가격이 오른

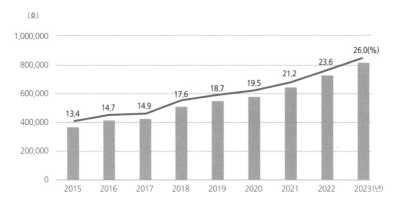

그림 2-2 서울에서 30년 이상 된 노후주택 수와 비율

(호)

※노후주택 비율(%) = (30년 이상 노후주택 수 ÷ 전체 주택 수 × 100)

자료: 통계청

다'가 아님을 강조하고 싶습니다. 그보다는 '지금 왜 신축 아파트 가격이 상승하는가?'라고 그 이유를 되짚어봐야 합니다. 그 원인에 대한 올바른 분석이 곧 미래의 성공적인 부동산 투자로 가는 열쇠입니다.

신축 아파트,
'세대'로 구분하라

'10년 뒤 신축 아파트가 살아남는다'라고 말하면 이런 의문이 들수 있습니다. 신축 아파트도 시간이 지나면 구축 아파트가 된다는 거죠. 결론부터 말하자면 신축 아파트는 '연차(年次)로 나누는 것이 아니라 세대(世代)로 나눠야 한다'고 봅니다.

단순히 새것이 좋다는 개념을 떠나서, 편의성을 얼마나 제공해주는지가 포인트입니다. 통상 신축 아파트는 5년 내 아파트를 말하고, 5~10년 내 아파트는 준신축이라고 부릅니다. 그런데 사실 많은 단지를 보면 이미 10년이 넘었습니다. 가령, 마포구의 대장 아파트는 어디냐고 하면 대부분 '마포래미안푸르지오'를 꼽습니다. 하지만

2014년 9월 준공으로 만 10년이 넘었습니다. '반포 래미안원베일리'가 60억 원에 거래되었지만, 바로 옆 '반포 아크로리버파크' 역시도 84타입 기준 54억 8천만 원에 실거래가를 갱신했습니다. 반포 아크로리버파크는 2016년 8월 입주로 이제 9년 차 단지인데 말이죠. '도곡동 타워팰리스1차'도 2002년 10월 입주로 20년 차가 넘은 구축임에도 불구하고 여전히 높은 가격에 거래되고 있습니다.

아파트를 세대로 구분해야 한다고 이야기하는 이유는 건축된 시기에 따라 형태적·구조적 특징이 있기 때문입니다. 저는 큰 틀에서 다음과 같이 아파트의 세대를 구분합니다.

- **1세대 아파트**: 1970년대~1980년대
- **2세대 아파트**: 1990년대~2000년대
- **3세대 아파트**: 2000년대~2010년대
- **4세대 아파트**: 2010년대~현재

참고로 아파트 세대를 나누는 것은 학술적으로 정의된 사항이 아닙니다. 따라서 전문가마다 세대 구분 및 기준도 미묘하게 다릅니다. 따라서 이를 너무 진지하게 보기보다는 어떤 특징들이 있는지 정도로 참고하길 바랍니다.

◉ 1세대 아파트(1970~1980년대)

1970년대 이전에도 아파트가 있긴 했습니다만 아파트의 법적 정의
는 5층 이상의 건축물입니다. 다세대, 연립주택은 4층 이하, 다가구
는 3층 이하 등으로 구분되는 것이죠. 따라서 본격적으로 아파트가
자리 잡기 시작한 것은 1970년대 이후라고 봅니다.

오늘날처럼 단지식으로 구성된 최초의 아파트는 1962년에 준
공된 '서울 마포주공아파트'입니다. 〈그림 2-3〉을 보면 총 6개 동으
로 구성된 단지로 중앙난방이 공급되었으며 분양 방식으로 입주민
을 모집한 최초의 아파트였습니다. 평생을 주택연구에 힘쓴 박철수

그림 2-3 단지식으로 구성된 최초의 아파트인 마포주공아파트

자료: 국가기록원

교수는 《마포주공아파트》에서 "우리는 여전히 '마포아파트 체제' 속에 있다"라고 쓸 만큼 아파트 단지의 원형입니다. 하지만 중앙난방이라고 해도 연탄보일러를 떼는 아파트였고, 층수도 6층에 불과했습니다. 품질 면에서 아쉬움이 많았기에 진짜 1세대 아파트는 1971년 '여의도 시범아파트'가 시작이라고 할 수 있습니다.

1960년대 한국은 정말 돈이 없었습니다. 춘궁기(春窮期)가 사라진 시점은 박정희 대통령의 1차 경제개발계획이 끝난 1966년입니다. 그래도 항상 쌀은 부족했고, 1970년대까지 혼분식을 장려했습니다. 당시 서울시가 개발을 하면서도 돈을 벌 수 있었던 사업이 바로 공유수면매립이었습니다. 한강 유역에 제방을 쌓고 땅을 만들어 파는 것입니다. 당시 김현옥 시장은 여의도를 개발하면 대규모의 신규 택지가 조성되면서 대박이 날 것이라는 부푼 꿈을 꾸고 계획을 세웠습니다. 그러나 1970년 4월에 비극적인 와우아파트 붕괴 사건이 일어납니다. 이후 김현옥 시장은 이 사고의 책임을 지고 사직했습니다.

후임자로 양택식 서울시장이 와서 보니 당시 서울시 재정은 바닥 정도가 아니라 매월 시청 공무원 월급날을 걱정해야 할 정도였습니다. 그래서 여의도 시범아파트 분양은 어떻게든 사활을 걸고 성공시켜야 하는 상황이었던 것이죠. 당시 시민아파트의 이미지를 회복하고자 정말 최선을 다해서 지었는데요. 중앙난방을 최초로 도입했고, 공동구 시설 도입도 국내 최초, 엘리베이터가 설치된 고층 아파트도 국내 최초였다고 합니다. 따라서 아파트로 부를 수 있는 품질의 시작은 1971년 여의도 시범아파트 전후로 나뉘는 것입니다. 〈그림 2-4〉

그림 2-4 1970년 8월 여의도 시범아파트 입주자 모집공고

자료: 매일경제

를 보면 모집공고도 분양도 양택식 시장이 나서서 직접 챙겼습니다. 그 결과, 30평형을 422만 원에 분양했었고, 완판에 성공합니다. 시범아파트의 성공을 본 뒤 민간 업자들도 여의도 땅을 분양받아 개발을 시작하면서, 여의도 택지들이 팔리기 시작합니다.

이를 기점으로 본격적인 아파트 열풍이 불면서, 이후로 강남 개발, 잠실 개발 등으로 이어지는 아파트의 전성시대가 열렸습니다.

♀ 2세대 아파트(1990년대~2000년대)

2세대 아파트의 정의는 분분하긴 하지만, 지하주차장의 도입, 블록형 대단지, 단지 조경, 계단식 아파트의 등장 등으로 이야기합니다.

최초의 지하주차장 도입은 1986년 '잠실 아시아선수촌'이라고 하지만 2세대 아파트의 가장 상징적인 단지는 1988년 '방이동 올림픽선수기자촌'입니다.

이때부터 대규모 지하주차장 도입과 단지 내 조경을 본격적으로 신경 쓰기 시작합니다. 2세대 아파트들도 여전히 복도식들이 많이 있긴 하지만, 계단식 아파트도 등장하기 시작하고 점점 더 계단식의 비율들이 늘어납니다. 1990년대 대규모로 조성된 1기 신도시가 대표적인 2세대 아파트 유형으로 볼 수 있습니다.

◎ 3세대 아파트(2000년대~2010년대)

3세대라고 하면 통상 2000년대 아파트를 말합니다. 이때부터는 아파트 브랜드가 등장하면서 프리미엄, 차별화를 구축하려고 합니다. 그전에는 삼성아파트, 현대아파트, 한양아파트, 한진아파트 등으로 건설사 이름이 들어갔다가, 3세대부터는 e편한세상, 힐스테이트, 푸르지오, 래미안, 자이 등의 브랜드가 등장하기 시작합니다. 또한 단지의 품질을 신경 쓰기 시작하는데요. 엘리베이터가 지하주차장까지 바로 연결되는 것은 기본이고 주차 면적도 넓어집니다. 25평이든 33평이든 모두 계산식 단지로 바뀌었고요. 아파트하면 떠오르는 전형적인 고층 아파트들이 지어졌습니다.

그림 2-5 2베이, 3베이, 4베이 평면도

자료: 네이버

3세대 아파트들의 특징 중 하나가 달라진 평면입니다. 2006년 1월 건축법 시행령의 개정으로 발코니 확장이 합법화됩니다. 합법화가 된 후 가장 중요한 변화는 평면 개혁인데요. 왜 중요하냐면 건설사들이 서비스 면적을 최대한 극대화하기 위해서 아파트를 지을 때 애초에 베란다 확장을 염두에 두고 설계했기 때문입니다. 2베이, 3베이, 4베이 구조라고 들어봤을 것입니다. 베이(Bay)란 건물의 기둥과 기둥 사이의 공간으로, 아파트 전면에 접한 방의 숫자를 말합니다.

〈그림 2-5〉를 보면 똑같은 쓰리룸이라도 베이에 따라 발코니의 면적이 달라집니다. 4베이는 집을 옆으로 늘려놓는 만큼 접하는 발코니 면적(일명 서비스 면적)이 넓어지니 확장 공사를 했을 때 더 넓게 늘어납니다.

그렇다 보니 똑같은 전용면적 $84m^2$(84타입)임에도 불구하고 실평수들이 제각각인데요. 84타입의 전용면적 자체는 25평인데, 공급면적*을 포함해서 33평이라 부릅니다. $84m^2$인 이유는 정부에서 국민주택 기준을 $85m^2$로 정의하고, $85m^2$ 이하의 중소형 평형을 공급했을 때 각종 세제 혜택을 줬기 때문입니다. 또한 $85m^2$ 이하의 국민주택 규모는 부가가치세도 면세 대상입니다. 이렇게 각종 세금 규제와 용적률의 한계 때문에 실평수 33평, 45평으로 짓지 못하고, 전용면적은 $84m^2$로 하되 서비스 면적을 쥐어짜서 넓혀주는 것입니다.

여기에 안목치수와 중심선치수의 차이도 있습니다. '안목(眼目)'치수는 눈에 보이는 면적을 뜻합니다. 따라서 같은 전용 $84m^2$도 벽채 면적이 빠지면서 실평수가 3~5평 정도 더 증가하는 효과도 있습니다. 그래서 요즘 신축 아파트 33평과 구축 아파트 45평을 비교했을 때 더 넓어 보이는 것은 기분 탓이 아닙니다.

3세대 아파트라고 하면 막연하게 브랜드라고는 하지만, 실질적으로 생활에 차이를 주는 것이 바로 확장을 통한 입면 변화입니다.

◉ 4세대 아파트(2010년대~현재)

이제 고층을 넘어 초고층 아파트들이 등장합니다. 브랜드도 하이엔드 브랜드가 나타나기 시작하죠. 물론 하이엔드 브랜드는 아무나 붙

---

* 전용면적 + 주거공용면적(아파트 한 동을 구성하는데 필요한 계단, 복도, 엘리베이터 면적)

일 수 있는 것도 아니고, 모두가 초고층을 가는 것도 아닙니다. 요즘은 진짜 건축법상 초고층(50층 이상)을 추진하는 단지도 있으니 말이죠. 3세대와 4세대를 나누는 기준은 바로 커뮤니티의 유무입니다.

요즘 아파트 커뮤니티는 조성이 잘 되어 있습니다. 카페, 독서실, 도서관, 주민회의시설, 헬스장, 게스트하우스 등은 기본이고 골프연습장, 수영장, 키즈카페까지 있습니다. 현재 재건축 중인 '반포 디에이치클래스트'는 영화관에 오페라하우스도 넣을 예정이라고 합니다.

개인적으로 4세대 아파트의 시작을 알린 단지가 바로 '도곡동 타워팰리스1차'라고 생각합니다. 고급화를 추구하다 보니 지하주차장이 지하 6층까지 있고 헬스장, 골프연습장, 카페, 독서실 등의 커뮤니티 시설도 있습니다. 오래되긴 했지만, 이 커뮤니티 시설들 덕분에 20년이 넘어도 비싼 겁니다. 마포구의 대장 아파트인 '마포래미안푸르지오'는 2014년식이지만 역시 헬스장, 골프연습장, 사우나, 보육시설, 독서실, 게스트룸 등이 있습니다.

반면 '잠실 엘리트(잠실엘스, 리센츠, 트리지움의 약자)'는 2007~2008년도에 입주했습니다. 지금도 좋은 입지와 인프라, 학군을 자랑해서 토지거래허가구역임에도 불구하고 '잠실 리센츠' 84타입이 28억 5천 만원에 거래되지만, 딱 한 가지 아쉬운 게 커뮤니티가 없다는 것입니다.

물론 잠실은 인근 시설들이 워낙 살기 좋고, 입지가 압도적이다 보니 높은 가격을 형성하고 있습니다. 게다가 '잠실 리센츠'는 커뮤니티 신설을 추진하고 있습니다. 물론 한계는 있겠지만, '잠실 리센츠'의 커뮤니티 설치로 유의미한 가격 격차가 생기기 시작하면 다른 단지들도 4세대에 근접하기 위한 개선안으로 활발하게 움직일 가능성이 높습니다.

◯ 결국은 편의성이다

아파트 세대를 구분하는 것은 단순히 입주 연차로 구분하는 게 중요하지 않기 때문입니다. 그런데 오래되었다고 구축이라고 볼 수 있는가는 따져봐야 하는데요. 신축 아파트만큼은 아니겠지만 기본적인 편의성 자체가 높다면, 구축이어도 쉽게 가격이 떨어지지 않습니다. '잠실 엘리트'만 해도 커뮤니티가 없을 뿐, 주차장은 편리하게 조성되었기 때문에 가격이 잘 나갑니다. 지금 신축 아파트 또한 10년, 20년 지나면 구축이 되겠지만 편의성은 없어지는 게 아닙니다. 오히려 20년 후, 현재 20~30년 차 아파트는 어떻게 될지, 재건축이 엎어지면 거주 가치가 어떻게 될지를 고민해봐야 합니다.

핵심은 편의성입니다. 신축 아파트에 입주하면 구축으로 돌아가기 어렵다는 말이 있는 이유입니다. 반대로 신축 내에서도 세대를 가를 만큼의 혁신이 없다면 큰 격차가 나지 않을 것이라 봅니다. 따라서 다음의 5세대 아파트가 등장하려면, 과거로 돌아가기 어려울 정도의 혁신적인 편의성이 제공되어야 합니다. 지금 있는 수많은 하이엔드 단지들의 커뮤니티를 보면 멋지게 잘 지었는데, 5세대로 부를 만큼인지까지는 아닙니다. 4.5세대로 부를 수는 있겠죠.

오히려 신축 아파트라고 해서 다 같은 게 아닙니다. 신축 아파트임에도 원가를 절감하기 위해 간신히 법정 주차대수만 맞추고, 커뮤니티의 퀄리티에서 차이 나는 경우가 많습니다. 아무리 신축 아파트라도 퀄리티가 떨어지면 대장 아파트가 되기는 힘듭니다. 편의성 좋은 구축 아파트에게 밀리는 것이죠.

따라서 미래에 신축 아파트가 될 정비사업이 성공하기 위해서는 초격차를 만들어야 한다고 봅니다. '성수전략정비구역'이 49층으로 지을 것인지, 70층으로 지을 것인지(정확하게는 50층 초과 vs 미만) 싸우는데 저는 70층으로 지어야 한다고 봅니다. 당연히 기간도 더 길어지고 공사비 증가로 분담금은 커지겠죠. 그런데 공사비는 점점 더 오를 예정입니다. 기존 아파트들과 차별성이 없다면 신축 아파트여도 미래에 큰 메리트가 없다고 봅니다. 요즘 신축 아파트 중에는 하이엔드 브랜드임에도 내장재 수준이나 주차대수를 보면 하이엔드라고 부르기 창피한 단지들도 있습니다. 이름만 하이엔드가 아니라 퀄리티도 하이엔드에 맞추면 가격도 따라올 것이라 봅니다.

서울의 신축 아파트를
산다는 것의 의미

사실 애초에 서울에 신축 아파트를 매수한다는 것 자체가 매우 어려운 일입니다. 대한민국 땅의 면적 자체는 작은 게 아닙니다. 다만, 쓸 수 없는 땅이 너무 많습니다. 토지이음의 「2023년 도시계획현황 통계」에 따르면 건축물을 지을 수 있는 '대지'의 비율은 3.4%밖에 안 됩니다. 여기서도 서울시가 차지하는 땅의 면적은 0.6%, 서울시의 내 대지의 면적은 0.2%입니다.

이 0.2%의 땅에 가장 높은 인구밀도로 모여있는 것입니다. 그래서 한국의 인구사회적 특성은 일반적인 국가가 아니라 도시국가적 특성이 더 강합니다. 이렇게 수도권 중심으로 돌아가는 경제 구조에

그림 2-6 서울시 주택 유형별 비율

(단위: %)

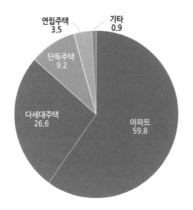

자료: 통계청(2023년 기준)

서 근본적으로 주택의 가격이 쌀 수가 없습니다. 그리고 하나 더 1장에서도 이야기했지만, 서울의 부동산이 비싼 게 아니라 서울의 아파트가 비싼 겁니다.

서울의 빌라는 저렴합니다. 〈그림 2-6〉의 서울시 주택 구분을 보면 아파트가 약 60%입니다. 생각보다 많다고 느낄 수 있겠지만, 다른 지자체들을 보면 70~80%인 곳도 많습니다. 세종시는 90%도 넘고요. 주거의 주류가 아파트다 보니 재개발, 재건축을 통해 신축 아파트를 공급하는 곳들이 많았는데요. 유독 서울은 정치적인 쟁점들, 투기의 온상이라는 낙인으로 인하여 재개발·재건축이 막혀있는 동안 귀중한 시기를 많이 놓쳤습니다.

그나마 불행인지 다행인지 서울은 고밀 개발˚이 되면서 면적 대비 주택이 많다 보니 주택 비중으로 보면 퍼센트(%)가 더 높아지

그림 2-7 대한민국 주택 비중

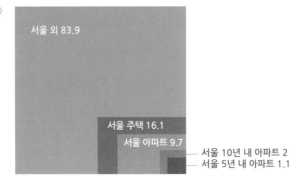

(단위: %)

서울 외 83.9

서울 주택 16.1

서울 아파트 9.7

서울 10년 내 아파트 2
서울 5년 내 아파트 1.1

자료: 통계청(2023년 기준)

긴 했습니다. 〈그림 2-7〉에서 전국의 주택 중 서울의 주택 비율은 16.1%입니다. 서울 아파트로만 한정하면 9.7%, 여기서도 10년 내 아파트가 2%, 5년 내 아파트는 1.1%밖에 안 됩니다. 서울의 신축 아파트 자체가 대한민국 상위 1%의 자산이라는 겁니다. 와중에 서울 외곽 싫다고 마포/성동으로 가고, 잠실로 가고, 강남으로 가고, 강남 내에서도 대치/개포, 압구정/청담, 반포/잠원 등 중심으로 향합니다. 비율로 따지자면 상위 0.1%, 상위 0.01%인데 가격이 저렴한 게 더 이상한 것이죠. 지금은 양극화를 넘어서 초양극화로 가고 있습니다. 인구구조가 팽창이 아닌 수축으로 가고 있고 인프라가 무너지면서 쏠림 현상이 가속화될 것으로 봅니다.

* 도시의 토지 이용에 있어 효율성을 높이거나 압축적 도시를 개발하기 위해 용적률과 건폐율 따위를 높여 한정된 토지에 더욱 많은 건축 공간을 조성하는 일.

이제 주택은 단순히 주거의 공간에서 떠나서 거주민의 편의성뿐만 아니라 또 다른 만족을 충족시켜줄 수 있는가로 변하리라 봅니다. 앞으로 어떤 부동산이 살아남을지, 가치가 있는 주택이 무엇일지, 가장 중요한 희소성을 담보할 수 있는 주택이 무엇일지를 생각해보길 바랍니다.

될
가능성이 높은
재개발·재건축을
선별하라

③

신축 아파트를 받을 수 있는 마지막 수단

제가 재개발·재건축 전문가로 널리 알려져 있다 보니, 재개발·재건축에 대한 강의를 많이 하는데요. 강의할 때면 장점보다는 단점을 더 많이 이야기합니다. 특히 부동산 초보자에게는 재개발·재건축보다 아파트 투자를 권합니다. 재개발·재건축 투자는 아파트 입지 분석과 투자에 대한 기본적인 이해를 갖춘 상태에서 더 깊게 들어가는 단계이기 때문입니다.

재개발·재건축 투자라고 하면 흔히 '어렵다', '오래 걸린다', '복잡하다', '분담금을 많이 내야 한다', '조합원들끼리 싸움만 한다' 등 부정적인 인식이 많습니다. 틀린 말은 아닙니다. 항상 예상치 못한 변수들과 싸워야 하죠. 내가 정말 좋은 구역을 잘 찾아냈다 하더라도, 이른바 '물딱지'*인 잘못된 물건을 매수하는 경우도 존재합니다. 그래서 가격이 싸게 나와도 저렴한 급매물인지, 하자가 있어서 싼 건지 판단하기도 쉽지 않습니다. 가령 2023년 6월, 대법원에서 '1세대 다물권자'**도 원칙적으로 입주권은 1개밖에 부여하지 않겠다고 판결을 내렸습니다. 이 판결로 인해 분양 자격이 있었던 물건들이 하루아침에 현금청산 물건으로 바뀌는 날벼락을 맞았습니다. 이렇듯 예측하기 어려운 일들과 항상 함께하는 게 재개발·재건축입니다.

하지만 신규 택지가 없는 구도심에서 신축 아파트를 매수하려면 너무 비싸니 차선책으로 재개발·재건축으로 눈을 돌리는 사람들이 늘어났습니다. 저는 정비사업의 장단점을 정확하게 인지하고 투자하면 모르겠지만, 단지 신축 아파트를 가지고 싶어서 투자한다고 하면 말립니다. 예전에는 아파트 준공 30년이 지나면 가격이 오르기 시작하고, 안전진단을 추진하겠다는 추진준비위원회***플래카드를 걸면 5천만~1억 원씩 가격이 뛰었습니다. 하지만 이제는 안전진단이 실제로 통과되더라도 가격이 그대로인 단지들도 존재합니다. 사람들도 공사비 인상과 그로 인한 조합원 분담금 상향 등 정비사업 진행이 쉽

---

* 입주권이 생기지 않는 주택.
** 가족 구성원마다 특정 재개발 구역 내의 부동산을 한 채씩 소유하고 있는 것.
*** 추진위원회는 도시정비법 제31조에 따라 정비구역 지정 이후 설립하는 명확한 법적 규정이 있는 용어다. 그래서 임의로 살짝 다르게 '추진준비위원회', 일명 '추준위'라고 부른다.

지 않다는 걸 인식하고 있기 때문입니다. 이제는 사업성이 있는 곳과 없는 곳, 즉, '될 곳'과 '안 될 곳'을 신중하게 가려내야 합니다. 이번 장에서는 재개발·재건축에 대해 너무 긍정적인 이야기보다는, 위험성과 옥석을 가리는 법을 이야기해보겠습니다.

◎ 정비사업 투자, 시간을 돈으로 만드는 마법

정비사업 중에서도 재건축은 재개발에 비해 법적 규제가 까다롭습니다. 재건축초과이익환수제, 안전진단 강화, 전매금지 등과 같은 각종 규제 정책으로 사업 진행에 난항을 겪어왔습니다. 하지만 윤석열 정부에서는 재건축 규제 완화를 기조로 한 법령 개정안을 꾸준히 진행 중입니다. 가령 2024년 11월, 국토교통부는 안전진단 없이 재건축에 착수할 수 있도록 도시정비법 개정안을 마련해 국회에 제출했습니다. 또한, 8.8 부동산 대책에서 재건축 진행 절차를 단축하는 법안(재건축 패스트트랙)도 내놓기도 했습니다. 이것만 보면 정비사업이 빨라진다고 생각하겠지만, 중장기의 긴 호흡으로 움직이는 정비사업의 특성상 정부의 대책과는 상관없이 무작정 길어질 수 있다는 것을 인지해야 합니다.

핵심은 '시간'입니다. '속도가 돈'입니다. 아파트 투자보다 정비사업 투자의 최고 장점은 '시간에 투자하는 것'입니다. 제가 초보자에게는 재개발·재건축 투자를 권하지 않는다고 했지만, 혹시 나이가 젊다면 정비사업에 관심을 가져보라고 권합니다. 정비사업은 시간을 돈으로 치환하는 사업인 만큼 시간적 여유가 많을수록 더 유리하기 때문입니다. 물론 젊을수록 기본적인 부동산의 생리도 모를 가능성이 높다 보니 잘못 투자할 가능성도 높습니다만, 모아놓은 돈에 비해 좋은 입지의 신축 아파트를 접할 기회이기도 합니다.

아파트의 경우는 '현재 가치'에 사서, '미래 가치'를 보고 투자를 하는 것이고, 정비사업의 경우는 '현재 가치'에서도 수익을 예상할 수 있습니다. 예를 들어 A 지역의 13억 원 아파트를 매수하려고 하는데, 5년 후에도 계속 13억 원일 것 같다면 매수할까요? 당연히 안 합니다. 각종 세금 비용도 발생할 것이고, 대출을 받았다면 이자만 더 납부하겠지요. 하지만 정비사업 투자는 다릅니다. 가령, 현재 재개발 단지에 5억 원을 투자했고, 추후 분담금을 3억 원 납부해서 최종 매매가가 8억 원이라고 가정해보겠습니다. 이때 인근 신축 아파트가 13억 원이라면 재개발이 완공됐을 때 5억 원의 시세차익을 예상할 수 있습니다. 이게 바로 '안전마진'입니다.

◯ 안전마진, 정확하게 이해하자

안전마진이 확실하면, 부동산 시장의 전망이 불확실해도 근본적인 가치를 믿고 투자할 수 있습니다. 2025년 부동산 시장 전망부터 전문가들의 의견이 엇갈리고 있습니다. 부동산 가격상승을 견지하는 전문가도 있지만, 2024년 8월 대출 규제 이후 부동산 거래가 줄면서 다시금 부동산 하락론자들의 부정적인 의견들이 쏟아지고 있습니다. 그러면 아무리 실소유를 목적으로 매수하려는 사람이라 해도 고민할 수 있습니다. 2025년 상반기 때 급매를 잡는다든가, 조금이라도 하락할 때를 노리려고 할 테니까요.

정비사업은 안전마진 폭 내에서 가격 방어를 할 수 있습니다. 극단적으로 아파트의 시세가 하락한다 해도 재개발이 완공되면 기존 신축 아파트는 준신축이 되고 신축 대장 타이틀이 옮겨가면서 기존의 신축보다는 더 비싸게 되지요. 이전 금융위기 때를 복기하면 당시에 살아남아서 정비사업으로 신축이 된 아파트가 가장 큰 상승을 보여줬습니다. 그러나 반대로 부동산 하락장에서는 재개발·재건축이 가장 빠르고 크게 하락합니다. 정비사업은 상대적으로 실사용 가치가 떨어지고 투자자들 중심으로 형성되는 시장인 만큼 시장 변동에 취약하기 때문입니다. 하지만 그렇다고 안전마진이 훼손되지는 않습니다. 당장 평가 손실이 발생하면 가슴 아프긴 하지만, 완공을 목표로 움직이는 것이고 완공되었을 때의 가치가 예상보다 낮을 수는 있어도 안전마진 폭에서 움직입니다. 그래서 정비사업 투자는 변동성이 더 크고 처음부터 소신껏 투자한 게 아니라면 흔들릴 수 있으니 초심자에게 추천하지 않는 것이죠.

📍 안전마진은 진짜 안전한가?

안전마진이라는 표현에는 치명적인 함정이 있습니다. '완공이 된다는 전제 조건 하에 안전마진이 존재한다'는 것입니다. 만약 재개발·재건축 사업 자체가 엎어진다면 안전마진이라는 것은 존재할 수가 없으니까요. 경기가 안 좋으면 재개발·재건축의 가격은 더 크게 흔들리는데요. 당장은 힘들어서 멈춰있다가도 다시 극복해서 사업을 진행해나가면 괜찮지만, 갈등 끝에 조합 자체가 무산된다면 그냥 30년된 빌라, 30년된 아파트입니다. 신축이 되는 것도 아니니 프리미엄도 모두 반납하고 손실을 보겠지요. 보통 안전마진만 강조하면서 '1억으로 10억을 벌수 있다', '용산 20억 대박 지역' 이런 내용들은 십중팔구 '예정지를 대상으로 이야기하는 것입니다. 왜 그렇게 소액으로 큰돈을 벌 수 있을지를 생각해보면 알 수 있습니다. 하이리스크 하이리턴이기 때문이지요. 꼭 매수하겠다면 최소 '조합설립인가' 후 재개발을 투자하라고 권합니다. 애초에 언제 조합설립이 날지 알 수도 없고 추진하다 무산되면 시간과 돈을 모두 날릴 수 있기 때문입니다. 일명 '예정지' 투자는 다 알아보고 공부해야 하는 것 + 운의 영역이기도 하니 리스크를 인지하고 고수익을 노리고 가는 것이지, '싸고 좋은 것은 없다'는 것을 명심하길 바랍니다.

항상 리스크가 존재하는 게 정비사업으로, 무조건 된다는 것은 없습니다. 잘 진행되는 조합도 툭하면 싸우고, 멈추고, 공사비 증가로 인한 분담금 인상을 고민하는데요. 그럼에도 불구하고 신축을 받고자 하는 의지가 있고 일반 아파트보다 더 높은 수익을 원하는 사람이 투자하는 게 바로 정비사업입니다.

📍 정비사업 투자 '라이프 사이클'을 고려해라

시간이 오래 걸리는 정비사업의 특성을 인지하고 고려해야 하기에 정비사업 투자에 관심 있는 사람에게는 꼭 '라이프 사이클'을 고려하라고 조언합니다. 예를 들어 나이가 50대라고 하면 20년 뒤가 아니라, 관리처분인가까지 받아서 5년 내에 입주할 것으로 보이는 단지에 투자해야 한다는 것이죠. 만약 아직 30대, 혹은 40대라도 10년 이상을 기다릴 수 있다면 조합설립인가~사업시행인가 단계인 곳을 고르는 식입니다. 극단적으로 20~30년씩 걸릴 것으로 추정되는 예정지는 자녀에게 물려줄 것까지 고려하면 몰라도, 긴 호흡으로 기다릴 여유가 없다면 중간에 처분할 가능성이 매우 높다는 것도 인지해야 합니다. 즉, '라이프 사이클'을 고려하라는 것은 짧게는 10여 년, 길게는 20~30년 뒤에 나와 내 가족들의 상황이 어떠할지를 고려해 목적에 가장 부합하는 지역에 투자하라는 의미입니다. 정비사업은 시간과의 싸움이기 때문에 항상 보수적으로 접근해야 하고, 내가 현실적으로 입주 혹은 수익을 실현하고 싶은 시점을 고려해서 투자해야 합니다. 그러다 보니 실거주를 고민하는 사람이 많습니다.

꼭 재개발 지역에 실거주를 할 필요는 없습니다. 투자와 거주를 분리하게 되면 내가 투자에 얼마나 힘을 실어주냐에 따라 전세가 아닌 월세에 거주할 수도 있고, 혹은 입주 전까지 거주비를 줄이기 위해 교외로 나갈 수도 있습니다. 이렇게 거주비를 낮춰놓으면 투자할 수 있는 구역의 입지 혹은 사업속도가 더 좋고 빠른 곳으로 진입할 수 있습니다. 또한 굳이 재개발·재건축 지역에 살면서 몸테크하지 않아도 되는 것이죠. 특히 중장기로 접근하는 재개발, 재건축일수록 생애주기와 관련해 구체적인 계획 없이 접근하면 안 됩니다.

●   물론 토지거래허가구역과 같은 특수한 케이스는 별개다.

비슷하지만 다른
'재개발'과 '재건축'

　재개발과 재건축은 '다시' 건물을 지어 올린다는 면에서는 같지만 정확한 의미와 진행 방식, 법적 규제 등에서 차이가 있습니다. 그 차이를 잘 이해해야 정비사업 투자가 가능합니다. 정비사업 투자를 고려하는 사람들 중에 그저 "어디에 개발 호재가 있다더라" 하는 말만 듣고 투자하려는 모습을 보곤 합니다. 하지만 동일한 정비사업이라고 해도 재개발인지, 재건축인지에 따라 투입되는 금액도 다르고 접근 방식도 달라집니다.

◉ 재개발과 재건축을 가르는 기준

「도시 및 주거환경정비법」 제2조에서는 재건축과 재개발을 다음과 같이 정의하고 있습니다.

- **재개발 사업**: 정비기반시설이 열악하고 노후·불량건축물이 밀집한 지역에서 주거환경을 개선하거나 상업지역·공업지역 등에서 도시기능의 회복 및 상권활성화 등을 위하여 도시환경을 개선하기 위한 사업.
- **재건축 사업**: 정비기반시설은 양호하나 노후·불량건축물에 해당하는 공동주택이 밀집한 지역에서 주거환경을 개선하기 위한 사업.

법률상 정의를 보면 알 수 있듯이 재개발과 재건축을 가르는 큰 기준은 '정비기반시설*의 양호/열악 여부'입니다. 흔히 아파트는 재건축, 단독주택이나 빌라촌은 재개발로 인식합니다. 대부분은 맞지만 틀린 경우도 있습니다. 대표적으로 서초구 방배동은 단독주택, 빌라 밀집지역이었지만 재건축으로 진행했습니다. 반면 재개발 지역 내에 아파트가 포함되어서 아파트도 같이 헐고 새로 신축하는 경우도 있습니다.

무엇보다 재개발과 재건축을 구분해야 하는 이유는 '규제'에서 큰

---

* 도로, 상하수도, 공원, 공용 주차장, 녹지, 하천, 공공공지, 광장, 소방용수시설, 비상대피시설, 가스공급시설 및 공동이용시설 등 시민 생활의 편의를 위해 만들어진 각종 시설.

차이가 있기 때문입니다. 대표적으로 재건축초과이익환수제부터 시작해서 안전진단, 조합원 지위 양도 금지 등 굵직굵직한 규제 차이가 존재합니다. 그리고 둘 중에 재건축 사업의 규제가 더 강력합니다. 그래서 재건축은 재개발과 다르게 각종 난항이 있는데요. 이 재개발 사업과 재건축 사업의 차이를 구분하는 것이 정비사업을 이해하는 첫 단추입니다.

재개발 사업이든, 재건축 사업이든 철거해서 신축 아파트를 받는다는 결과가 동일하다 보니, 어떤 사업 유형으로 진행되는 크게 관심이 없습니다. 그러나 두 사업은 법적 성격이 전혀 다릅니다. 재개발 사업은 '공익 사업'이고 재건축 사업은 '민간 사업'입니다. 하지만 재개발도 민간 조합원들이 주축이 되어서 민간 사업으로 진행하기도 합니다. 정확하게 재개발은 공익 사업이 맞습니다.

도시 내에 기반시설 확충의 의무는 국가에게 있습니다. 하지만 당장 먹고 사는 것부터가 쟁점이었던 과거에는 기존 주택의 주거환경을 개선해줄 여력이 없었던 것입니다. 그렇다 보니 재개발 사업은 정부가 해야 하는 사업이 맞지만, 사실상 민간(주민)에게 권한을 넘긴 것입니다. 반면 재건축 사업은 정부가 개입할 필요가 없는데, 주민들끼리 알아서 신축하고 싶다고 하는 것이죠. 이러한 차이점이 헌법재판소의 재건축초과이익환수제 판결도 그렇고 정부가 재개발과 재건축을 차별하는 근본 원인이기도 합니다.

대표적인 재건축 지역

재건축하면 가장 대표적인 강남 '압구정 현대' 아파트는 30형 대가 50억 원이 넘고, 대형 평형은 100억 원이 넘어갑니다. 오래되어 주차하기 힘들고, 낡았다고 할 수는 있어도 압구정 자체가 별로라는 사람은 없습니다. 이 어마어마한 가격은 현 시점의 가치라기보다는 향후 재건축이 완공됐을 때의 가치를 보고 프리미엄이 반영된 것입니다. 압구정은 뭐하나 빠지는 게 없습니다. 우선 기반시설이 아주 훌륭합니다. 지하철 3호선 압구정역, 수인분당선 압구정로데오역이 있고, 올림픽대로를 통해 서울 어디든 빠져나갈 수 있으며, 현대백화점, 갤러리아백화점이 있고, 바로 인근에 청담동 명품거리가 있습니다. 강남8학군은 물론이고 단지 곳곳에 학교들이 고루 배치되어 있습니다.

대표적인 재개발 지역

압구정동과 대비되어 대표적인 재개발 지역으로 꼽히는 곳이 바로 '용산구 한남 뉴타운'입니다. 한남 뉴타운은 주거환경이 열악합니다. 경사는 정말 높고 도로는 자동차 한 대가 간신히 지날만한 합니다. 그나마 차가 다닐 수 있으면 양호하고, 사람만 지나갈 수 있는 공간도 많습니다. 이사할 때 트럭이 못 들어가서 리어카로 짐을 날라야 하는 곳이죠. 하지만 풍수적으로는 압구정보다 더 좋은 입지입니다. 바로 뒤에 남산이 있고 앞으로는 한강이 지나가는데 한강을 남향으로 바라봅니다. 한남동의 부촌 이미지와 한남 뉴타운 주변이 초고가를 형성하는 지역이니 향후 정비되면 좋아질 것이라 보는 것이죠. 그래서 매매 가격은 30억 원이 넘어가도, 열악한 거주 환경 때문에 전세 가격은 1~2억 원밖에 하지 않습니다. 한남 뉴타운이 향후 개발되면 50억 원을 넘어갈 것이라고 생각한다 해도 현 시점에서 거주하는 사람의 평가는 한남동이 중요한 게 아니라 거주 환경이 1~2억밖에 안 되는 곳이라는 것이지요.

⦿ 재개발과 재건축의 온도차는 왜 발생하는가?

둘 다 미래 가치는 말할 것도 없이 좋은 곳이고, 투자하고 싶어도 워낙 비싸서 일반인들은 접근하기도 어려운 곳입니다. 그런데 만약 집값이 너무 높다고 판단한 정부가 이 두 곳을 규제한다고 가정하면 어떻게 될까요? 이때 재개발과 재건축의 온도차가 드러납니다.

재건축은 앞서서 설명드렸던 것과 같이 '민간 사업'입니다. 이미 인프라가 다 갖춰져 있고, 재건축을 한다고 해서 공익적인 효용이 있는 것도 아닙니다. 물론 재건축도 임대주택을 짓기도 하고, 기부채납을 통해서 공익적인 역할을 하고 있지만, 재개발과 같이 법적으로 강제되는 사항은 아닙니다. 인허가 과정에서 인센티브를 받기 위한 것일 뿐이죠. 그렇다 보니 재건축은 본인들의 이익을 위해서 진행하는 사업이라는 인식이 존재합니다. 그 결과 각종 재건축 규제들이 등장합니다.

재개발 사업 역시 신축 아파트가 되는 것이니 수익성 있는 사업이고, 사람들도 투자하러 진입하고 있습니다. 하지만 재개발 사업은 주거환경이 열악한 곳이라 정부가 봤을 때도 정비가 시급해 보이기 때문에 무작정 규제하기가 어렵습니다. 재개발 지역들은 소방차가 진입하기 어려운 도로인 곳들이 많습니다. 그나마 소방차가 진입할 수 있는 곳조차도 만성적인 주차공간 부족으로 불법 주정차가 만연하기 때문에 골든타임 내에 도착하기 어렵습니다. 이를 개선시켜줘야 하는 책임은 원칙적으로 국가에게 있습니다. 도로를 넓히고 정비를 해나가야 하는 것이죠. 이러한 책임을 재개발 조합에 떠넘긴 상황에서 막상 재개발을 막기가 어려운 것입니다.

재건축과 재개발은 같은 「도시 및 주거환경정비법」에 규정되어 있지만, 정부 및 정치권에서 동일하게 규제하지 않는 이유입니다.

♀ 재개발과 재건축은 규제 범위도 다르다

〈그림 3-1〉은 재개발과 재건축의 대표적인 규제 사항을 비교·정리한 내용입니다. 재개발은 재건축과 달리 초과이익 환수제의 대상이 아니며 거주요건 제한도 없습니다. 항상 형평성 시비가 붙었지만, 2019년 헌법재판소에서는 둘은 전혀 다른 사업으로 평등원칙에 위배되지 않는다고 정리했습니다. 재건축초과이익환수제는 재건축 사

그림 3-1 재개발과 재건축의 규제 차이

구분	재건축	재개발
초과이익환수제	O	×
~~거주 요건~~	~~O~~	~~×~~
조합원 지위 양도 금지	조합설립인가 후	관리처분인가 후

업을 가로막는 가장 대표적인 규제인데요. 재건축초과이익환수제란 재건축으로 조합원이 얻은 이익에서 최고 50%를 부담금으로 환수하는 제도입니다. 현재 국토교통부에서 재건축초과이익환수제를 폐지하겠다고 발표했으나 국회에 계류 중인 상태입니다.

조합원 지위 양도 금지 규정 역시 재개발과 재건축이 다릅니다. 통상 '전매금지'라고 말하지만 거래 자체를 막는 것은 아니고 조합원 자격을 주지 않습니다. 그래서 해당 규정을 위반해서 현금청산 당하는 사람들도 많습니다. 투기과열지구의 재건축인 경우에는 조합설립인가 이후부터 소유권이전등기까지 조합원 지위 양도가 제한됩니다. 재개발의 경우에는 관리처분인가 이후부터 소유권이전등기 시까지 조합원 분양권 전매가 제한됩니다. 재건축의 전매금지는 원래부터 존재하고 있었던 반면, 재개발은 전매금지 대상이 아니었다가 2017년 8.2 부동산 대책 때 재개발도 관리처분인가 이후 전매금지 대상으로 추가되었습니다. 그러나 2018년 1월 24일 전까지 최초 사업시행인가를 신청한 재개발은 관리처분인가를 받아도 전매금지 대상에 들어가지 않는 등 그 적용 대상이 다릅니다.

이렇게 재개발과 재건축은 눈에 띄는 규제 외로도 차이점들이 많습니다. 분양 자격에서도 재개발은 조합설립에 찬성하든 반대하든 일단 조합원이 되었다가 추후에 분양신청을 하지 않아야 청산자로 분류되는 것과 달리, 재건축은 조합설립에 찬성하지 않으면 청산자로 분류됩니다. 또한 재개발은 토지 혹은 건축물만 보유해도 일정 자격을 갖추면 조합원이 될 수 있는 것과 달리, 재건축은 토지와 건축물을 모두 보유해야 분양 자격이 되는 것도 특징입니다.

　'민간 사업'과 '공익 사업'을 가장 명확하게 구분할 수 있는 것이 바로 '현금청산자들을 어떻게 대하는지'입니다. 재개발은 공익성이 높다 보니 3기 신도시 수용할 때 쓰는 「공익사업을 위한 토지 등의 취득 및 보상에 관한 법률」, 일명 '토지수용법'을 준용해서 갑니다. 즉, 감정평가액으로 재개발을 반대하는 사람들(반대자)을 현금청산시 커버리는 강제 수용권이 있습니다. 반면 재건축은 애초에 민간 사업이라는 차이점이 있습니다. 그래서 재건축의 경우는 75% 동의로 움직이는 것은 동일하지만, 관리처분인가 이후에는 반대자를 대상으로 매도청구 소송을 통해 법원에서 합의한 가격으로 매수하고, 그래도 반대자가 나가지 않으면 명도청구 소송으로 진행합니다.

　토지수용법은 1960년대 시절에 개발을 해야 하니 사유재산권을 강하게 무시하는 법률이었고, 이를 준용하는 게 재개발입니다. 이러한 강한 권한을 준 이유는 기본적인 인프라 조성을 민간에게 위탁한 것이기 때문입니다. 재개발과 재건축은 비슷해 보여도 전혀 다른 사업임을 명확하게 인식해야 합니다.

♀ 재개발과 재건축의 진행 과정

사람들이 정비사업 투자를 주저하는 이유는 절차가 복잡하고, 시간
이 많이 소요되기 때문입니다. 〈그림 3-2〉는 복잡한 정비사업의 과
정을 한눈에 정리한 그림입니다. 재개발과 재건축은 둘 다 큰 틀에
서 아래와 같은 단계에 따라 사업이 진행됩니다.

그림 3-2 재개발과 재건축의 사업 진행 단계

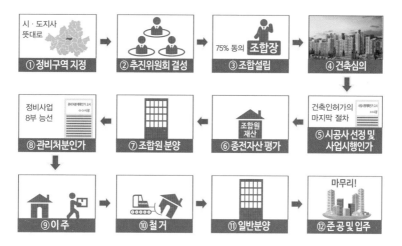

정비사업은 크게 네 단계로 구분해보면 좋습니다.

– 정비구역 지정/조합설립인가/사업시행인가/관리처분인가

사람들이 저에게 가장 많이 묻는 질문 중 하나는 "해당 구역은 입

주까지 몇 년이나 걸릴까요?"입니다. 정비사업이 얼마나 걸리는지는 아래와 같은 기준으로 보면 좋습니다.

- **정비구역 지정** : 알 수 없음
- **조합설립인가** : 알 수 없음
- **사업시행인가** : 2~3년
- **관리처분인가** : 2~3년
- **준공** : 5년

기본적으로 조합설립인가부터 준공까지 기본 10년을 봅니다. 이 것도 조합 내 분쟁이 없이 순탄하게 갔을 때 10년이죠. 중간에 소송이 한 번 진행되거나 비상대책위원회가 등장하기 시작하면 2~3년이 지체됩니다. 사실 정비구역 지정 및 조합설립인가까지 얼마나 걸릴지는 그 누구도 예상할 수 없습니다. 2~3년 만에 조합설립인가까지 간 조합도 있지만, 동의율 75%를 모으는 데 20년 걸린 조합 등 다양하기 때문이죠. 조합설립인가부터 사업시행인가까지도 1년 만에 된 조합도 있지만, 5년~10년 걸린 조합도 있습니다. '압구정 현대' 아파트의 조합설립인가는 2021년입니다. 벌써 3년이 지났지만 여전히 서울시와의 갈등으로 언제 사업시행인가를 받을지는 요원합니다. 마지막으로 관리처분인가를 받았다면 이주 및 철거를 2년 잡고, 착공~준공을 3년 잡아서 총 5년입니다. 물론 여기서도 더 지연되는 일을 부지기수입니다. 현실적인 속도는 각 단계의 구체적인 사항들을 인지하고 보면 파악할 수 있을 것입니다.

① 정비구역 지정

정비사업이 시작되려면 먼저 정비기본계획이 수립되어야 합니다. 인구가 50만 명이 넘는 시·도의 경우에는 10년 단위로 정비기본계획을 수립하는데요. 5년마다 타당성 여부도 검토해서 그다음 정비기본계획에 반영합니다. 정비기본계획이 수립되고 나면 재건축 사업은 안전진단을 받아야 합니다. 안전진단은 말 그대로 건물이 재건축에 들어가야 할 만큼 낡고 불량한 상태인지를 확인하는 과정입니다. 한편, 재개발은 안전진단 과정이 없습니다.

정비구역으로 지정되기 위해서는 법적 요건을 갖춰야 합니다. 재건축이라면 안전진단 통과, 재개발이라면 노후도, 과소필지, 호수밀도 등의 요건을 갖춰야 하는 것이죠. 다만 이러한 사항을 충족했다 하더라도 이는 최소한의 기준으로서 '필요 조건'일 뿐이지 '충분 조건'은 아닙니다. 주민들이 동의율을 모아서 입안을 제안할 수 있다는 것이지 그것을 입안권자가 받아들일 이유는 없으니까요.

문재인 정부 때, 재건축 사업은 대부분 2차 안전진단에서 부적격 처리를 받아 사업이 진행되지를 못했었습니다. 그러나 윤석열 정부에서는 재건축 규제 완화의 일환으로 2차 안전진단은 유명무실하게 만들고 1차 안전진단의 기준을 대폭 완화해서 안전진단 자체가 재건축의 걸림돌로 작동하고 있지는 않습니다. 물론 이러한 안전진단 규제는 정권이 바뀔 때마다 달라지다 보니 통과하기 원활할 때 받아둘 필요는 있습니다.

　재개발 사업도 박원순 서울시장 시절에는 지정된 재개발도 해제하던 시기였던 만큼 신규 재개발 구역 지정은 없었습니다. 반면 오세훈 서울시장은 재개발 구역을 신규 지정해주고 있습니다. 따라서 정비구역 지정은 얼마나 걸린다고 말할 수 있는 영역이 아니고 지정권자가 누구인가, 당시 정권의 방향성에 따라 달라지기 때문에 사실상 예측이 불가능합니다.

　서울시의 신속통합기획의 1차 후보지 발표가 2021년에 있었습니다. 발표에서는 1~2년 만에 정비구역 지정을 한다고 했지만 3년이 지난 2024년에서야 정비계획 공람공고가 진행되는 것을 보면 생각처럼 빠르게 된다고 보기 어렵습니다. 뒤이어 진행되었던 신속통합기획이나 모아타운의 경우도 여전히 '선정지'로써 존재할 뿐 정비구역 지정(모아타운은 소규모주택 정비관리지역)이 안 됨으로써 조합설립 단계로 넘어가지 못하는 곳들이 태반입니다. 선정되는 것도 일이지만, 선정 이후만으로도 시간 소요가 3년은 그냥 지나가는 것이죠.

② 조합설립인가

　정비구역 지정 이후로는 조합설립를 추진하게 됩니다. 조합을 사업시행자로 지정해 정비사업을 진행하려면 「도시 및 주거환경정비법」 제31조에 의거해 정비구역 지정 및 고시 이후, 조합을 설립하기 전에 조합설립추진위원회를 구성해서 관할관청으로부터 구성·승인을 받아야 합니다. 쉽게 말해 추진위원회는 조합 이전 단계라고 생각하면 됩니다. 추진위원회가 승인되기 위해서는 토지등소유자(정비사업 조합원이 되기에 적절한 부동산을 가진 예비 조합원)의 과반수 동의가 필요합니다. 물론 주민 동의율이 높은 경우에 시간 단축을 위해 직접조합설립방식[*]을 통해 추진위원회 없이 조합을 설립하는 경우도 있습니다.

추진위원회 승인을 받으면 정비사업 조합설립을 위해 주민들로부터 조합설립 동의서를 받습니다. 조합설립 요건은 재건축과 재개발이 다소 다른데요. 재건축은 주택단지의 각 동 구분소유자의 과반수가 동의하고, 주택단지의 전체 구분소유자의 4분의 3 이상 및 토지면적의 4분의 3 이상의 토지소유자의 동의를 받아야 합니다. 재개발은 토지등소유자의 4분의 3 이상, 토지면적의 2분의 1 이상 토지소유자 동의를 받아야 합니다. 이와 같은 조합설립 요건을 충족하면 추진위원회가 관할 시·군·구에 조합설립인가를 신청합니다. 이때 별다른 문제점이 발견되지 않으면 대부분 조합설립인가가 나옵니다. 조합은 정비사업을 이끌어가는 주체로, 조합이 설립되고 나면 일종의 임시 조직이었던 추진위원회는 모든 업무를 조합에 인계하고 해산합니다.

통상 재개발과 재건축 중에서 재개발이 더 오래 걸리는 편인데 두 정비사업의 사업 기간을 가르는 분수령은 대개 조합설립인가까지 걸리는 기간입니다. 재개발의 경우 재건축에 비해 조합설립까지 시

---

* 「도시 및 주거환경정비법」 제31조 4항.

간이 오래 걸리는 편입니다. 협의할 내용이 많고 토지 및 건물 소유주들 사이의 이해관계가 각양각색이기 때문입니다. 반면에 재건축의 경우 같은 평형으로 이루어진 단지일수록 조합설립이 빠르게 이루어집니다. 따라서 리스크를 고려하면 조합설립인가 이후 투자를 권하는데, 특히 재개발 사업은 주택의 소유 형태(단독주택, 다가구주택, 다세대주택, 무허가주택), 구성원들의 연령, 소득 수준에 따른 입장 차이가 너무나도 다양해서 75% 동의율을 모으는 데 오랜 시간이 걸리는 곳들이 많습니다. 70% 동의율을 모았지만, 나머지 5%를 모으는데 5년 넘게 걸릴 수도 있습니다. 그러니 리스크를 인지하고 투자하거나 재개발 초보자라면 조합설립인가 이후에 투자하라는 것입니다. 그만큼 정비사업에 있어서 조합설립인가는 본격적인 정비사업 진행의 시작점입니다.

하지만 요즘의 재개발은 후보지 선정부터 조합원들의 동의율을 보는 등 사전 작업을 통해서 진행하다 보니 마냥 늦어지지 않을 수도 있습니다. 반대로 재건축의 경우는 동별동의율 문제가 점점 더 커지고 있습니다. '한강 변 특정 동'의 반대가 있을 수도 있고 요즘 늘어나고 있는 통합 재건축 시 대지지분 차이에 따라 손해본다고 생각하는 주민들의 반대 등 이제는 너무 잘 알아서 생기는 갈등인 것이죠. 또한 재건축은 상가도 하나의 동으로 보는데요. 분양 자격을 노리고 상가의 구분소유권을 여러 개로 늘리는 일명 '상가쪼개기'가 횡행하면서 재건축 사업성 악화 및 조합설립의 갈등 요소로 등장하고 있습니다. 조합설립은 항상 빠르기보다는 늦어질 가능성이 높은 가장 큰 쟁점 사항입니다.

③ 사업시행인가

조합설립인가를 받고 난 뒤에는 본격적으로 정비사업 시행단계에 접어듭니다. 사업시행인가까지는 각종 인허가를 받아야 합니다. 사업시행인가 절차를 밟기 이전에 해당 정비구역에 지어질 건축물의 설계도를 두고 적합성, 법률 위배 여부, 공공성 확보 여부, 도시미관 향상 여부 등을 심의하는 과정입니다. 대표적인 것이 건축 심의로, 교통영향평가, 교육환경영향평가 등 수많은 심의가 있습니다. 이때 세대수, 건축물의 배치, 층, 용적률 등 사업에 중요한 사항들이 모두 결정되는 시점이라 조합(주민)과 인허가관청과의 마찰이 큰 단계입니다. 통상적으로 특별한 쟁점이 없으면 금방 넘어간다고 하지만, 사업성, 단지의 퀄리티가 결정되는 만큼 쟁점이 없기가 힘듭니다. 특히 강남 재건축이나 한강변 재개발·재건축의 경우는 주민들이 만들고자 하는 단지의 목표 수준이 명확하고, 공익과 사익의 충돌이 자주 발생해서 이 시기에서 지연되는 경우가 많습니다.

또한 시공사 선정도 조합설립인가 이후에 많이 진행합니다. 서울시의 경우는 조례로 사업시행인가 후에 하도록 규정했습니다. 조합은 통상 사업 운영비를 조합원들이 십시일반해서 진행하기보다는 대여를 했다가 추후 일반 분양을 통한 수입이 들어오면 한 번에 상환하는 식으로 진행합니다. 그런데 이런 비용을 보통은 시공사가 선정되면 시공사가 직접 대여해주거나 시공사를 보고서 은행에서 빌려줍니다. 따라서 시공사 선정 전에는 자금 압박이 심하다 보니 빠르게 시공사 선정을 하는 곳들이 많습니다. 다만 시공사 선정을 빨리 할수록 명확한 설계도 없는 상태에서 막연하게 공사비 얼마로 짓겠다, 고급화하겠다는 등 뜬구름 잡는 식으로 진행할 수밖에 없는 한계가 있습니다. 그렇다 보니 상대적으로 전문지식이 부족한 조합이 시공사에게 끌려다닌다는 비판이 있었고 이에 서울시는 사업시행인가 이후로 미뤘지만, 이제는 조합이 돈이 부족하고 전문지식이 부족하여 사업시행인가까지의 기간이 지연되는 단점이 나타났습니다. 그래서 2023년 이후로는 서울시 조례를 개정해 내역입찰 등 일정 요건을 갖춘 경우에는 사업시행인가 전이라도 시공사 선정을 할 수 있도록 변경되었습니다. 여기에 조합의 부족한 전문성을 보완하겠다고 나선 게 신탁사입니다. 그런데 막상 신탁사도 도심지 대규모 정비사업 조합 경험이 부족해서 그런지 위태위태한 부분이 많이 보입니다. 진짜 신탁수수료 값어치를 할 수 있을지는 아직 성공 사례가 없는 만큼 좀 더 지켜봐야 할 것 같습니다.

인허가관청과의 갈등이 가장 심하게 붙을 때가 바로 사업시행인가입니다. 사업성이 결정되다 보니 민감한 것도 많고 어떻게든 하나라도 더 빼앗으려는 지자체와 조금이라도 덜 빼앗기려는 조합 간의 기 싸움이 벌어집니다. 본인 단지를 랜드마크로 만들고자 하는 의지와 임대주택을 줄이고, 기부채납을 최대한 적게 하려고 하며, 초고층은 물론 외관도 멋지게 만들려는 시도를 하게 됩니다. 그러나 인허가관청에서는 각종 심의 도중에 남산조망권을 가린다며 층수를 깎고,

도시경관 상 위압감을 주는 설계로 보류, 위화감을 조성하는 이유로 반려시키는 경우가 비일비재하게 나타납니다.

속도가 곧 생명이자 돈인 사업에서 인허가청이 인허가권을 쥐고 붙잡고 있을 때 관청과 싸우고 있는 것은 일장일단이 있습니다. 여기서 핵심지들은 밀릴 수 없다면서 설계를 고집하고, 공공기여를 거부하면서 싸우게 됩니다. 임대주택 많이 지을 바에는 안 짓는 게 낫다면서 버티는 것이죠. 반대로 상대적으로 중심지가 아닌 지역들이 인허가청과 싸우는 경우는 많지 않습니다. 따라서 핵심지라고 부르는 입지는 사업시행인가가 오래 걸리고, 그렇지 않은 단지들은 인허가청의 지도에 따라 맞춰서 빠르게 인허가를 받게 됩니다. 그렇지만 속도만을 위해 모두 수용하고 타협하기에는 단지의 가치와도 직결되는 만큼 최선의 수를 위해 절묘한 균형점을 맞추려는 노력이 필요합니다. 앞서 말한 '압구정 현대' 아파트는 사업시행인가를 지금으로부터 몇 년 후에 받을지 지켜보면 좋을 것 같습니다.

④ 관리처분인가

사업시행인가 이후 조합에서는 해당 사업시행인가에 따른 성적표를 조합원들에게 통지하는 절차가 바로 관리처분입니다. 관리처분 계획을 저는 '파이 나눠 먹기'로 비유하는데, 사업시행인가로 확정된 '파이'를 다수의 조합원끼리 어떻게 분배할지를 정해야 합니다. 재개발·재건축 모두 소유자별로 보유한 주택의 가치가 다르니 이러한 절차를 거치는 것이죠. 그 첫 번째가 바로 종전자산평가입니다. 종전

자산, 즉 이전에 보유하고 있었던 자산의 가치를 평가하는 절차입니다. 종전자산평가는 조합원들이 추후 내야 하는 분담금을 결정하는 기준으로 작용합니다. 또한, 현금청산자들의 보상금을 결정하는 기준이기도 합니다. 재건축의 경우는 면적, 동호수가 다르다 보니 이에 따른 정확한 금액 차이를 산정하고, 재개발의 경우는 단독주택, 다가구주택, 다세대주택, 무허가건축물, 도로부지, 근린생활시설 등 여러 자산 간의 '상대적인 가치'를 결정합니다. '상대적'이라는 말이 중요한 것이 감정평가 금액 자체가 절대적인 분담금을 확정하는 것이 아닙니다. 흔히 주식회사에 비유하는데, 내 감정평가액이 다른 물건보다 높다면 나의 지분율이 다른 조합원보다 높다는 의미로 이해하면 됩니다. 지분이 높으면 장점도 있지만, 단점도 있습니다. 분양신청시 평형의 우선권을 가질 수 있고 낮은 분담금, 또한 추후 조합의 분양 수입이 클 때 환급금도 더 많이 받지만, 분담금도 지분율이 높은 사람이 더 부담하게 됩니다.*

감정평가액이 통지된 이후에는 분양신청의 절차를 밟습니다. 분담금 내역 및 분양신청 기간을 통보받은 조합원들은 자신이 원하는 평형과 타입을 선택해 신청합니다. 이때의 분양신청은 말 그대로 신청일 뿐, 계약은 아닙니다. 조합원들은 해당 아파트 단지의 우선권을 보유한 만큼 좋은 동호수, 뷰가 좋은 라인, 판상형 등 선호 타입을 선점하게 됩니다. 다만, 조합원들끼리 경합이 벌어질 때는 권리가액이

---

*　이는 관리처분인가 이후 비례율 조정을 통해 결정된다.

높은 사람에 따라 평형 신청의 우선권이 부여됩니다. 예를 들어 33평형을 선호하더라도 권리가액이 낮은 사람은 25평형으로 밀릴 수 있습니다. 이는 평형 신청의 우선권만 있을 뿐이지, 평형 내 동호수는 추첨을 통해 뽑기 때문에 어느 동호수가 배치될지는 운의 영역이라고 할 수 있습니다. 이러한 조합원 분양신청 결과를 토대로 조합원분양 세대수와 일반 분양 세대수가 정해집니다.

관리처분인가는 정비사업 시행자가 대지와 건축물 등에 대한 합리적이고 균형 있는 권리 배분에 관한 사항을 정하는 계획인 관리처분계획을 관할 시·군·구에 제출하고 인가를 받는 과정입니다. 관리처분계획 단계에서는 조합원분양과 일반 분양을 통한 각 수익이 계산되고, 임대아파트 세대수도 결정됩니다. 즉, 조합원들의 분담금이 확실하게 산정되는 단계죠.

관리처분계획 단계에서 대지나 건축시설에 대한 배분이 확정되는 만큼 조합원들 사이에 이해관계가 엇갈리면서 분쟁도 많이 일어납니다. 관리처분인가 전에는 신축 아파트에 입주할 생각만 하지만, 이때는 구체적으로 개개인별 감정평가액과 조합원 분양가가 결정되고 이에 따른 분담금이 몇억 원인지를 본격적으로 파악하게 되는 시점이기도 합니다. 조합원들간의 합의만 빨리 되면 1년 만에도 관리처분까지 갈 수 있으나, 특별한 이슈가 없다면 2~3년, 현실적으로는 그 이상 지연되는 곳들도 많습니다. 막연하게 본인이 분양 자격이 있는 줄 알았던 조합원들 중에서 현금청산자가 확정되는 시점도 관리처분입니다. 따라서 빠르게 사업 진행이 되었던 조합도 관리처분 때

엎어지거나 지연되는 경우도 많습니다. 이러한 사항들을 모두 극복하고 관리처분계획안을 총회로 통과시키면 내용을 검토한 뒤 관리처분계획인가를 내려줍니다. 그래서 관리처분인가를 재개발·재건축의 8부 능선이라고 표현합니다.

⑤ 이주 및 철거

말 많고 탈 많았던 관리처분계획인가 절차까지 마무리되면 본격적으로 이주 및 철거가 진행됩니다. 이때 이주가 빠르게 이루어져야 철거 진행 및 일반 분양이 순차적으로 조속히 이루어질 수 있기 때문에 조합에서는 조합원들의 이주를 적극 독려합니다.

관리처분인가가 정비사업의 8부 능선이라고 하는 만큼 관리처분인가 이후로 투자하라고 말하는 사람들이 많은데요. 정확하게는 이주 개시 이후가 확실하다고 이야기할 수 있습니다. 이유는 바로 돈 때문입니다. 이주 전에 지연되는 것은 전체 정비사업 비용에서 큰 비중을 차지하지 않습니다. 정비사업의 비용 결산을 보면, 전체 사업 비용의 70%가 이주 개시 이후에 나갑니다. 바로 이주비가 나가기 시작하면서 발생하는 금융비용과 공사비죠. 그래서 이주 개시 이후로는 사업이 멈추지 않습니다. 예시로 '장위10구역'을 들 수 있습니다. 2022년 7월 장위10구역은 교회 보상금액으로 500억 원을 지급했습니다. 대법원 소송까지도 갔던 만큼 조합 내에서는 손해를 감수하더라도 제척을 시켜야 한다는 목소리가 컸고, 2022년 2월 제척 안건이 통과되었습니다. 그러나 결국 교회와 합의한 것은 손익계산을 했을 때 손실이 너무 크기 때문입니다. 구역 경계 변경부터 시작해서, 건축심의, 사업시행변경인가, 관리처분변경인가 등 각종 인허가를 다시 밟아야 합니다. 기간도 늘어나고 줄어든 면적으로 인한 세대수가 감소하는 것도 문제지만, 이미 교회를 제외하고는 이주 및 철거가 마무리되어 가는 상태에서 흐르는 시간만큼 그대로 손실이 발생하는 것이고, 금융비용만 월 10억 원씩 발생하고 있었습니다. 그러니 조합원들 입장에서는 눈물을 머금고 500억 원에 합의본 것입니다. 이는 정비사업에 있어서 관리처분인가가 나도 이주 및 철거 단계에서 리스크가 나올 수 있음을, 종교시설이 있는 정비사업을 조심하자는 교훈을 얻을 수도 있지만, 반대로 이주가 시작했으면 사업이 멈출 수 없다는 걸 알 수 있습니다.

따라서 정비사업 투자를 했지만, 사업이 멈춰서 이익 실현 자체가 무산되는 것을 고민한다면 이주 개시 이후의 사업장을 보면 확실하고 안전한 투자를 할 수 있습니다. 한발 더 나아가 이미 착공해서 공사 중이라도 가격이 조정된 지역들도 많으니 2~3년 내 입주할 확실한 투자처를 알아볼 수 있습니다. 둔촌주공 재건축의 케이스 역시 공사가 멈추는 전무후무한 사건이 발생했지만 결국 조합에서 백기를 들었던 것에는 바로 매월 나가는 금융비용이 한몫했습니다. 오히려 둔촌주공 사태를 반면교사 삼아서 조합은 공사가 멈추는 사태를 기

● 장위10구역의 교회는 보상금을 받았음에도 추가적인 갈등 끝에 결국 조합에서 교회를 제척한 정비계획 변경안이 통과되었다.

피할 것으로 보이니 확실한 투자처로 볼 수 있는 것이지요.

이처럼 정비사업은 수많은 이해관계의 충돌로 인해 입주 시점이 지연되기 일쑤입니다. 따라서 명확하게 특정 시점에 입주를 희망하거나 수익 실현을 목표로 한다면 관리처분인가, 더 나아가면 이주 개시 이후의 정비사업장에 투자하는 편이 리스크 관리 측면에서 확실하고 안전합니다. 그러나 관리처분인가 이후의 사업장이 비싸다고 생각할 수 있습니다. 물론 기본적으로 가격은 높은 게 사실입니다만, 잘 찾아보면 빠른 진행속도에도 불구하고 입지 대비 가격이 조정된 지역들도 많으니 2~3년 내 입주할 확실한 투자처를 찾아볼 수도 있습니다.

⑥ 일반 분양

이주와 철거 작업이 끝나면 착공 신고 후 드디어 일반 분양이 가능해집니다. 정확하게 법적으로는 착공을 해야만 일반 분양을 할 수 있다는 규정은 없으나 일반 분양 시 입주자 모집 공고에 입주 시점을 명확하게 명시해야 하고 그 시점을 위반할 시 수분양자에게 지체상금(遲滯償金)을 지급해야 합니다. 그렇다 보니 통상 착공 이후로 분양 시점을 잡습니다.

일반 분양 전후로 조합원의 동호수 추첨과 계약이 이뤄집니다. 이 단계에는 조합원 입주권 거래가 가장 활발하게 이루어지는 편입니다. 구체적인 입주 날짜가 정해지며, 일반 분양을 위한 홍보가 진행되어서 지역 주민 중에서도 해당 사업지를 인식하기 시작합니다. 일반 분양 완판 시 청약에서 떨어진 사람 중에서 조합원 입주권 물건을 찾아보기도 하다 보니, 입지를 비롯해 주변 환경이 매우 좋아서 사람들의 이목이 집중되는 단지들의 경우에는 프리미엄이 많이 붙은 상태로 입주권이 거래됩니다.

가점이 높아서 어느 단지든 골라서 갈 수 있는 사람이면 모르겠지만, 일반적으로 서울 청약은 고가점자가 아닌 한 추첨을 노릴 수밖에 없습니다. 좋은 동호수를 보유한 조합원 물건을 확정적으로 매수할 수 있다는 것이 입주권 투자의 가장 큰 메리트입니다. 일반 분양 물건조차도 분양받을 때는 고분양가라고 손가락질받던 곳도 막상 입주 때가 되니 프리미엄이 몇억씩 붙은 경우들이 많습니다. 신축 아파트가 입주할 때가 되면 그 정비 효과가 명확하게 나타나면서 전반적인 입지 환경에 대한 평가도 달라지기 때문입니다. 그런 부분을 고려하면 리스크를 모두 지면서 초기에 투자하기보다 입주권 투자는 안전하게 차익을 얻는 투자라고 해도 나쁘지 않고, 오히려 해당 단지의 시세는 입주 때 가장 많이 오르는 만큼 안전하고 확실한 투자이기도 합니다.

⑦ 준공 및 입주

준공 검사를 받고, 준공 검사를 통과해야 입주가 시작됩니다. 사업시행자는 준공인가 고시가 있고 나면 지체없이 대지확정측량을 진행하고 토지 분할절차를 거쳐서 관리처분계획에서 정한 사항을 분양받은 사람들에게 통지함과 동시에 건축물의 소유권을 이전해야 합니다. 이를 이전고시라고 합니다. 입주와 이전고시가 마무리되면 마지막으로 조합 해산 절차가 진행됩니다. 이것으로서 정비사업의 전 과정이 마무리됩니다. 준공일 또는 사용승인일 중 더 빠른 날에 조합원들은 세법상 입주권에서 주택으로 권리관계가 변경됩니다. 입주로부터 1~2년 정도 뒤에는 보존등기를 하게 됩니다. 보존등기 및 이전등기가 되기 전에는 조합원 입주권의 구 주택을 거래를 하다가 이전등기 이후로 분양받은 동호수가 등기부등본*에 표시가 되며, 사실상 조합이 해야 하는 가장 중요한 업무가 모두 종료가 됩니다. 입주장 때 은행별로 집단대출이 이루어지면서 예외적으로 한 차례 대출이 진행되나 이후에는 등기가 나와야 정상적인 대출이 가능한 관계로 간혹 소송 등으로 보존등기가 지연되면 같은 신축이라도 가격이 낮게 형성되는 경우가 많습니다. 따라서 준공 시점에 재개발·재건축 사업으로 신축 아파트가 완성되면서 시세가 쭉 올라가지만, 보존등기까지 나게 될 때가 대출도 자유로워지고, 입주장 때 싸게 전월세가 동시에 나왔던 사항들도 시간이 지나면서 해소되면서 절차에 따른 가격상승을 100% 취하게 됩니다.

---

* 2011년 전산화가 되며 정식 명칭은 '등기사항전부증명서'이나 여전히 등기부 등으로 불린다.

♀ 정부가 밀어주면 빠르다?!

이렇게 사업별 쟁점들을 설명하면 정부 혹은 지자체가 밀어주면 다르지 않겠냐고 질문합니다. 항상 보수적으로 전망해도 오래 걸리는 게 정비사업입니다. 그런데 '신통기획이라서 빠르다', '정부가 밀어주니까 빠르다' 하는 건 없습니다. 냉정하게 잘 생각해보면, 답은 금방 나옵니다. 만약에 서울시가 밀어준다 하더라도 단축시켜줄 수 있는 것은 조합설립인가~사업시행인가에서 2~3년 걸릴 것을 1년으로 줄이는 게 다입니다. 물론 이것도 중요한 사항입니다만, 이것 외로 정부가 도와줄 수 있는 것은 없습니다. 관리처분인가까지 감정평가, 분양신청, 분담금에 따른 조합원들이 합의하는 과정은 서울시가 개입할 사안이 아닙니다. 조합원들 간의 문제니까요. 관리처분인가 이후 이주 및 철거 과정에서 신속통합기획이니 신속하게 이주하고, 명도도 서울시 공무원들이 나서서 반대자들 행정대집행하고 그러지 않습니다. 당장 3기 신도시를 보면 토지수용을 하는 사업조차도 정부의 계획보다 밑도 끝도 없이 지연되는 게 현실입니다. 공무원들은 민원만 안 생기게 할 뿐 절대 직접 나서서 개인 간의 행위에 개입하지 않습니다.

이러한 사실을 인지하면 '신통기획 7년 입주' 같은 소리는 안 하게 됩니다. 신통기획 처음 발표할 때 저보고 몇 년이나 걸릴지 묻기에 빨라야 15년이라고 답했습니다. 그 답은 현실이 되고 있습니다. 당장 서울시가 해줘야 할 정비구역 지정부터도 3년씩 걸리고 여기서도 순서가 밀리는 구역들은 4년 넘게 걸릴 것이 현실입니다. 이제부터 조합설립을 추진하고, 조합설립인가 이후로도 수많은 난항을 겪어야 할 것입니다. 막연하게 투자했던 사람들이 실상을 깨닫고 분담금이 너무 많이 나오면 정비사업 자체가 무산될 가능성도 높습니다. 항상 막연하게 투자하는 사람들이 많은데 투자는 막연하게 하는 게 아니라 객관적으로 분석하면서 진입해야 한다는 것을 명심하길 바랍니다.

옥석 가리기의
기본 원칙

햇수로 10여 년 정비사업 분야에서 일하면서 제가 한 번도 말하지 않은 문장이 있습니다. 바로 "대지지분 몇 평 이상이면 괜찮습니다" 같은 단정적인 표현입니다. 정비사업 현장마다 입지와 요건이 저마다 다른데 단순히 평수 하나의 기준만 가지고 '사업성이 좋다, 나쁘다'를 판단할 수는 없습니다. 진보 정권에서 보수 정권으로 바뀌면서 새롭게 진행되는 재개발 지역도 많고, 2022년 12월 8일에 발표된 「재건축 안전진단 합리화 방안」 이후 안전진단은 의례적인 절차로 바뀌었습니다. 이렇게 예전과 달리 대상지도 늘어나고 전반적인 규제도 완화되다 보니 정비사업을 추진한다고 해서 모두 다 오르는 시대는 끝났다고 봐야 합니다. 이럴 때일수록 '정비사업 옥석 가리기'가 중요합니다. 또한 과거에 잘되던 사업장 기준을 현시점으로도 끌고 오면 안 됩니다. 지금은 건설 경기가 정말 안 좋은 상황이며, 앞으로도 좋아질 것이라는 전망이 불투명합니다. 따라서 더욱 보수적으로 접근해야 합니다.

⦿ 정비사업의 옥석을 가리는 세 가지

정비사업은 완공까지 오래 걸리고, 자칫 사업이 해제될 수 있다는 점에서 위험성이 높습니다. 이런 위험성이 있기 때문에 일반적인 아파트 투자보다 더 높은 수익률을 보여주는 것이고요. 정비사업 전문가라면 여기서 옥석을 가릴 줄 알아야 합니다. 저는 정비사업의 옥석 가리기를 할 때 다음의 세 가지를 꼭 살펴보라고 이야기합니다.

1. 사업성
2. 입지
3. 분담금 납부 능력

첫 번째, 사업성입니다. 사업성을 간단하게 압축해서 말하자면 일반 분양 세대수가 많을수록 사업성이 좋다고 판단할 수 있습니다. 일반 분양 세대수의 규모를 판단하기 위해서는 현재 용적률과 미래에 받을 용적률을 알아야 하는데, 이 둘의 차이가 클수록 좋습니다. 즉, 현재 용적률은 낮을수록, 미래 용적률은 높을수록 일반 분양 세대수가 많아집니다.

두 번째, 입지입니다. 사업성이 떨어져도 입지가 좋으면 투자할 수 있습니다. 대표적인 사례가 바로 강남권 재건축입니다. 통상 재개발과 재건축의 일반 분양 세대수를 비교하면 재개발이 압도적으로 많고 일반적인 재건축은 많지 않습니다. 그래서 재건축 정비사업의 경우, 일반 분양 세대수가 100~200세대, 어떤 경우는 100세대도 안 되는 곳도 있습니다.

하지만 강남에 분양하는 물량들은 똑같이 1세대를 일반 분양을 해도 분양가가 다릅니다. 강북에 2채 분양하는 가격과 강남에 1채 분양하는 가격이 같다면, 결국 분양 수입은 같습니다. 이런 부분도 사업성의 일환으로 봐야 하는데, 통상 일반 분양 세대수만 보다 보니 놓치기도 합니다. 입지가 좋으면, 분담금을 일정 수준 이상 납부하게 된다고 해도 완성된 후의 신축 아파트의 미래 가치가 높을 것으로 기대되기 때문에 정비사업이 차질 없이 진행됩니다.

세 번째, 분담금 납부 능력입니다. 정비사업에서 궁극적으로 가장 중요한 것은 조합원들의 분담금 납부 능력입니다. 사업성이 좋든 안 좋든 조합원들이 추가 분담금을 내는 데 갈등이 없다면 해당 정비사업은 준공을 향해 갑니다. 대표적인 사례가 '동부이촌동 래미안첼리투스'입니다. 이곳은 2009년 12월 최고층 56층(용적률 329.9%), 3개동, 460세대로 재건축하는 사업 계획을 승인받았습니다. 일반 분양 세대가 없었으므로 조합원 1인당 분담금은 무려 5억 4,000만 원에 달했습니다. 하지만 별다른 갈등 없이 2011년 12월 착공에 들어가 2015년 7월 공사를 마무리했습니다. 분담금 5억 원이라 하면 낼만 하다고 생각할 수도 있지만, 당시 5억 4,000만 원이면 강북의 아파트를 1채 매수할 수 있는 큰돈이었습니다. 게다가 착공 시점도 부동산 경기가 썩 좋지 않을 때였습니다. 하지만 조합원들의 강한 의지로 초고층 단지로 완성이 되었고 이후 신축 아파트로서의 희소성, 대형 평수, 한강 뷰 등의 이점을 두루 갖춤으로써 1:1 재건축 성공 사례로 남게 되었습니다.

세 가지는 비슷비슷하게 겹치는 지점들이 있습니다. 사업성이 낮아도 입지가 좋으면 정비사업 진행이 가능하고, 사실 입지가 좋아야 1:1 재건축을 하더라도 추가 분담금을 내서 신축 아파트를 건립하자는 이야기가 나올 수 있는 것입니다. 하지만 나는 분담금을 납부할 의사가 있는데 다른 주민들은 그렇지 않을 수 있습니다. 원주민 비율이 높고, 특히 고령의 어르신들이 많은 지역은 사업성이 높다고 해도 재개발이나 재건축 자체를 반대하는 사람이 많습니다. 거기다가 몇억 원씩 분담금을 내라고 하면 당연히 정비사업 추진을 반대하겠죠. 이런 경우 정비사업 추진이 좌초될 확률이 높습니다. 따라서 주민 구성도 정비사업에서는 중요한 요소입니다.

정비사업의 사업성 이렇게 체크하라

　사업성 판단은 어떤 특정한 기준 하나만 가지고 단언할 수 없습니다. 대지지분과 용적률 사이의 관계, 일반 분양 세대수 등을 세밀하게 고려해야 정비사업의 사업성을 정확하게 판단할 수 있습니다. 요즘은 부동산 정보 웹 사이트나 애플리케이션이 워낙 잘 구축되어 있어서 조금만 관심이 있다면 누구나 사업성 판단의 기초 자료가 되는 정보에 접근할 수 있습니다. 정비사업의 사업성을 판단할 때 꼭 확인해야 하는 내용들과 해당 내용들을 알아보는 데 최적화된 사이트 및 애플리케이션들을 소개합니다.

○ 용적률, 제대로 이해하기

정비사업의 사업성을 판단할 때 가장 먼저 확인해야 하는 것은 '용적률'입니다. 용적률은 '대지면적에 대한 연면적 비율'을 가리킵니다. 대지면적은 말 그대로 건물을 올릴 땅의 면적입니다. 연면적은 전체 건축물의 바닥면적을 모두 합한 면적이고요. 용적률은 해당 건축물이 토지를 얼마나 효율적으로 이용했는지 보여주는 기준입니다. 가령, 100평짜리 대지 위에 1층 단층인 단독주택을 지으면 이 경우 용적률은 100%입니다. 하지만 현실적으로 대지면적에 딱 맞춰 건물을 짓기는 어렵습니다. 법적으로 건폐율(대지면적에 대한 건물 바닥면적의 비율)이 제한되기도 하고요. 만일 50평짜리 건축물을 2층으로 올려도 용적률은 100%입니다. 만일 층수를 더 높여 3층, 4층으로 올리면 용적률은 각각 150%, 200%로 상향합니다. 이 때문에 층수가 많으면 무조건 용적률이 높다고 생각하기도 합니다. 하지만 건폐율을 낮게 해도 층수를 높일 수 있습니다. 예를 들어 100평짜리 대지에 바닥면적을 20평으로 잡고 10층 건물을 올려도 용적률은 200%입니다. 따라서 용적률은 '얼마나 높게'가 아니라 '얼마나 많이' 지을 수 있는가의 척도로 볼 수 있습니다.

건폐율은 바닥면적 내 건축물의 비율로 건축 밀도를 나타내는 지표입니다. 건폐율을 낮추면 아파트의 경우 동 사이의 단지 거리 등이 충분히 확보되어 외부 주거환경이 쾌적해지는 효과가 있습니다. 그래서 뷰가 중요한 곳들은 건폐율을 다소 낮추더라도 층수를 높이기 위해 노력합니다. 하지만 정부나 시에서 아무런 조건 없이 용적률을 더 주는 것이 아니다 보니 초고층이 된다고 해서 사업성이 무조건 좋아지는 것은 아닙니다. 오히려 초고층으로 지으면 공사비와 공사 기간이 증가해서 전체 사업비가 늘어나므로 사업성 자체는 낮아집니다. 즉, 층이 높다고 해서 용적률이 높은 게 아니며, 고층으로 지을수록 비용을 더 부담하게 됩니다. 따라서 대개는 조합원들의 선택에 따라 비용 대비 향후 부가가치가 높다고 판단했을 때, 초고층 공사를 진행하게 됩니다.

이쯤에서 우리나라 건축법에서 지정하고 있는 용도별 건폐율과 용적률 기준을 들여다볼 필요가 있습니다. 대한민국의 국토계획체계는 가장 최상위 법률로써 「국토기본법」이 존재하고, 일반적으로는 「국토의 계획 및 이용에 관한 법률」을 통해 '광역도시계획', '도시기본계획', '도시관리계획'을 수립합니다. 이 중에서 용도지역, 용도지구, 용도구역 등은 도시·군관리계획에서 지정됩니다. 특히 용도지역은 건축물의 용도, 건폐율, 용적률, 높이 등에 대한 기준을 정하기 때문에 정비사업의 사업성과 직결되는 아주 중요한 사항입니다.

용도지역은 크게 '주거지역', '상업지역', '공업지역', '녹지지역'으로 나뉩니다. 대한민국의 모든 토지는 어떤 용도인지 용도지역이 지정되어야 하며, 중복해서 지정될 수 없습니다. 그래서 부동산 지도를 볼 때는 꼭 세 가지 형식의 지도를 챙겨봐야 합니다. 바로 ① 일반지도, ② 위성지도, ③ 지적편집도입니다. 네이버 지도에서 일반지도와 위성지도는 우측 상단에 있습니다. 지적편집도는 우측의 세부 메뉴

그림 3-3 건축법에서 지정한 용도별 건폐율과 용적률 기준

구분			건폐율			용적률		
			법	시행령	조례	법	시행령	조례
주거 지역	전용	제1종	70% 이하	50% 이하	50% 이하	500% 이하	50~100% 이하	100% 이하
		제2종		50% 이하	40% 이하		100~150% 이하	120% 이하
	일반	제1종		60% 이하	60% 이하		100~200% 이하	150% 이하
		제2종		60% 이하	60% 이하		150~250% 이하	200% 이하
		제3종		50% 이하	50% 이하		200~300% 이하	250% 이하
	준주거			70% 이하	60% 이하		200~500% 이하	400% 이하
상업 지역	중심상업		90% 이하	90% 이하	60% 이하	1,500% 이하	400~1,500% 이하	1,000% 이하 800% 이하
	일반상업			80% 이하			300~1,300% 이하	800% 이하 600% 이하
	근린상업			70% 이하			200~900% 이하	600% 이하 500% 이하
	유통상업			80% 이하			200~1,100% 이하	600% 이하 500% 이하
공업 지역	전용공업		70% 이하	70% 이하	60% 이하	400% 이하	150~300% 이하	200% 이하
	일반공업						200~350% 이하	200% 이하
	준공업						200~400% 이하	400% 이하
녹지 지역	보전녹지		20% 이하	20% 이하	60% 이하	100% 이하	50~80% 이하	50% 이하
	생산녹지						50~100% 이하	
	자연녹지						50~100% 이하	

※ 건폐율: 「국토계획법」 제77조, 시행령 제84조, 조례 제54조.
※ 용적률: 「국토계획법」 제78조, 시행령 제85조, 조례 제55조.
※ 파란 글씨는 사대문 안 지역에 해당.

자료: 법제처

옵션에 있습니다.

　같은 주거지역이라고 할지라도 제1종 일반주거지역인지, 제2종 일반주거지역인지, 제3종 일반주거지역인지에 따라 용적률이 달라집니다. 따라서 정비사업의 사업성을 판단할 때는 해당 토지의 용도

그림 3-4 지적편집도로 살펴본 용도지역 구분

자료: 네이버 지도

지역을 아주 정확하게 파악해야 합니다.

사업성에 있어서 가장 먼저 보는 것이 바로 용적률이고, 용적률이 높은 것을 선호합니다. 그러나 이는 용적률을 제대로 이해한 표현이 아닙니다. 정비사업의 사업성을 판단할 때 용적률에 대해서는 다음의 문장을 꼭 기억하길 바랍니다.

"현재 용적률은 낮을수록, 미래 용적률은 높을수록 좋다."

가령, 일반상업지역으로 용적률 900%로 건축할 수 있는 땅이 있습니다. 그런데 이미 용적률 800%의 오피스텔이나 주상복합아파트가 있습니다. 과연 재건축 사업성이 나올까요?

보통 주상복합아파트와 오피스텔이 아파트보다 상대적으로 가치가 떨어진다고 말합니다. 건축법에 따른 구조적인 부분, 관리비, 실평수, 커뮤니티 여부 등 그 요인은 여러 가지입니다. 하지만 가장 큰 차이는 용적률에 있습니다. 이제 23년 차에 접어든 '도곡동 타워팰리스'는 여전히 높은 매매가를 유지하고 있지만, 대한민국 최고급 단지라는 명성은 반포동의 다른 신축 아파트 단지에 넘겨줬습니다. 이유는 매우 높은 용적률에 있습니다. 타워팰리스 1차의 경우 일반상업지역에 건축되어 용적률이 900%가 넘습니다(정확히는 919%로 〈그림 3-5〉에서 확인). 즉, 현재의 가치는 강남의 땅값이 올라감에 따라 유지되는 것이지 건물 자체의 가치는 시간이 지날수록 내려간다고 봐야 합니다.

오피스텔도 같은 맥락에서 이해할 수 있습니다. 요즘엔 아파텔이라고 해서 아파트와 동일한 면적으로 건축하기도 하지만 용적률을 살펴보면 적게는 600%에서 높게는 900%에 달하는 단지들이 수두룩합니다. 신축일 때는 주변 아파트 시세와 비슷하거나 커다란 차이 없이 일정한 간격을 유지하며 시세를 움직이지만, 준공 연차가 높아질수록 주변 아파트 시세와 차이가 점차 큰 폭으로 벌어지는 모습을 보입니다.

아파트 역시 시간이 지날수록 인근 신축 단지들에 비해 가격이 크게 떨어집니다. 하지만 25년 차가 넘어가는 시점부터 서서히 가격이 상승하는 흐름을 보입니다. 준공 후 만 30년이 지나면 재건축이 가능해지기 때문에 이에 대한 기대 수요가 가격에 반영되는 것입니다. 하지만 주상복합이나 오피스텔은 이미 처음 지을 때 법적 상한선에 맞춰 최대한의 용적률로 지었기 때문에 사업성이 나올 수 없는 구조입니다.

물론 원천적으로 정비사업이 불가능한 것은 아닙니다. 입주민들이 1인당 재건축 분담금을 8~10억 원씩 납부하면서 1:1 재건축을 하겠다고 나선다면 주상복합이나 오피스텔도 재건축은 가능합니다. 하지만 용적률을 최대치로 반영해 건물을 지은 만큼 세대수가 많은데, 그 많은 세대수의 75% 이상이 재건축에 찬성하고 높은 분담금 부담을 감수하며 빠르게 사업을 진행할 수 있을지는 미지수입니다. 거의 불가능하다고 봐야 맞을 것입니다. 게다가 대개의 주상복합은 이미 초고층인데 초고층 건물의 공사비는 일반 아파트와 견주었을 때 30% 정도가 더 들어갑니다. 이처럼 용적률을 정확하게 이해하면, 오피스텔과 주상복합의 가격이 왜 아파트와 달리 점점 가치가 하락하는지도 알 수 있습니다.

용적률을 확인하는 방법은 다양합니다만 제가 개인적으로 추천하는 방법은 '호갱노노' 웹 사이트를 이용하는 것입니다. 여러 웹 사이트나 애플리케이션들과 견주었을 때 '호갱노노' 웹 사이트가 용적률을 가장 직관적으로 찾아보기가 쉬웠습니다. '호갱노노' 웹 사이트에 접속해 용적률을 확인하고 싶은 단지나 지역의 지도로 세팅한 후 오른쪽 하단의 집 모양 아이콘을 누르면 입주시기, 세대수, 평당가격 등 하단에 각 단지 정보 하단에 표시되는 정보를 선택할 수 있습니다. 여기에서 용적률을 선택하면 단지 정보 하단의 작은 타원형 안에 현재 용적률 수치가 표시됩니다.

그림 3-5 '호갱노노'에서 용적률 찾아보는 방법

자료: 호갱노노

📍 대지지분, 제대로 이해하기

정비사업의 사업성 판단을 위해 용적률 다음으로 확인해야 하는 것
은 대지지분입니다. 사람들이 대지지분과 용적률을 혼동하는데, 이
둘은 비슷하지만 같은 개념이 아닙니다. 대지지분은 말 그대로 전
체 대지에서 한 가구에게 주어진 지분을 말합니다. 가령, 같은 평수
로 이루어진 아파트 단지의 대지면적이 50,000㎡이고 가구 수가 총
500세대라고 한다면 이 아파트 단지의 가구당 대지지분은 100㎡
입니다. 대체로 용적률이 낮은 단지는 대지지분이 높습니다. 하지만
100% 꼭 그런 것만은 아닙니다. 따라서 정비사업의 사업성을 판단

할 때는 용적률을 확인하는 것이 기본, 대지지분까지 면밀히 검토해야 합니다.

대지지분의 중요성을 보여주는 가장 대표적인 사례가 '노원 상계주공5단지'입니다. 해당 재건축은 아파트 매매가와 맞먹는 5억 원의 추가 분담금을 통보받고 시공사 계약을 해지했습니다. 사실상 사업이 중단된 것이죠. 상계동은 1980년대 전두환 정부 시절 '500만 호 주택건설계획'에 의해 만들어진 택지지구입니다. 이곳은 분당, 일산 등 1기 신도시가 조성되기 이전에 만들어졌다고 해서 '0기 신도시'라고 부르기도 합니다. 혹은 강남이나 여의도 등의 한강변 개발이 더 먼저 이루어졌던 것을 감안해 '0.5기 신도시'라고 부르기도 합니다. 상계동은 목동신시가지와 함께 개발되었지만, 목적과 성격은 다소 다릅니다. 목동신시가지가 애초부터 중산층을 대상으로 중형 및 대형 평형 공급을 염두에 두었다면, 상계동 및 중계동 일대는 중소형 평형의 아파트를 주로 공급했습니다. 앞에서 말씀드린 방법대로 '호갱노노' 웹 사이트에서 이 일대의 용적률을 살펴보면 대부분이 200% 전후로 일반 아파트 단지치고는 용적률이 상당히 높은 편이라는 걸 확인할 수 있습니다.

이러한 이유로 10층 이상의 중층 아파트를 재건축하는 추세가 되었을 때 상계동 일대는 그 수혜를 누리기가 비교적 어려울 것이라는 예측이 많았습니다. 한편, '상계주공5단지'의 경우는 다른 주공아파트 단지들과 달리 5층 이하의 단지로 재건축 시 사업성이 높을 것이라고 이야기되던 곳입니다.

그림 3-6 상계동 주공아파트 단지들의 용적률

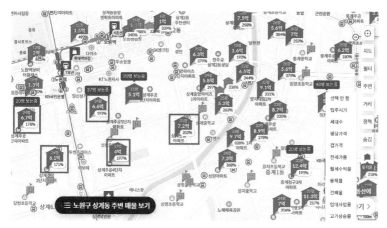

자료: 호갱노노

'상계주공5단지'의 현재 용적률은 93%인데 종상향을 받아 299%까지 용적률을 높일 수 있었습니다. 종상향을 통해 200%가 넘는 용적률이 되었으니 사업성이 굉장히 훌륭한 단지라고 생각됩니다. 실제로 '반포 디에이치클래스트'로 재건축이 진행 중인 반포주공1단지 1·2·4주구는 5층 이하 저층 단지였기 때문에 재건축을 진행했을 때 대형 평수 혹은 1+1을 분담금 없이 받았습니다. 그렇다면 이렇게 사업성이 좋음에도 불구하고 상계주공5단지는 왜 5억 원에 달하는 조합원 분담금이 나왔을까요? 바로 1세대당 보유한 대지지분이 낮았기 때문입니다.

대지지분을 확인하기에 편리한 웹 사이트는 '아실'입니다. '아실' 웹 사이트에 들어가 왼쪽 상단의 파란색 박스를 클릭하면 몇 가지

그림 3-7 상계주공5단지 대지지분

자료: 아실

정보들을 확인할 수 있는데, 이 중 '대지지분'을 클릭하면 지도상에 각 단지들의 대지지분이 표시됩니다. 또한 각 단지별 대지지분이 빨간색 원의 크기를 통해 직관적으로 파악할 수 있는 것도 특징입니다.

'아실'이 제공하는 정보에 따르면 상계주공5단지의 대지지분은 12.2평입니다. 용적률은 낮지만 소형 평수(공급면적 37.38㎡, 전용면적 31.98㎡) 중심에 단지 내 세대수(840세대)가 많다 보니 각 세대의 대지지분이 많이 쪼개진 것이죠. 비슷한 시기에 지어진 목동신시가지 단지들의 대지지분과 비교하면 그 격차가 더 분명합니다. 목동신시가지 단지들의 대지지분은 20평대입니다. 목동신시가지 5단지의 경우에는 29평으로 상계주공5단지의 거의 2배가 넘습니다. 대지지분이 낮은 것은 비단 상계주공5단지의 일만은 아닙니다. 노원구의 많은

그림 3-8 목동신시가지 아파트들의 대지지분

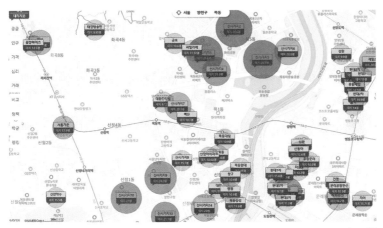

자료: 아실

아파트 단지들은 대지지분이 12평 이하입니다.

그렇기 때문에 이 지역의 재건축 사업성이 없다는 말이 많이 나오는 것이지요. 현실적으로 대지지분 12평 이하는 1:1 재건축 혹은 다운사이징 재건축이 아닌 한 정부의 용적률 인센티브가 없으면 재건축이 불가능하다고 봐야 합니다. 「노후계획도시 정비 및 지원에 관한 특별법」 등을 통해 용적률 인센티브가 필요하다는 이야기는 이런 맥락에서 나오는 주장들입니다.

이쯤에서 대지지분의 기준을 잡고 가면 좋을 텐데요. 보통 기준이 되는 대지지분은 12평입니다. 신축 아파트 건축 시 통상적인 대지지분이 12평 정도이기 때문입니다. 즉, 평균 대지지분이 12평일 경우 전 세대를 국민평형인 33평으로 재건축할 경우 일반 분양 세대는 없다는 결론이 나옵니다. 대지지분 12평을 기준으로 삼으라는 말의 의미는 대지지분 12평 이상은 사업성이 있다가 아니라 대지지분 12평 이상부터가 일반 분양 세대수가 나온다는 것입니다. 대지지분이 12평 전후인 단지들은 25평 중심의 소형 평형으로 재건축하지 않는 한, 일반 분양 세대가 나올 수가 없습니다. 이를 직관적으로 확인할 수 있는 자료가 '상계주공5단지' 건축심의 내용입니다.

서울시의 「상계주공5단지 등 건축심의 통과… 총1,696세대 공급」보도자료에 따르면 '상계주공5단지'는 재건축 이후 966세대로 건립되는데, 이때 공공 물량이 156세대고, 분양이 840세대입니다. 그런데 종전 세대수가 840대였으니 일반 분양 없이 모두 조합원 분양으로 정리가 됩니다. 여기서 임대주택 분양 수입의 경우에는 LH, SH에서 인수가격을 건축 원가도 인정해주지 않기 때문에 이 또한 비용이나 마찬가지입니다.* 사실상 1:1 재건축으로 진행되는 셈이니 조합원들의 분담금이 커질 수밖에 없는 구조입니다. 종전 조합원들의 원룸형 아파트를 33평으로 늘리는 데 용적률 대부분이 사용되었기 때문에 일반 분양 세대를 만들기가 어려운 것이지요.

---

* 물론 해당 임대주택이 그냥 지어진 게 아니라 종상향에 따른 용적률 인센티브를 받았기 때문에 부여된 것이다. 즉, 임대주택도 기부채납으로 인식하면 되는 것으로 임대주택 매각 수입은 기대할 게 없고 오히려 마이너스다. 최근 국토교통부에서 기본형 건축비의 80%로 인정해주겠다고 했지만, 공용면적으로만 매입비용을 계산해 지하주차장 공사비는 빼는 등으로 여전히 임대주택 매입비용은 원가도 되지 않는다.

📍 대지지분, 단지 구성도 중요하다

대지지분을 파악할 때는 어느 타입인지도 살펴볼 필요가 있습니다. '아실'에서 확인한 대지지분은 평균 대지지분입니다. 즉, 평균 대지지분이 높게 나오더라도 해당 단지를 구성하는 타입이 다양할 경우 어느 타입인지에 따라 대지지분이 다릅니다. 2024년 11월 27일, 국토교통부에서 1기 신도시 재건축 선도지구를 발표했습니다. 이제 사람들은 사업이 잘 추진될 수 있는지 분담금 여부에 주목하고 있는데요. 분당의 경우 '아실'에서 대지지분을 살펴보면 앞서 살펴본 목동신시가지만큼이나 대지지분이 20평대 전후로 높은 편입니다. 옆 동네인 판교의 집값도 높은 편이고, 일반 분양도 잘될 수 있는 지역이므로 대지지분 20평대면 사업성이 꽤 좋다고 볼 수 있습니다.

하지만 이 수치만 두고 분당 지역의 재건축 사업은 사업성이 무조건 좋다고 단언하기는 어렵습니다. 분당에서 1기 신도시 선도지구로 선정된 수내역 앞 '양지마을'을 보면 대체로 대지지분이 높다는 것을 확인할 수 있습니다. 그런데 '양지5단지 한양' 아파트의 경우는 이야기가 좀 다릅니다. 단지 내 타입별 면적 정보는 '네이버 부동산'의 '단지 정보' 및 '단지 내 면적별 정보'를 참조하는 게 좋습니다. 단지별 타입과 각 면적별 평면도가 상세하게 올라와 있기 때문입니다.

평균 대지지분만 놓고 보면 '양지5단지 한양' 아파트는 평균 대지지분이 약 15평으로 좋다고 하기는 어렵지만 입지가 좋은 만큼 나쁘지는 않은 수치입니다. 하지만 여기에는 함정이 있습니다. 원룸, 투룸

그림 3-9 분당 아파트 단지들의 대지지분

자료: 아실

그림 3-10 양지5단지 정보

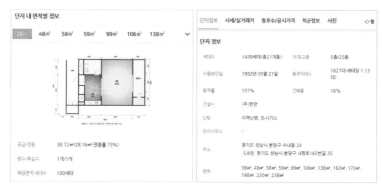

자료: 네이버 부동산

의 소형 면적 세대수가 많다는 사실입니다. 단지 내 면적별 정보를 살펴보면, 전용면적 $38m^2$부터 $238m^2$까지의 다양한 평형으로 단지가 구성된 것을 알 수 있습니다. 이처럼 다양한 타입의 세대가 합쳐져 15평이라는 평균 대지지분이 만들어진 것입니다.

문제는 재건축을 시행했을 때 평형이 작은 세대들도 중대형 평형을 신청한다는 점입니다. 원룸, 투룸 세대여도 재건축 이후에는 33평, 못해도 25평(전용면적 59㎡)을 원하는 것이죠. 앞서 언급했던 '상계주공5단지'도 재건축 신축을 59㎡로 구성했다면 일반 분양 세대수가 조금 나왔겠지만, 모두 84㎡를 원했다 보니 용적률을 300%까지 올렸음에도 (종상향에 따른 기부채납용 공공분양 물량을 제외하면) 일반 분양 세대수가 0세대일 수밖에 없었습니다. 요컨대 대지지분이 낮았던 소유주들이 중대형 평형을 신청하면서 용적률을 모두 소진할 수 있다는 것입니다.

따라서 재건축 단지를 찾을 때는 용적률, 평균 대지지분만 볼 것이 아니라 단지 구성도 면밀히 살펴서 소형 평형보다는 중대형 평형 중심인 단지를 찾는 것이 좋습니다. 가령, 단지를 구성하는 평형 중 33평이 가장 작은 평형인 경우, 재건축 시 더 큰 평수로 이동하기보다는 동일 평형을 유지할 가능성이 큽니다. 또한, 대형 평수에 거주하는 사람들 중 분담금이 부담스럽거나 넓은 집이 필요치 않은 경우에는 오히려 평수를 줄이는 선택을 할 가능성도 있습니다. 이러한 단지들은 남는 대지지분을 자연스럽게 일반 분양 세대수로 돌릴 수 있으므로 사업성이 한층 더 높아지는 것이죠.

♀ 정비사업 사업성의 핵심은 일반 분양 세대수다

지금까지 정비사업의 사업성을 판단하는 중요한 기준인 용적률과 대지지분의 개념을 자세히 살펴봤습니다. '상계주공5단지'의 사례에서도 살펴봤지만, 결국 정비사업 사업성의 핵심은 일반 분양에서 판가름이 납니다. 일반 분양 세대수를 많이 뽑을 수 있을수록 조합원들의 분담금 부담이 줄어들고 사업성이 확보됩니다. 대개의 정비사업의 경우 일반 분양을 늘리려는 경향이 크고, 정부도 공급 측면에서 그쪽을 유도하는 편입니다. 재건축 시행 시 임대주택 건립이 의무사항은 아니지만, 용적률 인센티브를 주는 정책을 통해 민간에서 임대주택을 만들도록 유도하기도 합니다.

사업성, 입지, 조합원들의 분담금 납부 능력 중 한 가지라도 충족이 된다면 정비사업은 가능합니다. 입지가 어디냐에 따라 일반 분양가를 높게 책정할 수 있는 곳도 있고, 그렇지 못하는 곳도 있습니다. 또한 인근 시세가 얼마인지에 따라 분담금이 설령 5억 원 이상이 된다고 해도 고급화 전략으로 짓는 게 좋다고 판단하는 단지가 있는 반면, 분담금이 3억 원만 되어도 그 돈으로 인근 신축을 사겠다고 하는 단지도 있을 것입니다.

일반 분양 세대수가 많아진다는 것은 일장일단이 존재합니다. 분담금이 낮아지고 사업성이 좋아지는 분명한 장점이 있는 만큼 재건축 단지의 각 세대 대지지분이 낮아지고 전체 세대수가 증가하는 만큼 주거환경의 쾌적성이 다소 떨어질 가능성도 있습니다. 따라서 조합원들이 분담금을 감당할 여력이 있고, 이에 대해 통일된 목소리를 낼 수만 있다면 1:1 재건축도 향후 재건축된 아파트의 미래 가치를 생각했을 때 무조건 나쁘다고만 할 수는 없는 것입니다. 많은 사람이 정비사업에 대한 종합적인 이해 없이 무조건 '어느 단지의 사업성이 좋다, 나쁘다', '분담금이 높다, 낮다'라고 단언하곤 합니다. 하지만 정답은 없습니다. 분담금을 적게 들이는 게 일견 좋아 보일 수도 있긴 하지만, 일정 수준의 분담금을 감당하더라도 고급화 노선을 가는 것이 미래 가치 측면에서는 더 나은 선택일 수도 있습니다.

정비사업 투자 시,
한 번 더 따져볼 정보들

이번에는 한층 더 깊이 따져보면 좋은 정보들을 정리했습니다. 하나는 용적률 인센티브에 대한 것이고, 다른 하나는 사업 해제 리스크에 대한 내용입니다. 앞서 정비사업 사업성을 판단하는 기초 중의 기초는 용적률 확인이라고 이야기했습니다. 우리는 통상 '용적률이 높으면 좋다'라고만 생각합니다. 그렇다 보니 재건축 현장의 경우 용적률을 최대한 높게 받기 위해 노력합니다. 같은 맥락에서 용적률을 높여주는 종상향을 무조건 좋은 것이라고 보는 경향이 있습니다. 종상향과 용적률 상향에 대해 이해하려면 용적률 체계에 대해 알아야 합니다.

그림 3-11 용적률 체계

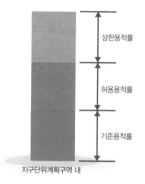

상한용적률

허용용적률

기준용적률

지구단위계획구역 내

- **기준용적률**: 입지적 여건을 고려하여 용도지역 용적률 범위 이내에서 별도로 정하는 용적률.
- **상한용적률**: 공공시설 등을 설치하거나 부지로 제공하는 경우 또는 지구단위계획을 통해 추가로 부여되는 용적률.
- **허용용적률**: 해당 지구단위계획에서 정한 사항을 이행했을 때 제공되는 용적률.

도시계획에는 용적률의 3종 체계가 나옵니다. 바로 기준용적률, 허용용적률, 상한용적률입니다. 기준용적률은 전면도로의 폭, 경관, 그 밖의 기반시설 등 입지적 여건을 고려해서 블록별, 필지별로 별도로 정한 용적률입니다. 허용용적률은 지구단위계획 인센티브를 이행할 시 더해주는 용적률과 기준용적률을 합산한 용적률의 범위 안에서 별도로 정한 용적률입니다. 쉽게 말해 건축주가 행정 관리청의 계획지침을 준수하거나 정비사업 과정에서 공익에 기여하는 경우에 인센티브를 주는 것입니다. 허용용적률의 경우 요건을 맞춰야 하지만 상대적으로 쉽게 채울 수 있는 용적률입니다.

문제는 상한용적률입니다. 상한용적률은 건축주가 대지면적의 일부를 도로, 공원 등 공공시설로 제공하는 경우나 공공시설 확보를 위해서 공동 개발을 지정하는 경우에 추가로 부여되는 용적률로 기준 용적률 또는 허용용적률과 합산한 용적률의 범위 안에서 별도로 정한 용적률입니다. 상한용적률을 받기 위해서는 기부채납 및 임대주택 건립 등 건축주에게 부가되는 사항이 많아집니다. 기부채납을 하더라도 용적률 인센티브를 받았으니까 좋아지는 게 아니냐고 말합니다만 깊게 따져 들어가면 실상은 다릅니다.

📍 용적률은 공짜가 아니다

저는 용적률은 공짜가 아니라고 말합니다. 시에서 용적률 인센티브를 주는 만큼 조합은 기부채납을 해야 하는데, 문제는 이 용적률은 '종전 대지면적 × 용적률'이 아니라 '기부채납 후 감소한 대지면적 × 용적률'이라는 점입니다.

가령 대지 100평에 용적률이 200%인 건축물이 있다고 해보겠습니다. 연면적은 200평인 것이죠. 제3종 일반주거지역의 서울시 조례상 용적률은 250%, 상한선은 300%입니다. 300%까지 올리려면 10%의 땅을 기부채납해야 합니다. 10%의 땅이라고 하면 큰 부담이 아닌 것 같습니다. 10%를 내주어도 50%의 용적률을 추가 확보했기 때문이죠. 그런데 연면적을 계산해보니 270평밖에 안 나왔습니다. 50%의 용적률이 증가한 줄 알았지만, 분모값인 대지면적이 90평으

그림 3-12 기부채납으로 인한 실질용적률 변화

전	후	
	10% 기부채납	20% 기부채납
100평	10% 90평	20% 90평
100평 × 200% = 200평	90평 × 300% = 270평	80평 × 300% = 240평
	90평 × 500% = 450평	80평 × 500% = 400평

로 감소했기 때문입니다. 결과론적으로 250%으로만 건축했으면 기부
채납이 없었을 텐데, 10%의 땅을 내놓고 연면적 20%만 얻었습니다.

또 다른 예시로, 준주거지역으로 종상향을 해줘서 용적률이 500%
로 증가했다고 가정하겠습니다. 종전 용적률이 200%였는데, 사업성
이 획기적으로 개선되니 조합원들은 환급금을 받을 거라고 희망합니
다. 그런데 막상 사업을 진행하다 보니 생각보다 분담금이 많이 부과
되었습니다. 실상은 종상향으로 기부채납을 20%를 요구했고, 실질
적인 연면적은 200평만 증가한 것입니다. 그래도 연면적이 늘긴 늘
었으니 분담금이 줄어든 것은 사실이지만 생각보다 이익은 아닌 것
이죠.

핵심은 기부채납 이후의 남은 대지면적을 기준으로 용적률을 계
산한다는 것입니다. 그래서 명목용적률과 실질용적률의 비교를 보
면 명목용적률 자체는 기하급수적으로 증가해도, 실질용적률은 산술
급수적으로 증가합니다. 서울시(지자체) 입장에서는 원래 사적이익을

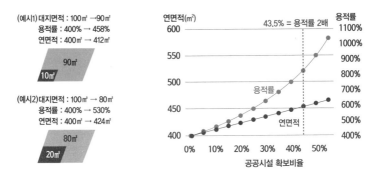

그림 3-13 기부채납으로 인한 실질용적률 변화

산식 = 기준 또는 허용용적률
X(1 + 1.3 X 가중치 X α토지 + 0.7 X 가중치 X α건축물 · 현금)

- 기부채납을 많이 할수록 용적률은 증가하나 대지면적은 감소 → 연면적은 소폭 증가

(예시1) 대지면적 : 100㎡ →90㎡
용적률 : 400% → 458%
연면적 : 400㎡ → 412㎡

90㎡
10㎡

(예시2) 대지면적 : 100㎡ → 80㎡
용적률 : 400% → 530%
연면적 : 400㎡ → 424㎡

80㎡
20㎡

강하게 줄 수 없고 공공기여를 받다 보니 이러한 맹점을 굳이 알릴 필요가 없습니다.

예를 들어, 용적률 인센티브를 추가로 받아서 100세대가 증가했다고 가정해보겠습니다. 일반 분양 50세대가 증가하고 임대주택 50세대(정확하게는 동일한 전용면적만큼의 임대주택 수이니 소형으로 만들었다면 100세대)가 증가했습니다. 평당 공사비 점점 더 오를 테니 33평 한 세대의 건축원가는 5~6억 원으로 잡아야 합니다. 일반 분양을 10억 원에 한다면 분양 수입은 5억 원씩 잡아서 50억 원입니다. 문제는 임대주택은 원가 인정이 안 된다는 것입니다. 종전 표준건축비에서 기본형건축비의 80%로 잡아준다고 했지만, 임대주택은 공급면적 기준으로 하다 보니 지하주차장 공사비는 포함이 안 됩니다. 결과론적으로 임대주택은 원가 대비 매입가를 인정해주지 않아 한 채당 1~2억의 손실이 납니다. 최종적으로 가감을 한 결과 30억의 추가 수입을 얻게 되었습니다. 조합원이 1,000명이었으니 한 사람당 300만 원의 이익이 돌아가겠네요. 이것도 공사 도중에 공사비가 증가하면 일반 분양 이익은 더 감소, 임대주택 손실은 더 증가합니다.

극단적인 사례라고 생각할 수 있겠지만, 현실이 그렇습니다. 용적률 인센티브가 실질적으로 얼마나 큰 이득이 있는지 계산해보면 별로 크지 않습니다. 말 그대로 '땅의 가치'와 '건물의 가치'를 생각해보면 답이 나옵니다. 땅은 영원하지만 건물은 시간에 따라서 감가상각이 되는 사항이기 때문에 땅의 가치가 더 높죠. 특히 서울, 서울에서도 중심지 땅일수록 땅의 가치는 평당 몇천만 원에서 몇억 원씩입니다. 땅을 제공하면서 건물을 얻는다는 것은 수지타산에 맞지 않는 것이죠.

이게 바로 상한용적률의 함정입니다. 단순히 허용용적률 선에서만 건축하는 것이 나을 수도 있지만, 일반적으로는 세대수가 많고, 용적률이 높은 게 무조건 좋다고 인식하니 함정에 빠져버립니다. 서울시는 기부채납과 임대주택을 많이 받아서 좋고, 시공사도 조합에서 놓친 용적률을 찾아왔다면서 알려줍니다. 시공사 측에서는 임대주택을 짓든 뭘 짓든 전체 연면적이 증가하면 도급공사비가 증가하기 때문에 좋아합니다. 결국 이를 통제해야 하는 게 조합장인데, 일반적으로 정비사업 조합장은 투표로 당선되는 경우가 많아서 전문성이 없습니다. 잘 아는 조합장이더라도 기부채납에 따른 실질용적률이 어떻게 변화하고, 이에 따라 분담금이 구체적으로 얼마나 줄어

그림 3-14 송파파크하비오푸르지오 투시도

자료: 파크하비오

드는지 이해시키기도 어렵습니다.

그래도 용적률 인센티브를 받으면 분담금이 줄어드는 것은 사실입니다. 그러면 분담금이 줄어드니 조금이라도 더 인센티브를 받는 게 중요할까요? 이를 단적으로 볼 수 있는 단지가 바로 '송파파크하비오푸르지오'입니다. 이 단지의 용적률이 무려 600%입니다. 여기에 높이 규제까지 있는 상황에서 시행사는 용적률을 최대한 다 뽑고자 설계하니 뚱뚱한 모양새가 되어서 닭장 같습니다.* 아무리 사업성이 중요하다고 해도 저런 단지가 얼마나 가치 있을까요? 집값이야 오르긴 하겠지만, 고품격 단지와는 거리가 멀다고 다들 느낄 것입니다. 이것도 용적률을 그냥 주면 모르겠는데, 기부채납과 임대주택을

---

* "숨이 턱 막히는 용적률 600%" 송파 15억짜리 K-닭장아파트, 땅집고, 2024년 1월 4일.

수반하면서까지 용적률이 높아지는 게 좋은지는 진지하게 잘 생각해봐야 합니다.

지역 사례로 들어가 보면 여의도 재건축이 있습니다. 2023년 4월 서울시는 「여의도 아파트지구 지구단위계획안」을 발표했습니다. 언론에서는 일제히 '여의도 재건축 70층까지도 건축 가능', '여의도 일반상업지역 종상향, 용적률 800%'라는 제목으로 기사를 보도했습니다. 실제로 여의도의 용도지역을 보게 되면 이번 지구단위계획안으로 원래 일반상업지역이었던 서울, 공작, 수정을 제외하고는 모두 종상향이 되었습니다. '장미', '화랑', '대교', '시범' 아파트는 제3종 일반주거지역에서 준주거지역으로 종상향이 되었습니다. '목화', '삼부', '한양', '삼익', '은하', '진주', '미성', '광장' 아파트는 제3종 일반주거지역에서 일반상업지역으로 무려 2종이 상향되었습니다. 다들 여의도를 부러워했고, 종상향 이슈에 일제히 여의도 아파트 가격이 상승했습니다. 그런데 '여의도 시범' 아파트는 신속통합기획으로 빠른 사업을 기대했지만, 기부채납시설 갈등으로 장시간 지연이 되고 있습니다. 다른 여의도 재건축 단지들도 기부채납이 너무 많다면서 서울시와 갈등을 겪고 있습니다. 이유가 무엇일까요?

〈도시관리계획(여의도아파트지구 지구단위계획구역 지정 및 지구단위계획) 결정 및 지형도면 고시)〉˙을 살펴보면 그 해답을 알 수 있습니다. 가장 극단적으로 대비되는 '여의도 삼부' 아파트를 보면 종전의 제3종

＊　고시번호 서울특별시 제2024-66호, 13~14쪽 참조.

일반주거지역을 일반상업지역으로 종상향을 해주어서 최대 800%의 용적률을 받을 수 있습니다. 하지만 이는 말 그대로 '영혼까지 끌어모아야만' 받을 수 있는 숫자고, 진실은 기준용적률 230%, 허용용적률 350%였습니다. 주민들은 다 용적률 800%로 건축이 가능한 줄 알았지만, 해당 용적률은 막대한 기부채납과 함께 진행된다는 것입니다. '삼부' 아파트는 이미 선형으로 일반상업지역의 동들도 존재하는데, 일반상업지역은 기준용적률 400%, 허용용적률 420%, 상한용적률 800%로 되어있습니다. 여담이지만 '삼부' 아파트 내에서도 원래 일반상업지역인 동 소유주와 제3종 일반주거지역인 동 소유주간에 독립정산제를 요구하는 등 평가 방식에 대한 갈등도 존재합니다.

즉, 종상향을 공짜로 해주는 것이 아니라는 뜻입니다. '제3종 일반주거지역 용적률에서 일반상업지역 용적률로 올라가고 싶으면 그만큼 시에 기부채납을 해라'라는 것이죠. 서울시는 도시계획위원회를 통해 기부채납시설로 노인 데이케어 센터 건립을 심의 조건으로 제시했는데, 조합원들이 이에 반발하면서 갈등을 빚었습니다. 기부채납은 정비사업에서 공공성을 확보하려는 지자체와 사업성 저하를 저지하려는 조합 사이의 갈등 문제 정도로만 여겨졌었는데, 최근에는 공사비가 치솟으면서 정비사업 사업성이 타격을 받음에 따라 기부채납으로 인한 사업 난항이 큰 문제로 떠올랐습니다.

1기 신도시 재건축 사업도 종상향과 기부채납 문제에서 자유롭지 않습니다. 1기 신도시 재정비사업은 '1기 신도시 특별법'이라고도 불리는 「노후계획도시정비 특별법」에 근거해 진행됩니다. 이 법은

그림 3-15 노후계획도시 정비 및 지원에 관한 특별법

자료: 도시정비산업과

기본적으로 택지개발을 통해 인프라가 조성된 노후 신도시에 적용되는 법률로 용적률 인센티브를 적용해 세대수가 증가할 경우 기반시설이 부족해질 것이라는 우려가 초기부터 있었습니다. 이와 관련해 정부에서 발표한 자료를 살펴보면 부족한 기반시설을 기부채납 받은 땅으로 확충하려는 구상이 엿보입니다. 지금은 1기 신도시 아파트 단지들이 너도나도 선도지구 지정에 사활을 거는 상황이지만, 막상 선도지구 지정이 '독이 든 성배'가 될 확률도 없지 않다고 봅니다. 정부가 기부채납을 적당히 해야 하는데 그렇지 않을 경우, 용적률 인센티브로 사업성을 생각만큼 확보하는 게 쉽지 않을 것이라는 말입니다.

현재 서울의 많은 재개발·재건축 단지들을 보면 분담금이 3~4억 원씩 납부하고 있는데, 지금은 4~5억 원이 기본이라고 여겨지는 분위기고, 5억 원 넘게 납부하는 조합도 많이 등장하고 있습니다. 이러한 현실을 인지한 상태에서 처음부터 조합원들에게 현실적으로 잘 고지가 된다면 모르겠지만, 청사진만 그렸다가 막상 관리처분인가 시점에 견적서가 부과되었을 때 커다란 분담금 규모를 듣고 혼란이 발생할 수도 있습니다. 즉, 용적률은 숫자일 뿐이고 상한용적률까지 받기 위해서는 그만큼의 기부채납이 필요하다는 사실을 명확하게 인지할 필요가 있습니다.

◉ 조합원 분담금 5억 시대가 열린다

정비사업에 투자할 때는 분담금에 대한 부담에 대해서도 인지하고 시작할 필요가 있습니다. 앞에서도 짧게 언급했지만 저는 이제 "분담금 5억 원 시대가 열린다"라고 곧잘 이야기합니다. 이에 대해 말하기 위해서는 아파트 면적에 대한 개념들을 짚고 넘어가야 하는데요. 〈그림 3-16〉은 각종 아파트 면적을 구하는 요령을 국토교통부에서 보기 좋게 정리한 이미지입니다.

기본적으로 주택면적의 종류는 크게 세 가지입니다. 바로 전용면적, 공급면적, 계약면적입니다. 전용면적은 말 그대로 주택 내 실평

그림 3-16 각종 아파트 면적 산출법

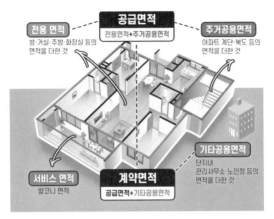

자료: 국토교통부

수를 의미합니다. 현관문을 열고 들어왔을 때 내 집의 면적입니다. 공급면적은 전용면적과 주거공용면적을 합산한 면적으로 아파트 한 동을 구성하는 면적입니다. 여기에는 계단, 복도, 엘리베이터 공간 등의 면적이 포함됩니다. 계약면적은 공급면적과 기타공용면적을 합산한 면적으로 아파트 한 단지를 구성하는 면적입니다. 여기에는 지하주차장, 단지 내 커뮤니티, 지상공원 등의 면적이 포함됩니다. 우리가 흔히 주택면적을 이야기할 때는 전용면적을 기준으로 말하게 되어 있습니다.

1장에서 공사비 평당 천만 원 시대가 온다고 말했는데요. 이를 전제했을 때 국민주택규모(전용면적 85㎡), 즉 흔히 84타입이라고 부르는 33평 아파트의 공사 원가는 얼마일까요? 대다수는 3억 3천만 원이라고 계산합니다. 평당 1천만 원이라고 했으니 곱하기 33을 한 것이지요. 하지만 이는 틀린 계산입니다. 여기서 말하는 33평은 공급면적 기준입니다. 하지만 아파트 공사비를 산정할 때는 한 동의 비용만 계산하는 것이 아니라 단지 전체를 짓는 데 들어가는 비용을 모두 더해야 합니다. 즉, 계약면적 기준으로 셈을 해야 합니다.

둔촌주공 재건축 사업인 '올림픽파크포레온' 입주자 모집 공고문을 살펴보면 주택면적의 종류에 따라 숫자가 다르다는 것을 볼 수 있습니다. 이 경우 전용면적은 $84m^2$(25평), 공급면적은 $112m^2$(33평), 계약면적은 $193m^2$(58평)입니다. 물론 둔촌주공아파트 재건축 공사비가 평당 1천만 원이 들어갔다는 말은 아닙니다. 하지만 만약 평당 1천만 원이라고 가정한다면 33평의 공사비 원가는 5억 8천만 원이라는 결과가 나옵니다.

또 다른 예로 '20억 로또 청약'으로 이슈가 되었던 신반포15차 아파트 재건축 사업인 '래미안원펜타스' 입주자 모집 공고문도 살펴보길 바랍니다. 이 경우 전용면적은 $84m^2$(25평), 공급면적은 $112m^2$(33평), 계약면적은 $212m^2$(64평)입니다. 전용면적과 공급면적은 둔촌주공아파트 재건축과 동일하지만 계약면적이 다릅니다. 계약면적이 넓을수록 고급단지라고 할 수 있습니다. 실평수가 비슷하다고 해도 지하주차장 면적이 더 넓거나 커뮤니티 규모가 더 크다는 뜻이기 때문입니다. 종종 하이엔드 브랜드지만 막상 주차대수나 커뮤니티는 생각보다 별로인 단지도 있습니다. 계약면적을 통한 비교를 해보는 것도 방법입니다. 즉, 단지마다 계약면적의 차이는 있겠지만 33평 공사비는 3억 3천만 원이 아니라는 것입니다.

그림 3-17 아파트 평당 공사비(33평)

(단위: 원)   ※ 계약면적 50평 기준

평단가	공사비
600만	3억
800만	4억
1,000만	5억
1,200만	6억

평당 300~500만 원이던 공사비가 이제는 800~900만 원입니다. 벌써 2~3배가 뛰었고, '평당 천만 원이 된다'라고 해도 별로 대수롭지 않게 생각합니다. 공사비가 아무리 올랐다고 해도, 막연하게 "큰일이네, 분담금 오르겠다" 정도지 구체적으로 얼마나 변할지 모르기 때문입니다. 그래서 이를 우리가 아는 숫자로 변환해야 구체적으로 알 수 있습니다.

〈그림 3-17〉을 보면 평당가에 따른 33평 아파트 공사비입니다. 계약면적은 계산의 편의를 위하여 50평으로 가정하겠습니다. 평당 공사비가 600만 원일 때는 공사원가가 3억 원, 800만 원일 때는 4억 원, 1천만 원일 때는 5억 원입니다. 이렇게 수치화해서 보면 평당 공사비가 200만 원씩 증가할 때마다 33평 원가가 1억 원씩 뛴다는 것을 알 수 있습니다. 평당 300만 원에서 900만 원으로 올랐다고 가정하면 분담금 3억 원이 더 추가되는 것입니다.

결국 33평의 공사비는 5억 원이 됩니다. 여기서도 실계약면적은 50평이 아니라 더 넓습니다. 보통 50평 중반이고, 많으면 60평도 넘

어갑니다. 정확하게는 시공 계약 시 평당가는 전체 연면적 기준으로 하고 상가 등 부대시설을 제외한 것이 계약면적입니다. 즉, 시공 연면적이 계약면적보다 넓은 건데요. 그렇다고 이를 고려해서 33평의 연면적은 몇 평이라고 말하기에는 상가 분양 수입도 있다 보니 계산이 복잡해집니다. 그래서 33평 공사비는 계약면적을 기준으로 가정해도 크게 문제가 되지는 않습니다만, 시공 계약 시 연면적은 계약면적보다 좀 더 넓다 정도로 알아두면 좋습니다. 그런 부분까지 종합적으로 고려 시 평당 천만 원 시대가 오면 33평의 실질 공사비는 5~6억 원이 되겠네요.

그래서 제가 자주 말하는 문장이 바로 "분담금 5억 원 시대가 온다"입니다. 이 분담금을 감당하지 못하는 조합원이 많은 단지는 사업이 표류할 가능성이 큽니다. 이미 진행 중인 수많은 재개발, 재건축 조합들을 보면 분담금이 벌써 5억 원씩 부과되는 곳들이 늘어나고 있습니다. 과거에는 통상 분담금이 4억 원을 넘기면 사업성이 낮다고 이야기했는데, 지금은 기본이 4~5억 원입니다. 분담금이 10억 원까지 가는 조합들도 등장하고 있음을 인지해야 합니다.

⦿ 가장 쉬운 분담금 확인법

저는 그간의 언론사 강연 및 방송 영상에서 사업성을 확인할 방법을 안내했습니다. 기본적으로 용적률 확인에서부터 대지지분까지 말이죠. 그래도 누군가는 여기 사업성 좋다고 하고, 누구는 나쁘다고 말하는 의견이 엇갈리는 경우가 많습니다. 내가 보유한 정비사업 조합에서 분담금이 나온다면 얼마나 나올지, 조합에서 분담금 없고 환급이 나온다고 말한다면 정말 사실인지를 확인할 수 있는 가장 쉬운 방법을 알려드리겠습니다.

일반 분양 총수입 = 공사비 총액

결국 해당 공사비는 분양 수입으로 줄 수밖에 없습니다. 그런데 여기서 말하는 분양 수입은 조합원 분양과 일반 분양으로 나눠지게 되는 것이죠. 결론적으로 일반 분양으로 부족한 금액이 발생하면 조합원들이 부담할 수밖에 없고 이게 바로 분담금입니다. 결국 조합에서 분담금이 없다고 주장한다면 일반 분양 총수입이 공사비를 모두 충당할 만큼이 되는지를 보면 됩니다.

사례 1

A 정비사업 조합은 총 1,300세대를 건축하는 사업으로 총공사비 7천억 원을 예상했습니다. 해당 조합은 종전 세대수 800세대에서 종상향을 통해 500세대나 증가했기 때문에 사업성이 높고 환급이 예상된다고 설명하고 있습니다. 사실일까요?

우선 핵심은 일반 분양 세대수입니다. 몇 세대가 늘어났는지보다 조합원 분양분을 제외하고 임대주택을 제외한 일반 분양 수입을 봐야 하는 것이죠. 조합에서는 아직 일반 분양 세대수는 확정이 아니라면서 알려주지 않는 경우가 있습니다. 그러면 임대주택 수라도 알려달라고 했을 때 200세대라고 답이 왔습니다. 조합원 800명 중에서 1+1을 신청할 사람도 있을 것이고 현금청산자도 있을 것이지만 800세대 모두 조합원 분양으로 가정해보겠습니다. 500세대가 증가했지만, 임대주택 200세대를 제외하니 300세대가 일반 분양분입니다. 총공사비가 7천억 원이니 환급은 둘째치고 분담금이 안 나오려면 1세대당 23억 3천만 원에 분양해야 합니다.

일단 여기서 탈락인 곳들이 수두룩할 것입니다만, 다행히도 A 정비사업 조합은 강남에 위치해서 분양가만 뜨면 23억 원에 완판할 구역이라고 해보겠습니다. 문제는 해당 일반 분양이 모두 33평으로 나온다면 23억 원에 완판이 가능하겠지만, 25평에는 해당 분양가로 어림없을 것 같습니다.* 건축심의 내용을 살펴보니 그래도 고급화를 지향해서 25평 이하 비율이 35%입니다.** 그러나 조합원들은 다들 최소 33평 이상을 원하다 보니, 일반 분양의 상당수는 25평 매물이 될 것으로 보입니다. 그러면 어떻게 계산해도 공사비 7천억 원을 일

---

* 신반포15차 래미안원펜타스의 일반 분양가가 33평 23억 원, 25평 17억 원이었다.
** 신반포3차·경남아파트 재건축 '래미안원베일리'의 평형별 비율 25평 이하 25%, 30평대 42%, 40평 이상 33%다. 둔촌주공 재건축 '올림픽파크포레온'의 평형별 비율 25평 이하 43%, 30평대 43%, 40평 이상 14%다.

반 분양으로 충당할 수 없는 결론이 나옵니다.

사례 2

B 정비사업 조합이 있습니다. 해당 조합의 공사비는 5천억 원, 일반 분양 세대수는 500세대입니다. 한 세대당 10억 원 이상으로 분양하면 되는데 마포·성동은 33평을 17억 원에도 완판하고 25평도 14억 원에 분양하다 보니 입지가 좋다면 환급을 받을 것 같습니다. 사실일까요?

조합에 시공사 선정 시 평당 공사비를 몇으로 잡았는지 보니까 600만 원에 계약이 되어 있습니다. 현실적으로 착공까지는 앞으로도 빨라야 4~5년 뒤로 보이는데요. 아무리 조합이 종전 계약 금액을 들면서 잘 방어해도 결국엔 평당 800만~1천만 원까지 예상해야 할 것 같습니다. 대략 지금 공사비보다 35~70%는 더 잡아야 하니 5천억 원이 아니라 6,750~8,500억 원으로 껑충 뛰어버립니다. 환급은커녕 분담금이 나올 것 같지만, 일반 분양만 잘하면 가능성이 있어 보입니다. 그러나 강북도 강북 나름이라 12억 원에 일반 분양하는 곳도 있으니 결국 분담금이 몇억 원씩 나오리라 전망합니다.

두 가지의 가상 사례를 한번 풀어보았습니다. 둘 다 조합에서 환급받을 수 있다고 주장하는데, 막상 확인하면 함정이 있습니다. 그 함정을 확인하는 가장 중요한 요인은 일반 분양가와 공사비를 합당하게 계산했는가입니다. 일반 분양 수입을 과대 계상해서 잡았거나 공사비를 과소 계상했다면, 당연히 환급받을 수 있다고 말할 수 있습니다.

> 일반 분양 총수입 + 조합 분양 총수입 = 공사비 총액

이 항등식에서 벗어날 수 있는 묘수는 없습니다. 분담금이 0이라고 주장한다면 일반 분양 총수입과 공사비 총액이 같다는 것이고, 환급이 있다면 공사비보다 분양 수입이 더 높다는 것이겠죠. 그런데 많은 조합이 이를 맞추지 못하니 부족한 일반 분양 수입을 조합원들이 나눠 맡는 게 결국 분담금입니다. 사실은 이렇게 계산해도 정확하게는 맞지 않는 것이 조합 사업비가 더 추가됩니다.

> 일반 분양 총수입 + 조합 분양 총수입 = 공사비 총액 + 사업비

그래도 정비사업 비용에 있어서 가장 큰 비중을 차지하는 것이 공사비인 만큼 공사비조차도 충당이 안 되면 더 말할 것도 없기 때문입니다.

$$비례율 = \frac{재개발\ 완료\ 후\ 주택과\ 대지의\ 총\ 가액 - 총\ 사업비}{재개발\ 전의\ 주택과\ 대지의\ 총\ 평가액} \times 100$$

$$비례율 = \frac{총\ 사업수입(일반분양,\ 조합원분양) - 총\ 사업비용}{종전자산(감정평가액)} \times 100$$

비례율이라는 숫자 100%에 주목할 게 아니라 비례율 100%를 맞추기 위해 각각의 수입과 비용을 어떻게 나눠서 산출된 것인지를 봐야 답이 나옵니다. 그리고 관리처분까지 가려면 더 이상 숨기고 싶어도 각각의 명확한 숫자들이 하나둘씩 나오니 숨길 수 없는 시점들이 오게 됩니다. 너무 과도한 공포는 옳지 않다고 보지만, 그렇다고 막연한 장밋빛 전망도 좋지 않다고 봅니다. 그런데 지금 시장은 이러한 균형점이 없이 비관론과 낙관론 두 개밖에 없어 보입니다. 결국 정비사업 사업성 판단은 각자 알아서 해야 하는 것이죠.

◎ 앞으로 살아남는 정비사업

공사비가 점점 더 올라가고, 사업성이 떨어지는 시대에서 정비사업 조합은 어떻게 될까요? 진짜 문제는 지금 관리처분을 받고 나아가는 조합이 아니라 이제 진행하는 조합, 앞으로 진행할 조합입니다. 최종적으로 공사비가 평당 천만 원 시대가 온다면 사업성이 나쁜 곳들은 좌초될 가능성이 큽니다.

재건축의 경우는 여전히 대지지분이 높고 사업성이 높은 단지도 있지만 앞으로는 사업성이 없는 곳들이 대부분입니다. 당장 1990년대 이후 지어진 아파트들은 사업성이 없는 곳들이 많습니다. 1980년대 지어졌어도 용적률이 높고 대지지분이 낮은 단지들도 있지만, 1990년대 이후는 더 심각합니다. 2000년 후는 더 말할 것도 없죠.

재개발이라고 다를까요? 모아타운은 말할 것도 없고 신통기획조차도 신축 빌라 쪼개기가 너무 횡행해서 해제 전과 신통기획 재선정 혹은 다시 선정을 추진하겠다는 구역을 비교하면 구역 경계는 더 줄었음에도 토지등소유자 수는 1.5배에서 2~3배씩 늘어난 곳이 많습니다. 신축 빌라 자체는 몇 동 안 되어도 세대수가 늘어나면서 토지등소유자 수가 어마어마하게 증가해버린 것이죠.

매매 금액 + 분담금(5~6억) = 인근 신축 아파트 가격

어느 쪽이 더 큰지를 계산해보면 답이 나옵니다. 해당 구역의 사업성이 높지는 않지만, 나쁘지도 않다면 -1~2억 원이겠죠. 정말 좋다고 생각하면 -3~4억 원을 잡으면 될 것이고요. 그런데 사업성이 정말 좋은 곳이 얼마나 남아있을까요? 대지지분 몇 평을 가지고 사업성이 엄청 좋다고 하는 것일까요? "소장님 여기 어떤가요?"라고 묻는 곳들 보면, 대지지분 12평도 안 되는 곳들이거나 15평 내외입니다. 사업성은 현실적으로 보고 접근하면 좋을 것 같습니다.

평당 천만 원 시대가 온다는 것은 단순히 공사비가 높아졌다는 것

에서 끝나는 게 아닙니다. 정비사업 사업성의 향방을 가를만한 사항입니다. 이를 정말 막연하게 알고 있는 분들이 많은데, 어떻게 전달할까 고민이 많았습니다. 그러다 역으로 총액접근을 해야겠다 해서 평당공사비와 계약면적 대입을 통해 내 아파트 신축 비용이 얼마인지를 바라보면 답이 나오겠다는 생각이 들었고, 어차피 재개발·재건축은 (기부채납하는 것은 당연하고) 소요되는 건축비를 납부해야 하는 것입니다. 어렵게 생각할 것 없이 내가 직접 시행한다고 가정하면 내 땅에 내가 건축비 들여서 내 집 짓는 거니까요. 그것을 100% 내 돈으로 하기 싫으면 남는 집을 팔아서 비용을 충당하는 원리입니다. 그러면 분담금 총액을 산정해놓고 수익성은 예상 일반 분양 세대수를 빼면 견적이 쉽게 나옵니다.

진흙 속의 진주라는 표현이 있습니다. 난관을 뚫고 사업을 성사시키는 조합이 있을 것입니다. 그런데 저는 반대로 왜 굳이 진흙탕에 빠져야 하는지 되묻고 싶습니다. 멀쩡하게 사업성이 좋고 잘 진행될 것 같은 곳이 보이는데, 어렵고 험난한 길을 가야 할까요? 가격이 저렴하고 저평가되어 보인다고요? 그게 사실 시장에서 판단한 금액은 아닐까요? 진짜 괜찮음에도 저평가인 단지가 있고, 싼 가격이 맞는 단지가 있음을 구별해야 합니다. 재개발·재건축 투자는 어렵고 복잡한 것은 사실입니다. 그런데 조금만 시간을 투자하고 공부하면 분석이 가능한 영역입니다.

♀ 사업 해제 리스크, 방심하지 말자

마지막으로 정비사업 투자 시 고려해야 하는 리스크는 바로 '사업 해제'입니다. 재개발의 경우 정비구역으로 지정이 되었다가 해제되는 경우가 생기기도 합니다. 해제의 사유는 다양합니다. 주민들이 재개발을 원하지 않아 동의율을 모아서 자발적으로 해제하는 경우, 지정구역에서 문화재가 발견되어 역사 보존 및 관리를 이유로 해제하는 경우, 일몰제를 시행하며 해제하는 경우 등이 있습니다.

일몰제는 일정 기간에 추진위원회나 조합설립인가 또는 사업계획 승인 신청 등을 완료하지 못한 경우, 해당 지자체가 정비구역 지정을 직권으로 해제하는 것입니다. 개정된 「도시 및 주거환경정비법」 제20조에서는 '정비구역 등의 해제'에 대해 언급하고 있는데요. 이에 따르면 정비구역 지정된 후에 2년 내로 추진위원회를 설립하지 못한 경우, 추진위원회 승인 후에 2년 내로 조합설립인가를 신청하지 못한 경우, 조합설립인가일로부터 3년 이내에 사업시행인가를 신청하지 못할 경우 일몰제 적용으로 정비구역을 해제할 수 있습니다. 일몰제는 1회 연장이 가능한데, 이때는 조건이 있습니다. 토지등소유자의 30% 이상의 동의를 받으면 2년 범위 안에서 연장해 정비구역 해제를 하지 않을 수 있습니다.

물론 이 법안은 2012년 2월 1일 이후 정비계획을 최초로 수립하는 경우부터 적용됩니다. 아직 서울은 일몰제 법안에 근거해 정비구역 선정이 해제된 곳은 없습니다만 앞으로도 계속 그러리란 보장은 없습니다. 2023년 2월 부산에서는 '동래구 수안2구역'이 일몰제 적용으로 재건축이 무산되었습니다. 따라서 일몰제 등의 영향으로 사업이 해제될 가능성이 있는지도 살펴봐야 합니다.

과거에는 일몰제 규정이 없었기 때문에 정비구역지정 이후 조합설립까지 10년~20년이 걸리면서도 진행한 곳들이 있었고, 조합설립인가로부터 사업시행인가까지 10년이 넘게 걸리면서 조합 갈등이 있다가도 재개발 해제 구역의 현실을 보든, 그냥 싸우다 지치든, 반대자가 팔고 떠난 자리에 찬성하는 사람들이 매수해서 들어오든 어떻게든 향후 합의가 되어서 진행이 되었습니다. 그러나 요즘 새롭게 시작하는 재건축이나 신속통합기획 등으로 출발하는 재개발들의 경우는 일몰제가 적용됩니다. 지금까지 법정 기한 내 추진되는 곳이 훨씬 적은 것을 고려하면 앞으로 5년, 10년 뒤에는 일몰제로 해제가 되는 구역들이 적지 않게 등장할 것으로 전망됩니다.

즉, 예정지 투자는 입지와 사업성도 중요하지만, 주민들이 얼마나 참여하는지의 동의율도 중요합니다. 예정지들을 보다 보면 정작 주민들은 호응하지 않는데, 외지인이 갑자기 추진준비위원회를 만들더니 투자자들 모아서 동의율을 제출해 선정 받은 사례가 있습니다. 원주민들의 동의를 떠나 반대 민원으로 선정 이후에 더 혼란스러워진 곳들이 있습니다. 지금이야 일몰제와 상관없는 조합들이 많으니 피해서 투자하는 선택지가 있지만, 앞으로 시간이 지나서 일몰제에 포함되는 조합들이 늘어나게 된다면 주민 동의 상태도 같이 고려해야 합니다.

리모델링 단지
투자는?

저는 리모델링을 재건축하지 못할 때 시도하는 차선책으로 보기 때문에 예전부터 추천하지 않았습니다. 리모델링은 첫 단추부터 잘못 끼워진 사업입니다. 애초에 재건축과 리모델링 간에 충분한 사업성에 대한 고찰로 시작한 게 아니라 대부분은 각종 규제로 재건축이 안 되니 리모델링이라도 하자는 식이기 때문입니다. 윤석열 정부가 재개발·재건축의 규제 완화 기조가 이어지자 리모델링보다는 재건축이라는 이야기가 나옵니다. 반면 무조건 '재건축이 최고고, 리모델링은 나쁘다'라고 주장하는 사람도 많습니다. 과연 사실인지 리모델링 사업의 장단점을 살펴보겠습니다.

◉ 리모델링이 재건축보다 안 좋은 것은 맞다

인정할 것은 인정하고 출발해야 합니다. 리모델링의 장점도 있고 단점도 있지만, 재건축에 비해 단점이 많은 것은 사실입니다. 애초에 재건축은 「도시 및 주거환경정비법」에 의하여 전면 철거하고 새롭게 신축하는 사업인 반면, 리모델링은 「주택법」에 의하여 부분 철거 후 증개축하는 사업입니다.

아래 현수막은 리모델링을 가장 잘 보여줍니다. 나중에 리모델링의 장점도 후술하겠지만, 근본적으로 리모델링은 기존 골조를 활용해서 짓는다는 명확한 한계가 있습니다. 그렇다 보니 신축처럼 보여도 실상은 세미 신축인데요. 과거 아파트를 만들 때는 없었던 시설들이 새로 추가되면서 생기는 문제들이 있습니다.

그림 3-18 행당 ○○ 아파트 현수막

첫 번째 문제로는 천장이 낮습니다. 대표적으로 스프링클러 설치가 있는데요. 현행법에 맞춰 이를 설치하려고 하면, 천장이 20cm가량 더 낮아집니다. 천장을 뚫어서 더 높일 수 있는 것도 아니고, 그렇다고 법을 위반할 수도 없습니다. 요즘은 기술의 발전으로 천장고를 최대한 낮춰서 시공한다고는 하지만 더 낮아지는 것 자체를 막을 수는 없습니다. 최근 신축 아파트는 천장고를 높게 짓는데, 시대를 역행하는 건축물이 되는 것이죠. 리모델링 후의 집을 들어가면 넓어지긴 했어도 묘하게 답답한 이유가 있습니다.

두 번째 문제는 내력벽을 건들지 못합니다. 리모델링은 기존보다 전용면적을 최대 40% 넓힐 수 있다는 것이 장점입니다. 하지만 건축법상 내력벽은 철거할 수 없습니다. 그렇다 보니 기존 틀을 유지한 상태에서 앞뒤로밖에 넓힐 수가 없습니다. 그래서 구조 자체가 세로로 길쭉하게 나올 수밖에 없지요. 요즘은 3베이는 기본에 4베이 설계도 많습니다. 25평은커녕, 그 이하 소형 평수도 2베이가 아니라 3베이로 뽑는데, 2베이로 길쭉하게 뽑는 것은 쉽지 않지요. 그래서 리모델링 시 내력벽 철거를 허용해달라고 강력하게 요청하고 있지만 아무래도 구조 안전 측면에서 내력벽을 철거한다는 것 자체를 허용해주기 어렵습니다.

내력벽(耐力壁)은 건축물에서 하중을 견디는 벽을 말합니다. 기둥식 구조(라멘 구조)로 한다면 하중은 기둥이 담당하기 때문에 벽을 허물어도 전혀 문제가 안 되지만, 비용적인 측면과 기둥에 따른 데드스페이스 문제 때문에 대부분은 벽식 구조로 짓습니다. 기술의 발전으

그림 3-19 아파트 내력벽 분류

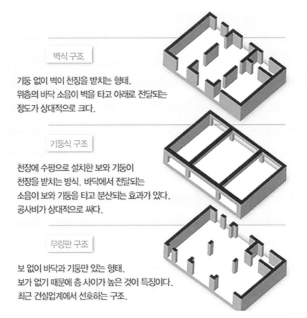

벽식 구조

기둥 없이 벽이 천장을 받치는 형태.
위층의 바닥 소음이 벽을 타고 아래로 전달되는
정도가 상대적으로 크다.

기둥식 구조

천장에 수평으로 설치한 보와 기둥이
천장을 받치는 방식. 바닥에서 전달되는
소음이 보와 기둥을 타고 분산되는 효과가 있다.
공사비가 상대적으로 싸다.

무량판 구조

보 없이 바닥과 기둥만 있는 형태.
보가 없기 때문에 층 사이가 높은 것이 특징이다.
최근 건설업계에서 선호하는 구조.

자료: 매일경제

로 내력벽을 철거해도 구조체 보강 및 하중 분산을 시켜서 안전하다고 하지만, 안 그래도 리모델링 자체도 안전성 측면에서 항상 예의주시하는 마당에 내력벽을 철거해도 된다는 결정을 정부가 하기 어렵습니다.

리모델링의 사업성 개선 방식으로 주목받았던 수직 증축 리모델링은 기존에서 3개층 이상 더 건축할 수 있도록 법령까지 개정되었음에도 실제로 증축된 사례는 손에 꼽습니다. '송파구 성지' 아파트 리모델링이 수직 증축에 성공해서 15층에서 18층이 되었는데요. 바닥이 암반이어서 통과가 되었습니다. 파일 기초*로 있는 단지 중에서는 '대치 1차 현대' 아파트가 국내 최초로 리모델링 허가가 났습니다. 수직 증축 리모델링의 경우는 1차와 2차 안전성 검사를 받아야 해서 1차는 통과해도 2차가 쟁점인데, 파일 기초로 2차 안전성 검토까지 통과한 사실상 최초의 사례입니다. 하지만 이 외에는 계속되는 인허가 지연, 불허에 시간만 계속 지연되자 현실적으로 수직 증축은 포기하고 수평 증축으로 선회하고 있습니다.

이렇게 구조적인 부분의 한계가 존재한다는 것도 있습니다만, 근본적으로 기존 골조를 재활용하는 것에 대한 우려도 있습니다. 노태우 정부의 「200만호 건설 계획」에 따라 막대한 공급이 이루어졌고 당시 가장 크게 논란이 되었던 것이 바로 해사(海砂) 사용 문제였습니다.

기본적으로 철근콘크리트는 굉장히 견고해서 압축력에는 강하지만 인장력에 약한데요. 반면 철근은 인장력에 매우 강합니다. 이 두 재료를 결합함으로써 압축과 인장 모두에 강한 구조재가 바로 철근콘크리트입니다. 철근콘크리트 자체는 '제대로' 시공만 한다면 이론적으로는 무너지지 않습니다. 그런데 해사를 사용하면 철근콘크리트에 악영향을 주게 됩니다. 콘크리트의 팽창과 균열을 유발하고 더 많은 염화물의 침투를 허용해서 부식을 가속화합니다. 무엇보다 철근 부식은 구조물의 안전성에 치명적인 영향을 끼치게 됩니다. 골조를

• 지반에 말뚝을 박아 건물 무게를 버티는 파일(Pile) 기초로 한 공사.

재사용하는 것 자체는 친환경적이고 경제적으로 보일 수 있지만 그
것은 어디까지나 정상적으로 지어진 건축물일 때 이야기입니다. 해
사 자체도 잘 씻어서 사용하면 안전하다고는 하지만, 새로 건설하는
시점에서 굳이 위험하게 기존 골조를 사용할 필요가 있는가는 쟁점
이긴 합니다. 물론 리모델링을 시공하는 건설사 입장에서는 현행법
에 맞춰서 내진설계도 반영하고, 구조보강을 진행하니 리모델링 건
축물 자체에 대한 우려는 없습니다. 다만, 굳이 이러한 상황에서 리
모델링으로 기존 구조체를 활용해야 하는 가가 의문일 뿐이죠. 아무
리 겉은 예쁘게 바뀌도 근본적인 본질을 개선 시키기에는 한계가 명
확하다는 것입니다.

♀ 리모델링은 규제의 역설이다

이렇게 단점이 명확한 리모델링을 왜 하는가? 당연히 규제 때문입
니다. 지금이야 재건축을 정부가 나서서 지원해주지만, 진보 정권
시절에는 재건축은 투기의 온상 취급을 받았습니다. 그래서 재건축
에 대한 각종 규제들로 사업을 하기 어렵게 만들었는데요.

가장 대표적인 게 안전진단으로, 안전진단을 통과시켜주지 않아
서 재건축할 수 없게 만들었습니다. 안전진단은 A, B, C, D, E등급
체계인데요. A~C는 재건축 불허, D는 조건부 승인, E는 즉시 재건

그림 3-20 주택 재건축 판정을 위한 안전진단 기준

구분	안전진단 가중치		
	2015년	2018년	2023년
주거환경	0.40	0.15	0.30
건축마감 및 설비노후도	0.30	0.25	0.30
구조안전성	0.20	0.50	0.30
비용분석	0.10	0.10	0.10

축입니다. 사실상 E는 구조적으로 무너질 정도로 시급한 게 아닌 한 나올 일이 없고, 대부분 잘 받아야 D입니다.

문재인 정부 당시 1차 안전진단에서 D등급을 받아도 2차 안전진단에 들어가면 탈락하는 경우가 많았습니다. 통상 1차 안전진단, 2차 안전진단이라고 부르지만 「도시 및 주거환경정비법」에는 그러한 용어가 없습니다. '정밀안전진만'만 존재하는데, 이 안전진단은 민간업체도 할 수 있습니다. 그래서 이를 통제하고자 도시정비법 13조에 '안전진단 결과의 적정성 검토'라는 규정을 신설했고, 이 적정성 검토는 건설기술연구원, 국토안전관리원 둘만 할 수 있었습니다. 민간에서 하던 권한을 빼앗으면 반발이 예상되니까 잘 검토했는지 심사하겠다고 또 만든 것이죠.

대표적으로 '목동6단지'가 2차 안전진단까지 통과했습니다. 그래서 당시 목동의 다른 단지들도 안전진단 통과에 대한 기대가 높았지만, 그 이후로는 다 떨어졌습니다. 애초에 재건축이 좋냐, 리모델링이 좋냐를 떠나서 재건축 자체를 할 수 없던 시기였습니다. 그렇

다 보니 수많은 리모델링 조합은 재건축과 리모델링을 잘 비교해서 진행했다기보다는 애초에 재건축은 선택지에서 지워진 상태에서 '그대로 살지 vs 리모델링이라도 할지'의 양자택일로 진행된 측면이 더 높습니다.

그러나 정권이 바뀌고 이제는 안전진단은 사실상 요식행위로 전락했습니다. 다시금 재건축 진행이 가능해지면서, 수많은 리모델링 조합에서 갈등이 나타나는 것입니다.

♀ 재건축으로 선회하려는 이유

그래도 리모델링에 대한 막연한 기대 중 하나가 바로 건축비가 저렴하다는 것입니다. 아무래도 전면 철거 방식보다는 기존 골조를 유지하면서 건축되다 보니 공사비가 저렴할 것이라는 생각이 있는데요. 그러나 현실은 리모델링 공사비가 재건축과 동일하거나 오히려 리모델링 공사비가 재건축보다 더 높은 경우도 등장하고 있습니다. 리모델링 사례 중 주목을 많이 받았던 단지는 '대치우성2차' 아파트를 리모델링한 '대치 래미안하이스턴'입니다. 이 단지는 세대수 증가 없이 1:1 수평 증축 리모델링을 했는데요. 세대마다 $25\,m^2$씩 평형이 증가했고, 주차 공간도 181대에서 416대로 늘리는 등 주민 편의를 최대한 도모한 리모델링 사례로 언급됩니다. 세대당 평균 분담금은 약 2억 5천만 원으로 알려져 있습니다.

문제는 해당 리모델링 시점이 2014년이라는 것입니다. 공사비 인상은 재건축뿐만 아니라 리모델링 역시 피하지 못하고 있습니다. 최근 동부이촌동의 '이촌 현대아파트' 리모델링 사업은 롯데건설이 시공사로 선정되어서 '이촌 르엘'로 공사 중에 있습니다. 750세대로 진행되는 이 사업은 순조롭게 진행되는 줄 알았습니다. 그러나 2022년 8월 착공 시점에서 평당 542만 원, 총 2,727억 원이었던 공사비를 2024년 4월에는 평당 926만 원, 총 4,981억 원으로 증액을 요청했습니다. 조합은 이를 못 받아들이겠다고 했고, 현재까지도 합의가 되지 않고 있습니다. 리모델링이라는 사업 자체가 막상 따져보면 재건축보다 공사비가 적게 들어가기 어렵습니다.

리모델링을 추진하는 단지를 보면 지하주차장이 없거나 지하주차장이 있어도 요즘 신축 아파트처럼 100% 지하주차장으로 넓히고, 엘리베이터도 지상과 지하가 연결되는 것을 희망합니다. 그러나 건축물이 존재하는 상태에서의 지하 공사 난이도는 새로 짓는 것과 차원이 다릅니다. 그래서 리모델링이 재건축보다 공사비도 더 들어가고 공사 기간도 더 긴 경우도 발생합니다. 앞서서 해사 이야기를 하긴 했지만, 리모델링하면 사실상 건축공학적으로는 충분히 안전하게 설계하고 시공한다고 합니다. 다만, 그만큼 시공 난이도가 높아지고 공사비가 증가하게 되는 것이죠.

리모델링은 빨리 할 수 있다는 이야기도 있었지만, 막상 수직 증축 추진하다가 다 지연되었고, 수평 증축으로 선회했더니 이제는 반

그림 3-21 리모델링 후

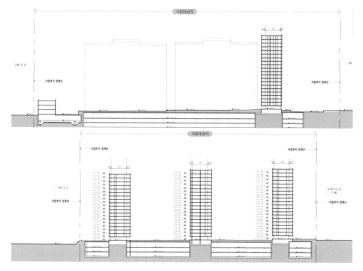

자료: 현대건설 제공

대로 지자체에 따라 재건축으로 유도하면서 인허가 지연이 발생하는 사례들이 발생하고 있습니다. 조합 내부적으로 갈등도 심해지고 있고요. 무엇보다 순수 공사 기간 자체도 막상 보면 재건축보다 더 오래 걸리는 단지들도 많습니다. 앞서 언급한 것과 같이 단순하게 다 철거하고 새로 건축하는 것과 달라서 그렇지요. 사실상 리모델링을 할 이유가 없는 것입니다. 재건축이 맞는 것이고, 이에 수많은 조합에서 리모델링에서 재건축으로 선회하자는 목소리가 나오고 있는 배경입니다.

◎ 리모델링을 할 수밖에 없는 단지

여기까지 인식하고 나면 리모델링은 단점밖에 없는데요. 그러나 리모델링만의 장점도 존재하고, 리모델링을 할 수밖에 없는 단지도 존재합니다. 바로 용적률, 사업성 때문입니다.

애초에 리모델링을 고려한다는 건 사업성이 애매해서 재건축은 규제도 심한데 리모델링으로 가볼까 했던 곳들입니다. 재건축 규제 완화에 힘입어서 재건축으로 선회한다고 해도 재건축이 가능할지는 따져봐야 합니다.

상황이 이렇다 보니 서울시에서는 재건축 활성화 대책들을 내놓기 시작합니다. 2024년 3월 서울시가 재개발, 재건축 활성화 방안을 발표했는데요. 그중에서 가장 눈에 띈 것이 바로 보정계수, 현황용적률이라는 개념을 도입해서 사업성이 부족했던 재건축 사업지를 도와주겠다는 것입니다.

용적률은 기준, 허용, 상한 3종 체계로 이뤄져 있으며, 기준, 허용까지는 어렵지 않게 찾아가지만 상한용적률을 받기 위해서는 기부채납, 임대주택 등이 수반됩니다. 그래서 허용용적률을 올려주는 것이 중요한데, 사업성이 부족한 단지의 경우 보정계수를 도입해서 임대주택을 줄이고 실질용적률을 더 높여주자는 방안입니다. 다만, 보정계수는 모두 다 적용해주는 것이 아니라 지역을 고려해서 차등 적용한다고 합니다. 대표적으로 강남권은 미적용하고 강북의 사업성이 부족한 지역이 대상일 가능성이 높습니다.

그림 3-22 재개발·재건축 사업지원 방안

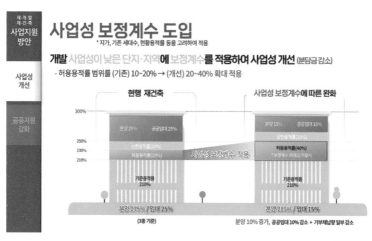

자료: 서울시

　개인적으로 이번 서울시 발표에서 가장 핵심은 현황용적률 인정인데요. 서울시의 설명 이미지에서도 알 수 있듯이 기존 268%의 용적률로 건축된 단지가 재건축을 진행 시 아무리 300%까지 건축이 된다 하더라도 사업성을 확보하기 어려운 구조였습니다. 허용용적률이 230%면, 이보다 더 높게 짓는 상한용적률을 받기 위해서는 땅을 내놓음으로써 실질용적률이 낮아지거나 임대주택을 짓는데, 절반을 임대로 지으면 사실상 순수하게 일반 분양이 증가하는 세대는 대폭 감소하게 됩니다. 여기서도 앞에서도 설명해드렸지만, 임대주택 1세대 지을 때마다 -1~2억 원입니다. 그러면 사실상 재건축을 했더니 세대수는 늘어났지만, 임대주택만 조합원들 돈으로 짓고 분담금 감소 효과는 거의 없는 이상한 계산식이 등장하게 됩니다. 그러니 서울

그림 3-23 재개발·재건축 사업지원 방안(현황용적률 인정 범위 확대)

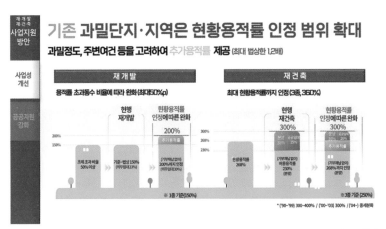

자료: 서울시

시가 현황용적률이라는 개념을 새롭게 만들어서 종전용적률까지는 사실상 현황용적률과 같이 기부채납 없이 건축할 수 있도록 해주고, 그 초과분에 대해서만 기부채납 혹은 임대주택 등으로 공공기여를 받아가겠다는 것입니다.

이를 보면서 재건축 사업성 개선 효과도 당연히 있겠지만, 이는 사실상 리모델링 죽이기 정책이라는 생각이 들었습니다. 일단 내 기존 용적률만큼은 건축이 가능해지고, 추가 용적률에 대해서만 기부 채납이 진행된다면 사실상 사업성 개선 효과가 확실하게 있기 때문이지요.

이러한 대책까지 나오고 국토교통부에서도 8.8 부동산 대책에서 서울시의 방안을 뒷받침해주는 사항으로 법제화까지 추진하다 보니 더더욱 리모델링 조합들 중에서 재건축으로 선회하려는 곳들이 증가하고 있는 것은 사실입니다.

그런데 역시 그럼에도 불구하고 여전히 리모델링밖에 답이 없는 곳도 있습니다. 결론부터 말씀드리자면 용적률이 법적상한 300%를 넘어가는 곳은 리모델링으로 갈 수밖에 없습니다.

〈그림 3-3〉 건축법에서 지정한 용도별 건폐율과 용적률 기준을 보면 용적률이 제3종 일반주거지역 기준으로 법적상한은 300%입니다. 그러면 용적률 300% 이하 단지들까지는 현황용적률로 구제해 준다더라도, 300% 초과 단지는 답이 없입니다.

'이촌 한가람' 리모델링 조합을 살펴보면 이해하기 좋습니다. '이촌 한가람' 아파트는 1998년에 준공된 아파트로 358% 용적률로 건축된 단지입니다. 즉, 용적률이 300%를 초과하는 단지입니다. 해당 조합에서 하도 재건축 이야기가 나오자 재건축 시 어떻게 되는지 시뮬레이션을 돌려보았는데요. 일단 기본적으로 제3종 일반주거지역으로는 답이 안 나오니, 준주거로 종상향을 한다는 전제 조건으로 출발합니다(일단 종상향을 해준다고 가정하고 계산). 종상향에 따른 공공기여가 기본적으로 있을 것이고, 용적률은 허용용적률까지는 몰라도 상한용적률까지 가기 위해서는 또 기부채납과 임대주택이 수반된다고 말씀드렸습니다.

결론적으로 조합에서는 기부채납을 17.39%를 해야 할 것으로 예상하고, 받을 수 있는 용적률은 447.8%로 계산했습니다. 표면적으로만 보면 기존 용적률 358%에서 447.8%로 증가했으니 사업성이 높을 것으로 보이지만 앞서 설명한 것처럼 명목 용적률이 아닌 실질

그림 3-24 한가람리모델링 재건축 사업성 비교 안내문

자료: 한가람리모델링 조합 제공

용적률은 줄어든 대지면적에 따라 감소한다는 점, 준주거지역은 주거로만 사용하지 못하고, 근린생활시설 등 다른 용도의 건축물을 지어야 하는 점, 임대주택 건축 등으로 연면적 자체는 증가하는 게 맞습니다. 하지만 조합에 남는 분양 가능 연면적은 178,565㎡인데 종전 조합원 소유 연면적 219,072㎡보다 줄어들다 보니 일반 분양은 커녕 1:1 재건축을 해도 종전보다 평형을 줄여야 한다는 결론이 나옵니다. 즉, 아무리 현황용적률을 인정해준다고 해도 종상향 등으로 대지면적이 줄어드는 경우에는 명목 용적률과 실질 용적률을 감안하지 않고 일률적으로만 용적률 적용을 해줘봤자 실질적인 사업성 개선은 없이 오히려 임대주택만 짓는 것도 아니고 1:1 재건축 자체도 깨지는 마이너스 재건축이 성립해버립니다. 물론 해당 계산은 리모델링 조합에서 했다 보니 너무 극단적인 상황이라고 생각할 수도 있겠지만, 애초에 서울시가 종상향 시 기부채납을 통상 20% 정도 걷어간다는 점과 서울시가 종상향을 해준다는 것도 아닌 상황에서 일단 해준다고 가정하고 움직였음에도 이 수치인 것입니다.

또한 사업성 문제도 존재합니다. 리모델링은 기존 면적에서 전용 면적 기준으로 증가 및 세대수 증가가 가능한데요. 설령 1:1 재건축이 가능하다고 해도 재건축 분담금을 감당하지 못하는 조합의 경우는 리모델링으로 진행 시 수직 증축 또는 별도동 증축이 가능하다고 가정 시 일반 분양 세대가 존재함으로 분담금을 줄일 수 있게 됩니다.

마지막으로 현실적인 또 다른 이유 중 하나가 조합 해산 비용 정산 문제입니다. 조합과 건설사와의 갈등으로 시공사 변경을 하는 경우가 종종 있지만, 이는 신규 시공사가 종전 시공사의 입찰보증금이나 각종 비용들을 지급해주다 보니 가능한 것입니다. 리모델링이 재건축으로 변경되는 것은 전혀 다른 법적 주체로 변경되는 것인 만큼, 종전의 리모델링 조합을 해산하고, 새로 재건축 조합을 설립해야 합니다. 리모델링 조합 해산 시 리모델링 조합에서 사용한 비용을 정산해야 하는데, 조합원들에게 5천만~1억 원씩 각출해달라고 하면 납부 의사가 있는 조합원은 많지 않을 것입니다. 분명 시시비비를 가리다가 리모델링도, 재건축도 아무것도 못하고 산으로 갈 가능성이 높습니다.

◉ 재건축 vs 리모델링

개인적으로 리모델링을 긍정적으로 보지는 않습니다. 바로 당위성에서도 문제가 있고, 형평성에서도 문제가 있기 때문입니다. 재건축 vs 리모델링이 성립하려면 같은 조건이어야 하는데, 리모델링은 용적률 법적 상한 규제를 피해가는 규제입니다.

반포역 앞에 '잠원 동아' 같은 경우는 용적률이 316%로 재건축으로 진행하면 제3종 일반주거지역에 해당되어서 서울시 도시계획 조례 등에 따라 용적률을 줄여야 할 가능성이 높았지만, 리모델링 사업을 통해 용적률 규제를 적용받지 않고 용적률 473.84%로 총 136세대를 증가시킬 수 있었습니다. 또한 강남구 '청담 건영'의 경우도 기존 용적률 397%, 총 240가구 규모가 리모델링 후 용적률 575%, 총 259가구로 탈바꿈됩니다.

리모델링은 기부채납도 없고 임대주택도 안 지으면서 용적률이 400~500%까지 늘어나는 것 자체가 정상이라고 보지 않기 때문인데요. 애초에 용적률 400~500%를 재건축에서도 허용해줬다면 당연히 갔을 것입니다. 그보다 덜 준다고 하더라도 리모델링처럼 기부채납과 임대주택이 없었어도 진행할 가능성이 높지요. 반대로 말하자면 리모델링과 재건축이 동일한 조건에서 진행되는 사업이 아니고, 도시계획적으로도 맞지 않은 문제가 있습니다. 리모델링 관련해서는 정말 질문이 많이 나옵니다. 생각보다 많은 현장에서 논란이 있는데 이와 같은 기준으로 하나씩 구분해보면 좋겠습니다.

그림 3-25 재건축과 리모델링의 차이

	재건축	리모델링
관련법령	도시 및 주거환경 정비법	주택법
목적	노후불량 건축물 및 주거환경 개선	건축물 노후화 억제 및 기능 향상
안전진단	최소 D등급(조건부 승인) 및 E등급만 추진 가능	B등급 이상 수직 증축 가능 C등급 이상 수평 증축 가능
최소 연한	준공 후 30년 이상 추진 가능	준공 후 15년 이상 추진 가능
증축 범위	용적률 범위 안에서 가능	전용면적 85m² 미만은 40% 이내 가능 전용면적 85m² 이상은 30% 이내 가능
용적률	법정 상한 이하 (제3종 일반주거지역 300%)	법적 상한 초과 (건축 심의로 결정함)
세대수	용적률 적용 정도에 따라 가변적	기존 세대수의 15% 이내로 수직/수평 별도동 증축 가능
기부채납	○	×
임대주택	△	×
전매금지	○ (투기과열지구 한정)	×
초과이익 환수	초과 이익금 8천만 원 이상, 최대 50% 환수	×
조합설립 기준	토지등소유자 3/4(75%)	토지등소유자 2/3(67%)

번외로 지금은 아직이지만, 앞으로 지하주차장이 잘 확보되어 있는 단지들은 리모델링을 추진해보는 것도 괜찮다고 봅니다. 공사 난이도 및 비용 증가를 시키는 요인이 결국은 지하주차장인 경우가 많습니다. 따라서 위에 건물 리모델링만 진행할 때에는 이러한 문제점을 줄일 수 있겠지요. 예를 들어서 '잠실 엘리트(엘스+리센츠+트리지움)' 단지들의 경우 리모델링을 해도 괜찮다고 생각합니다. 동간 거리도

넉넉해서 수평 증축을 할 만한 공간을 충분히 확보할 수 있는 데다 입지가 무척 좋은 단지들이기 때문에 리모델링 진행으로도 가치가 충분히 상승할 것이라고 여겨지기 때문입니다. 3세대 아파트 단지들의 경우 커뮤니티가 아파트 가치를 높이는 중요한 요인 중 하나인데요. 실제로 '잠실 리센츠' 입주자대표회의는 올해 봄 주민공용공간을 확장해 피트니스센터, 도서관, 골프 연습장 등을 신설하겠다는 계획을 발표했습니다. '잠실 리센츠'는 커뮤니티가 없는 것이 단점으로 꼽혔는데 이렇게 추후 시설을 추가하려는 움직임이 있을 정도인 만큼 해당 단지들이 시간이 더 지나게 되면 재건축을 할 수도 있지만, 리모델링 역시 할 수도 있는 단지라고 봅니다.

리모델링에 대한 사항은 내용이 쉽게 이해하기는 어려울 수는 있습니다. 재건축에 대한 지식뿐만 아니라 용적률, 기부채납에 대한 지식까지 있는 상태에서 이해해야 하기 때문입니다. 재개발, 재건축 전문 서적도 아닌 책에서 이렇게까지 깊게 설명해야 하나 고민하다가 그래도 아파트 투자를 하다 보면 결국 재건축, 리모델링 이야기가 나올 수밖에 없으니, 어떤 기준으로 판단해야 하는지 기준점을 알려드렸습니다. 리모델링에 대해 정확하게 이해하는 도움이 되길 바랍니다.

정책을 알아야
부동산이 보인다

④

부동산 투자에
좌우는 없다

　대한민국에서 부동산은 자산으로서의 가치뿐만 아니라 자녀교육까지 직결되어 한국인들의 욕망과 밀접하게 맞닿아 있는 주제입니다. 그래서 정치권에서는 민심을 붙잡는 방편으로 부동산 정책이 활용되었습니다. 특히 부의 재분배와 평등의 가치를 중요하게 생각하는 진보 진영이 정권을 잡은 시기에는 각종 규제 정책을 펼쳐서 부동산 가격의 폭등을 억제하고자 했습니다. 하지만 진보 진영에서 실시했던 각종 부동산 규제 정책들은 역효과를 내며 오히려 가격 폭등을 불러일으켰습니다. 또한 세입자의 권리를 보호한다는 좋은 의도로 추진한 임대차 3법 같은 제도들은 임대인과 임차인, 기존 세입자와 신규 세입자 사이의 갈등을 심화시켰습니다.

⦿ 정치적 프레임에서 벗어날 것

아이러니한 것은 정책 입안자들조차 자신들이 수립하는 정책과 반대되는 선택을 내린다는 것입니다. 물론 자본주의 사회의 개인으로서 경제적으로 이익이 되는 선택을 할 권리는 누구에게나 있습니다. 그리고 국민의 절반에 달하는 숫자가 무주택자(2023년 '주택소유통계' 기준 43.6%,)이고, 주택을 소유한 나머지 56% 중에서도 4분의 3을 차지하는 41.8%가 1주택 소유자니, 정부에서는 무주택자 및 1주택자 중심의 정책을 펼칠 수밖에 없음을 이해합니다.

　그렇다 하더라도 10% 내외의 다주택자들을 마치 적폐인 양 몰아가는 여론과 정책적 접근은 부동산 분야에서 일하는 사람으로서 씁쓸합니다. 서두가 다소 길어졌습니다만, 핵심은 성공적인 부동산 투자를 하고 싶다면 (때때로 앞뒤가 다른) 정책 입안자들이 짜놓은 프레임에 걸려들기보다 시장의 흐름과 상황을 객관적인 시선으로 파악할 줄 알아야 한다는 점입니다. 부동산 투자에는 좌우가 없다는 사실을 염두에 둬야 합니다.

◉ 2024년 총선과 부동산

2024년 4월에 치른 제22대 총선 결과, 야당이(범야권 포함) 전체 의석수 300석 중 180석을 초과했습니다. 구체적으로는 민주당 175석, 국민의힘·국민의미래 108석, 조국혁신당이 12석, 개혁신당 3석, 새로운미래 1석, 진보당 1석 순이었습니다. 즉, 다음 총선인 2028년까지 약 4년간 여소야대의 정국이 확정된 것입니다. 보수 진영 입장에서는 처참하게 무너졌다고 볼 수 있는 결과였죠. 여기서 국회의원 의석수를 부동산 투자의 관점에서 짚어보겠습니다.

먼저 과반수(151석)의 의미가 중요합니다. 151석이냐 149석이냐에 따라 법안을 통과시킬 수 있는지, 없는지가 갈리기 때문입니다. 국회에서 과반수의 찬성이 있으면 예산안, 법안, 임명동의안 등 단독 통과가 가능합니다. 또한 국회의장 및 주요 상임위원회 위원장 자리도 확보할 수 있죠. 그런데 언론에서는 '180석'이라는 단어가 자주 언급되었습니다. 국회에서 법안 찬반투표를 할 때 다수당이 소위 '날치기'를 해서 일방적으로 당론에 맞는 법안 통과시키곤 했는데요. 180석은 '날치기'를 제한하는 법인 「국회선진화법」을 무력화할 수 있는 기준 의석수입니다. 여기에서 더 나아가 헌법 개정을 비롯해 국회의원 제명, 대통령 탄핵 소추 등의 안건들은 전체 국회의원 중 3분의 2 이상의 찬성, 즉 200명의 동의가 있으면 가능합니다. 이와 같은 사실들을 인지하고 제22대 총선 결과를 들여다보면 의석수 배분에서 상당히 절묘한 수치가 나왔다고 할 수 있습니다.

보수 진영인 국민의힘은 진보 진영인 민주당의 '날치기' 법안 통과를 저지할 수 있는 의석수(121석)를 확보하지 못한 상황입니다. 하지만 적어도 개헌 저지선인 101석은 넘겼습니다. 민주당·민주연합은 180석을 확보하지 못했고요. 미묘한 균형점이지만 명백한 여소야대 상황에서 윤석열 정부가 정책에 대한 주도권을 완벽하게 놓친 상황이 이어지고 있었는데, 2024년 12월 계엄령 사태로 새로운 국면에 돌입했습니다. 야당은 탄핵을 논하고 있어, 탄핵 실현 시 정권 교체까지 이어질 수 있고, 탄핵이 되지 않더라도 여야의 강대강 대치로 입법은 파행으로 갈 것이고 정치·사회적 혼란은 가속화될 것입니다.

이렇게 혼란스러울 때일수록 정책에 따른 부동산 쟁점들을 다시금 명확하게 복기할 필요가 있습니다. 부동산은 좋든 싫든 정치적, 정책적 영향이 큰 시장입니다. 어떤 정책이 펼쳐질 것인지 알아두고 이에 따른 대비가 필요합니다. 특히 진보 정권이 득세할 때 "투자자들은 어떻게 반응해야 하는 것일까요?"라는 질문에 '똘똘한 한 채', '다주택자 규제 부활'과 같은 키워드가 등장할 수밖에 없습니다. 현 정권의 다주택자 규제 완화 대책은 국회의 문턱을 못 넘고 있었는데, 이제는 추가 완화에 대한 기대는커녕 다주택자 규제 강화의 시대가 올 것을 대비해야 합니다. 다가오는 2025년은 그 어느 때보다 각 부동산 정책이 시장에 미치는 영향을 공부해야 하는 때입니다.

다주택자 규제,
집값을 잡는 대책일까?

제22대 총선 결과를 두고 '부동산 폭등장이 예상된다'라는 주장들이 공공연했습니다. 재건축·재개발 사업 및 다주택자 규제 등으로 인해 시장에 '똘똘한 한 채' 분위기가 형성되면서 상급지 가격이 오를 것이라고요. 하지만 저는 민주당이 총선에서 압승했다고 해서 다주택자를 압박하는 정책들을 급격하게 입법하지는 않을 것이라 전망했습니다. 윤석열 정부의 발목을 잡는 것에 집중하지 굳이 나서서 급진적인 행동을 하지 않으리라 본 것인데요. 그러나 2025년 정치적 혼란이 가속되면서 생각보다 빠르게 움직일 수 있으니 대비가 필요하다고 봅니다.

📍 '똘똘한 한 채'는 정책의 산물이다

그렇다고는 해도 민주당이 다주택자를 압박하는 정책을 정권 교체 전에는 적극적으로 입안하지 않을 가능성이 높습니다. 하지만 윤석열 정부의 다주택자 규제 완화 대책 역시 통과될 일도 없어 보입니다. 윤석열 정부가 발표한 수많은 공약°의 현실화가 하나둘 닫히는 것이 보입니다. 당연히 기존 다주택자들은 '똘똘한 한 채'를 추구할 수밖에 없습니다. 만일 3년 후에 2027년 대선, 혹은 탄핵으로 인한 조기 대선에서 진보 진영이 승기를 거머쥐게 된다면 다주택자 규제가 강화될 것이라 예상합니다. 이를 대비하기 위해서 다주택자들은 지금부터라도 빠르게 다주택 포지션을 청산할 필요가 있습니다. 이는 자연스럽게 상급지 신축 아파트의 가격 상승을 불러올 것입니다.

똘똘한 한 채의 흐름은 현재 진행 중입니다. 가령 총선 직전에 보도된 한 언론사의 부동산 기사에 따르면 2024년 3월 서울 아파트 매매 평균가격 5분위 배율은 4.958배로 5년 3개월 만에 가장 많이 벌어진 것으로 집계되었습니다.°° 5분위 배율은 상위 20%의 매매 평균가격을 하위 20%의 가격으로 나눈 값인데, 이 수치가 높으면 높을수록 매매가의 양극화가 심하다는 의미입니다. 즉, 매수자들의 심리가 이미 상급지의 '똘똘한 한 채'를 추구하는 방향으로 흘러가고

° 2022년 12.29 부동산 대책의 취득세 완화를 비롯한 각종 규제 완화책.
°° 오르는 곳만 오른다…두 달 만에 2억이나 뛴 '똘똘한 한 채', 중앙일보, 2024년 4월 11일.

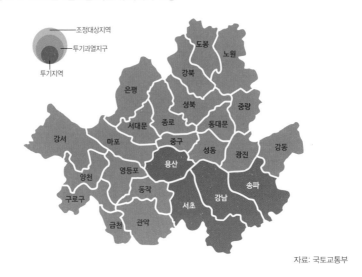

그림 4-1 2023년 1월 3일 기준 규제지역 현황

자료: 국토교통부

있다는 것입니다.

〈그림 4-1〉과 〈그림 4-2〉를 살펴보면 문재인 정부 시절에는 무조건 1주택자 중심의 정책 일변도였다면, 이번 정권에서는 2주택까지는 허용해주는 뉘앙스입니다. 먼저 취득세율 계산 기준을 보면 조정대상지역 내 2주택자의 경우 취득세율이 8.4%, 3주택자는 12.4%입니다. 그런데 현재는 2023년 1월 3일 수도권 규제지역 전면 해제 조치로 강남3구 + 용산구를 제외한 전국이 비규제지역입니다. 비규제지역의 경우에는 2주택까지도 주택면적에 따라 1.1~3.5%의 일반 취득세율이 적용됩니다. 물론 강남3구와 용산구 등 흔히들 상급지라고 불리는 곳들은 해당하지 않는다는 점을 인지하고 있어야 합니다.

종합부동산세의 경우, 원래는 윤석열 정부에서 다주택자 중과 자

그림 4-2 2022년 7.10 부동산 대책 취득세율 계산

종류		구분	취득세(%)	농특세(%)	교육세(%)	합계(%)
1주택 (일시적 2주택 비조정 2주택)	6억 원 이하	85㎡ 이하	1	–	0.1	1.1
		85㎡ 초과	1	0.2	0.1	1.3
	6억 원 초과 9억 원 이하	85㎡ 이하	Y=2/3X-3 Y : 세율(%) : 거래 금액(억 원)			1.01~2.99 +농특세/교육세
		85㎡ 초과				
	9억 원 초과	85㎡ 이하	3	–	0.3	3.3
		85㎡ 초과	3	0.2	0.3	3.5
2주택 (비조정 3주택)	–	85㎡ 이하	8	–	0.4	8.4
		85㎡ 초과	8	0.6	0.4	9.5
3주택 (비조정 4주택)	–	85㎡ 이하	12	–1	0.4	12.4
		85㎡ 초과	12	–	0.4	13.4
법인	–	85㎡ 이하	12	1	0.4	12.4
		85㎡ 초과	12	–	0.4	13.4
주택 외	–	–	4	0.2	0.4	4.6

체를 없애겠다고 했지만, 민주당의 반대로 완전히 없애지는 못하고 본래 조정대상지역 내 2주택자의 경우 종합부동산세 중과세율이 있었던 것을 3주택자부터 적용하는 것으로 개정되었습니다. 또한, 전반적으로 기본적인 종합부동산세율 자체도 조금씩 하향 조정했습니다. 그 외에도 공정시장가액 비율도 인하되었고, 공동주택가격도 인하되다 보니 현재 시점에서 설령 3주택자라고 할지라도 종합부동산세가 문재인 정부에 비해 부담되는 상황은 아닙니다. 즉, 시장 상황을 관망하며 '똘똘한 한 채'를 위해 중장기적으로 보유한 다주택을 팔아야겠다고 생각을 하는 것이지, 종합부동산세 부담으로 인해 상

그림 4-3 2023년 개정된 종합부동산세율

과표		일반				3주택 이상		
		9.13 대책	12.16 대책	현행	법인	7.10 대책	현행	법인
3억 원 이하		0.5%	0.6%	0.5%	2.7%	1.2%	0.5%	5%
3~6억 원		0.7%	0.8%	0.7%		1.6%	0.7%	
6~12억 원		1%	1.2%	1%		2.2%	1%	
12~50 억 원	12~25억 원	1.4%	1.6%	1.3%		3.6%	2%	
	25~50억 원			1.5%			3%	
50~94억 원		2%	2.2%	2%		5%	4%	
94억 원 초과		2.7%	3%	2.7%		6%	5%	
세부담상한율		150%		150%	제한 없음	300%	150%	제한 없음

당수의 주택들이 급매로 나오는 사태는 없을 것입니다.

그러나 다주택자들이 급격하게 매도하지 않는다는 것뿐, 매도할 생각은 있습니다. 진보 정권 시절 각종 다주택자 규제로 사지도, 팔지도 못했던 시기가 있었습니다. 그래서 보유했더니 종합부동산세로 폭탄 같은 세금을 맞았습니다. 그래서 다주택자는 보유세에 대한 공포감이 있습니다. 그렇다고 팔자니 양도소득세가 너무 높아서 팔 수도 없습니다. 양도소득세는 「소득세법」에 규정되어 있고, 세율은 종합소득세율과 같습니다. 차이점은 중과세율입니다.

조정대상지역 내 다주택자인 경우에 양도세 중과가 붙습니다. 2주택자의 경우는 20%, 3주택자의 경우는 30%가 더해집니다. 그러면 양도소득세 최고 세율은 45%입니다. 여기에 30% 중과세율 적용 시 75% + 지방세 10%(즉, 7.5%)가 더해지면 세금은 82.5%입니다. 취득

그림 4-4 부동산 양도소득세 일반세율 계산

(단위: 원)

양도차익	세율	양도소득세 (지방세 포함)	세후 수익
1억	35%	2,152	7,848
2억	38%	6,167	1억 3,833
3억	38%	1억 347	1억 9,653
4억	40%	1억 4,747	2억 5,253
5억	40%	1억 9,147	3억 853
6억	42%	2억 3,767	3억 6,233
7억	42%	2억 8,387	4억 1,613
8억	42%	3억 3,007	4억 6,993
9억	42%	3억 7,627	5억 2,373
10억	42%	4억 2,247	5억 7,753

세는 적어도 취득가격에 포함되어서 양도세 공제라도 된다지만, 종합부동산세는 그대로 사라지는 돈이기 때문에 남는 게 없습니다.

〈그림 4-4〉는 양도소득세에 일반세율을 적용했을 때의 세액을 약식 계산한 것입니다. 통상 양도차익이 3억 원이면 1억 원을, 5억 원이면 2억 원을, 10억 원이면 4억 원을 세금을 납부해야 합니다. 누진세율이다 보니 양도차익이 커지면 커질수록 실효세율이 높아지면서 세금이 급격하게 커지게 됩니다. 여기서 중요한 것은 양도세 중과가 아닌 '일반세율'이라는 것입니다.

가령 부동산을 10억 원에 매수해서 20억 원에 매도한다고 가정하고 주택 소유, 보유 형태에 따른 양도소득세율을 계산해보겠습니다. 일반세율은 10억 원 양도차익이면 4억 2천만 원 정도를 세금으

그림 4-5 주택 소유 형태 및 보유 · 거주 기간별 차이

(단위: 원)

일반세율	3주택 중과+30%	1세대 1주택 비과세 (2년 보유/거주)	1세대 1주택 비과세 (10년 보유/거주)
10억 매수	10억 매수	10억 매수	10억 매수
20억 매도	20억 매도	20억 매도	20억 매도
양도차익 10억	양도차익 10억	양도차익 10억	양도차익 10억
양도세 4억 2,246	양도세 7억 5,246	양도세 1억 4,746	양도세 1,478
세후수익 5억 7,754	세후수익 2억 4,754	세후수익 8억 5,254	세후수익 9억 8,522

※ 양도소득세는 공제 없이 단순계산, 지방세 포함

로 부담해야 합니다. 만약 다주택자라면 3주택 중과세율 30%가 추가 되어서 양도소득세는 7억 5천만 원 정도가 됩니다. 반면 1세대 1주택 자는 이야기가 달라집니다.

비조정대상지역에서 취득했다면 2년 보유, 조정대상지역에서 취 득했다면 2년 실거주를 해서 1세대 1주택 비과세 요건*을 충족했다 고 가정하겠습니다. 통상 비과세라고 표현하지만 정확하게는 12억 원까지가 비과세, 12억 원 초과분은 과세입니다. 12억 원을 모두 과 세표준으로 잡는 게 아니라 취득가액을 고려해서 안분계산**을 합 니다. 또한 장기 보유·거주자에게는 추가적인 혜택이 있습니다. 3년 이상 보유자를 대상으로 장기보유특별공제율을 적용하는데, 기본적 으로는 1년 보유당 2%씩 해서 최대 15년 30%를 주고, 2년 실거주

*   소득세법 시행령 155조(1세대1주택의 특례)
**   양도차익 x (양도가액 − 12억) / 양도가액

를 했다고 하면, 1년 보유당 4%, 1년 거주당 4%씩 해서 최대 10년 보유·거주 시 80%의 장기보유특별공제를 줍니다. 이렇게 장기보유특별공제율도 최대한 다 받으면 아무리 양도차익이 10억 원이라 하더라도 세금이 1,500만 원도 안 나옵니다.

부동산은 투자 수익을 어떻게 내는가가 더 중요합니다. 양도차익이 10억 원으로 같아도 1주택이냐 다주택이냐, 비과세요건을 충족했느냐 안 했느냐, 얼마나 오래 보유·거주를 했느냐 등으로 말이죠.

이 실거주 요건이라는 것도 2017년 8.2 부동산 대책에서 부활했습니다. 과거 비조정대상지역에서 취득했다면 2년 보유만 해도 비과세를 적용해줬는데, 조정대상지역에서 취득한 사람은 2년 실거주를 해야만 비과세를 줍니다. 여기서 실수하는 것이 취득 시점인데요. 취득할 때 조정대상지역이었다면 2년 실거주를 해야 합니다. 반면, 양도세 중과는 취득 시점은 비조정대상지역 때 샀다 하더라도 처분 시점이 조정대상지역이라면 양도세 중과가 적용됩니다.

또한 비과세가 적용되어도 이 장기보유특별공제도 원래는 1년 보유당 8%씩 해서 최대 10년 보유하면 80%를 적용해줬습니다. 하지만 2018년 9.13 부동산 대책에서 2년 실거주를 한 경우만 적용해주는 것으로, 2019년 12.16 부동산 대책에서는 2년 실거주를 했을 때 1년 보유당 4%씩, 1년 거주당 4%씩 각각 10년 보유, 거주 시 40%, 합 80%로 바꿨습니다. 이는 또 취득 시점이 아니라 처분 시점 기준입니다.

당시 정부의 규제 방향성은 간명합니다. "다주택자 되지 말고 실

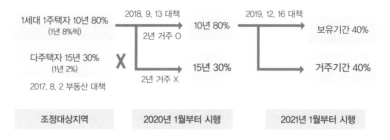

그림 4-6 장기보유특별공제 변천사

	2018. 9. 13 대책		2019. 12. 16 대책	
1세대 1주택자 10년 80% (1년 8%씩)		10년 80%		보유기간 40%
	2년 거주 O			
다주택자 15년 30% (1년 2%)	X	15년 30%		거주기간 40%
	2년 거주 X			
2017. 8. 2 부동산 대책				

조정대상지역	2020년 1월부터 시행	2021년 1월부터 시행

※ 장기보유특별공제는 3년 이상 보유부터 적용

소유자만 매수해라"그렇다 보니 자연스럽게 '똘똘한 한 채'로 갈 수밖에 없게 됩니다. 다주택자라면 양도차익이 가장 적은 저가주택부터 정리한 뒤에 고가주택을 1주택으로 만들어서 처분해야 절세가 되기 때문입니다. 그래서 같은 '포'라도 자연스럽게 김포 〈 마포 〈 반포 순으로 처분하게 됩니다. 문재인 정부는 다주택 참모들에게 1주택을 남기고 처분할 것을 권고했습니다. 당시 대통령비서실장은 청주 아파트를 팔고 반포 아파트를 사수한 것으로 여론의 질타를 받았습니다. 저는 억울한 측면이 있다고 봅니다. 반포를 먼저 팔면 세금을 수억 원 더 납부해야 하기 때문이지요.

다주택자를 규제해서 집값을 낮추려던 정부의 정책은 이를 노렸는지 몰랐는지는 모르겠지만, 결과론적으로 서울과 지방간의 양극화를 불러오고 상급지 가격을 폭등시키는 결과를 가져왔습니다. 즉, 다주택자 규제는 집값을 잡고자 설계되었지만, 잡힌 것은 하급지고, 똘똘한 한 채 선호 현상에 상급지만 올라가는 대책이라 할 수 있습니다.

♀ 다주택자는 어떻게 적폐가 되었나?

저는 '정치공학적'이라는 표현이 불편합니다. 진정한 정치적 신념에 따라 발언하는 것이 아니라, 오로지 유권자의 표를 얻기 위해 계산된 발언으로 들리기 때문입니다. 그러나 한편으로는 왜 저렇게 다주택자를 적으로 돌리는지도 이해가 되기도 합니다. 앞서 〈그림 1-11〉을 보면 기준 무주택자 비율이 43.6%로 가장 큰 비중을 차지하고 있습니다. 1주택자는 41.8%, 2주택자는 10.9%, 3주택자는 2.4% 그 이상의 다주택자는 1.3%입니다. '무주택자'라는 표현을 썼지만, 통계청의 정식 표현은 '무주택 가구'입니다. 대한민국의 전체 가구 수는 2,200만 가구가 넘습니다. 이중 '무주택 가구'는 960만 가구입니다. 1인가구 비중이 높아지고 있다고 하지만, 통상 1가구 추산을 3인으로 잡으니 2,880만 명이 무주택자입니다. '1주택 가구' 920만 중에서도 1,840만명의 무주택자가 등장합니다. 물론 무주택자 숫자가 이렇게 극단적으로 많지는 않을 것입니다. 하지만 무주택+1주택 가구의 합이 85.4%로 보던 것이 사실은 '가구 수' 기준이고 진짜 '무주택자' 비율은 훨씬 더 높을 것입니다.

　당연히 무주택자는 집값을 잡겠다, 다주택자가 문제라는 이야기를 하면 좋아하지요. 반면 1주택자는 주택을 소유하고 있긴 하지만, 집값이 올라가는 것 자체를 막상 좋아하지 않는 사람들이 더 많습니다. 실거주 1채는 특별하게 주택가격 상승의 체감이 되지 않기 때문입니다. 부동산 가격만 오르면 보유세만 더 많이 납부할 뿐이죠. 처분하려고 해도 실거주하는 곳보다 더 좋은 주택은 더 빨리 상승하다 보니 각자의 불만족, 상대적인 격차로 집값 상승을 싫어합니다. 2주택자까지는 일시적 2주택이 있을 수도 있고, 혼인합가나 동거봉양 등 세법에서 인정하는 특수한 사례가 있을 수 있습니다. 그러면 남는 것은 3주택자 2.4%, 다주택자 1.3%입니다. 둘을 합해도 3.7%밖에 안 됩니다. 이 투기꾼들이 주택들을 선점했기 때문에 집이 없다는 인식을 할 수 있고, 이 소수를 규제해야 집값이 잡힐 것이라는 생각을 하게 됩니다.

정책에서 다주택자가 문제라고 프레임을 씌우니 다주택자 규제가 진행되게 되고, 소위 말하는 '똘똘한 한 채' 선호 현상이 발생하면서 상급지 가격이 상승하게 됩니다. 가격을 잡기 위해 각종 대책이 더 등장할수록 상급지 가격이 더 상승할 수밖에 없는 악순환이 반복됩니다. 규제에 직격탄을 맞은 다주택자들은 팔고 싶어도 양도세로 다 나가고, 가지고 있자니 종합부동산세로 나가서 아무것도 할 수 없게 만듭니다. 불합리성을 말해도 다주택자의 이야기는 있는 자의 투정으로 치부될 뿐이지요.

그러니 제가 다주택자 규제를 풀어야 한다고 말하면, '투기꾼', '적폐', '건설사 앞잡이'로 몰립니다. 이성적인, 논리적인 대화가 진행되는 게 아니라 감정적인, 인신공격성으로 움직이기 시작합니다. 대책의 실패로 집값이 올라도 이 모든 것은 다주택 투기꾼의 문제고, 투기꾼을 잡기 위해 더 강한 대책이 필요하다는 결론으로 되풀이됩니다. 이러한 결론이 도출된 이후로 저는 정치인의 발언을 객관적으로 바라보기 시작했습니다. 저 말이 진심으로 생각해서 말하는 것인지, 단순히 저런 표현이 지지자가 좋아하는 내용이기 때문인지를 말이죠.

분명 정치와 부동산은 떼려야 뗄 수 없는 관계입니다. 그렇다 보니 내 생각과 입장에 따라 판단하는 게 아니라 지지하는 정당이 주장하는 논리에 따라, 지지하는 인물에 따라 같이 움직이는 사람들이 있습니다. 그게 옳다, 그르다를 말하고 싶지는 않습니다. 개인적으로 정치는 종교와 같아서 쉽게 바뀌지 않는다고 생각합니다. 하지만 부동산은 현실입니다. 내가 지지하는 정당이, 지지하는 인물이 발언했다고 해서 무비판적으로 추종하기보다는 객관적으로 그 정책의 영향이 어떨지를 분석하고 비판하는 시각이 중요합니다.

◎ 다주택자 규제는 집값을 잡았습니다

다주택자 규제를 완화해야 한다고 주장하다 보면, 간혹 이런 의견을 접하게 됩니다. 정부의 강력한 부동산 규제 덕분에 더 크게 올랐을 집값을 그나마 안정시켰다는 것입니다. 여기서 '집값 안정'에 대한 정의를 어떻게 내리느냐가 매우 중요하다고 봅니다.

다주택자 규제로 인해 집값을 잡은 것은 사실입니다. 그러나 어떤 지역의 집값을 잡았는지를 살펴보면, 주로 지방의 집값과 서울의 빌라 가격을 안정시킨 것에 불과합니다. 이는 다주택자 규제가 의도한 바와는 다소 다른 결과입니다. 만약 정부의 목적이 빌라 가격 안정과 지방 주택 안정이었다면, 집값은 잡은 게 맞습니다. 그러나 정부가 처음 주택 안정을 목표로 했을 때, 두루뭉술하게 '주택의 안정'이라고만 했기 때문에 문제가 발생한 것입니다. 만약 처음부터 서민들을 위해 지방의 주택과 서울의 빌라 등이 목적이라고 했다면, 지금과 같은 혼란은 없었을 것입니다.

반대로 규제를 풀면 지방과 빌라의 집값이 상승하는 것은 피할 수 없을 것입니다. 결국 이는 양자택일의 문제입니다. "지방 집값이 하락하는 게 옳은가?"라고 질문하면 아니라고 답하겠지만 "지방 집값이 상승하는 게 옳은가?"라고 질문하면 어떨까요? 결국 이 모든 상황은 제로섬 게임(zero-sum game)이나 다름없습니다. 대한민국의 부(富)는 동일합니다. 다만 이 부가 골고루 퍼지느냐, 아니면 한쪽 자산에 쏠리느냐의 차이일 뿐입니다. 저는 개인적으로 다주택자 규제는 풀어야 한다고 주장합니다. 자산 양극화 심해지고 서울 집값이 폭등하는 것이 사회적으로 옳으냐고 묻는다면 저는 절대 옳지 않다고 보기 때문입니다. 어느 특정 지역의 집값이 다른 지역과 견주었을 때 매우 불균형한 비율로 폭등하는 현상이 일어나고 고착화된 사회는 결코 건강한 사회가 아니라고 봅니다.

부동산 가격의 양극화로 인해 지방 부동산 가격이 하락하면 싸게 살 수 있어 좋다는 주장은 얼핏 타당해 보일 수 있습니다. 하지만 이는 매우 단순화된 시각이며, 실제 상황은 훨씬 더 복잡합니다. 부동산 가격의 양극화는 단순히 가격 차이의 문제가 아닙니다. 이는 지역간 경제력 격차를 더욱 심화시키는 원인이 됩니다. 지방 부동산 가격이 하락한다는 것은 지역 거주자의 소비 심리를 위축시키고 지역 경제의 침체로 이어질 수도 있습니다. 일자리가 줄어들고 인구가 유출되는 악순환이 발생할 수 있죠.

무엇보다 지방 부동산 가격 하락은 그 지역에 이미 거주하고 있는 서민들의 자산 가치 하락을 의미합니다. 이는 중산층의 몰락과 지역 경제의 악화로 이어질 수 있습니다. 한 지역의 경제가 무너지면 그 영향은 결국 전국적으로 퍼질 수밖에 없습니다. 이러한 부분을 고려하지 않은 상태로 수도권과 지방의 격차가 더욱 벌어지면 결국 수도권 집중 현상이 더욱 심화될 것입니다.

결국, 부동산 가격의 양극화를 단순히 서민들에게 이익이 된다고 보는 것은 매우 위험한 시각입니다. 우리가 지향해야 할 것은 전국의 균형 발전과 모든 지역에서의 적정한 주거환경 조성입니다. 이를 위해서는 단순히 가격의 높낮이가 아니라, 지역별 특성에 맞는 산업 육성, 인프라 구축, 교육 환경 개선 등 종합적인 접근이 필요합니다. 또한, 수도권과 지방의 격차를 줄이기 위한 정책적 노력도 병행되어야 합니다.

부동산 정책은 단기적인 가격 변동에만 초점을 맞추는 것이 아니라, 장기적인 국가 균형 발전과 국민 삶의 질 향상이라는 큰 그림 속에서 다뤄져야 합니다. 그러나 정부의 다주택자 규제의 당위성은 '부동산 가격 안정' 하나밖에 없습니다. 처음부터 목표하는 부동산 안정의 지역을 명확하게 하고, 단순히 안정만 하는 게 아니라 궁극적으로 장기적인 국가 발전을 위한 큰 틀의 접근이라는 것을 충분히 설명했더라면, 정책적인 옳고 그름은 논쟁의 대상이 될 수는 있어도 방향성은 이해할 수 있었겠죠. 그러나 다주택자 규제의 목적이 명확하지 않은 상태에서 무차별적으로 행해지니 문제만 발생합니다.

모든 대책에는 그에 맞는 합당한 이유가 함께 있어야 한다고 봅니다. 그러나 다주택자 규제에는 명확한 철학이 없습니다. 다주택자 규제는 집값을 잡긴 잡았습니다. 그 집값 안정을 의도했는지는 정책 입안자들 머릿속에만 있겠지만요.

임대차 3법, 과연 세입자
보호를 위한 선의의 법인가?

    2025년에는 임대차 3법이 국회를 통과한 지 5년 차가 됩니다. 임대차 3법은 계약갱신청구권, 전월세 상한제, 임대차 신고제 도입을 핵심으로 하는 주택임대차보호법 및 부동산거래신고법 개정안을 가리킵니다. 당시 집값 상승 및 전세난이 심각한 사회 문제로 대두되자 문재인 정부에서는 세입자들의 거주 안정성을 보호한다는 목적으로 임대차 3법을 추진, 시행했습니다.

    임대차 3법은 크게 세 가지 법으로 나누어 말할 수 있습니다. 먼저 '계약갱신청구권'은 세입자에게 한 번 더 임대차 계약을 갱신할 수 있는 권리를 부여한 법입니다. 이 법에 근거하면 세입자는 최대 4년 동안 같은 집에서 살 수 있습니다. 물론 첫 번째 2년의 임대차 계약 종료 후에 특별한 이유*가 있을 시에는 임대인이 임차인의 계약갱신청구를 거절할 수도 있긴 합니다. 다음으로 '전월세 상한제'는 임대인이 임대료를 마음대로 올리는 것을 저지하기 위한 법으로 임대인은 임대료 증액 범위를 기존 임대료의 5% 이상 올릴 수 없다고 제한하고 있습니다. 마지막으로 '임대차 신고제'는 임대차 계약 시 계약일로부터 30일 이내에 관할 지자체에 신고하도록 규정한 법입니다.

임대차 3법은 목적 자체는 매우 좋습니다. 거주 불안에 내몰릴 수도 있는 세입자의 권리를 강화해줌으로써 주거 안정성을 보장해주고, 임대료의 지나친 상승을 억제해 전월세를 안정시키겠다는 정부의 의지가 반영된 정책이었으니까요. 하지만 저는 임대차 3법을 볼 때마다 '지옥으로 가는 길은 선의로 포장되어 있다'라는 말이 떠오르곤 합니다. 저는 임대차 3법의 본질이 정부가 시장에 개입해 시장 가격을 억제적으로 조정함으로써 수요를 조절한 정책이라고 봅니다. 그래서 그 결과가 어떠했나요? 정부가 의도한 바와는 달리 임대차 3법 개정 후 전세금이 폭등했습니다. 임대차 시장의 안정은 아이러니하게도 임대차 3법 덕분이 아니라 2022년 미국 발 금리 인상으로 부동산 가격이 하락하면서 안정되었습니다. 그러면 임대차 3법은 왜 전세금을 폭등시켰을까요?

* 임대인(임대인의 직계존속·직계비속을 포함)이 목적 주택에 실제 거주를 해야 한다거나 임차인이 임차인으로서의 의무를 위반해 임대차 계약을 계속하기 어려운 중대한 이유가 있는 등

♀ 계약갱신청구권은 왜 전세가격을 올렸나?

임대차 3법으로 인해 전세금이 올라가는 이유에 대해 먼저 설명해 보겠습니다. 임대차 3법의 핵심은 전월세 상한제와 계약갱신청구권제로 요약할 수 있습니다. 별도로 임대차 2법이라고도 불리는 전월세 상한제와 계약갱신청구권제는 세입자의 주거 안정성을 높이고 전세금 인상을 제한하려는 목표에서 비롯된 중요한 법적 조치입니다. 그러나 이러한 규정들이 적용되었음에도 전세금이 폭등한 이유를 이해하기 위해서는 전세금 상승을 부추긴 이유를 찾아봐야 합니다.

전세 기간이 2년에서 4년으로 늘어나는 것을 고려해 임대인이 선제적으로 전세금을 높였다고 보기도 합니다. 이런 임대인이 있긴 하겠지만, 이는 전체적인 전세가 상승을 설명하는 근본적인 원인은 아니라고 생각합니다. 아무리 임대인들이 전세금을 높이려 해도, 그 금액에 대한 수요가 맞지 않으면 거래가 성사되지 않기 때문입니다.

결국은 높게 형성된 전세금에도 수요가 몰렸다는 것이 중요한데, 전세금 상승의 핵심은 '닫힌 시장'이 아니라는 것입니다. 전세금이 급등한 핵심 원인은 전세 시장의 수급 불균형입니다. 전세 시장은 폐쇄적이지 않습니다. 즉, 수요와 공급의 법칙이 엄격히 작용하는 '열린 시장'입니다.

한 마을에 주택 100채가 있고 이 마을은 100% 임대를 놓고 있어서 임대인 100명과 임차인 100명이 있다고 가정해보겠습니다. 계약갱신청구권제와 전월세 상한제가 적용된다면, 전세금 인상은 5%

이하로 제한되고, 시장은 안정적인 상태를 유지할 것입니다. 그러나 현실에서는 수요자와 공급자의 욕구가 항상 일치하지 않기 때문에, 시장이 예상대로 돌아가지 않는 경우가 발생합니다. 예를 들어, 100명의 임차인 중 일부는 계약 갱신을 원하지 않고, 직장이나 학군 등 개인적인 이유로 새로운 지역으로 이사하려는 수요가 발생하기 마련입니다. 그러나 원하는 지역에서 매물을 찾기 어려울 가능성이 높습니다. 계약갱신청구권이 없었다면, 세입자는 선택권을 가지고 가격을 조정하면서 원하는 집을 고르게 되겠지만, 계약갱신청구권이 실현되면 매물의 선택권이 사라지고 결국 '가냐, 안 가냐'는 선택에 의해 가격이 결정되기 시작합니다.

주민만 있다고 해도 이동의 자유가 제약되는데, 신규 수요까지 추가 되면 상황은 더 복잡해집니다. 외부에서 전입해 오는 사람이 5명, 기존 주민 중 독립이나 결혼 등으로 새로 가구를 구성한 5명이 더해져 주택 수요가 10이 증가했다고 가정하겠습니다. 계약갱신청구권이 없었다고 하면 100개의 집을 110가구가 경쟁을 하며 시장원리에 따라 임대 시세가 정해지고 자금 부담을 할 수 없는 10가구가 자의든 타의든 다른 마을로 떠나게 될 것입니다. 그러나 100가구 중 80가구는 계약갱신청구권을 사용하여 계속해서 거주한다고 하면 이야기는 달라집니다. 남은 20개의 집에 30명이 경쟁을 하게 됩니다. 한마디로 계약갱신청구권으로 인해 같은 신규 수요가 발생해도 경쟁이 더 치열해지고. 결국 경쟁을 뚫은 일부 세입자들이 높은 전세금을 지불하는 구조가 형성됩니다.

가령 기존 전세금이 5억 원인 주택이 5천만 원이 증액될 예정이었으나 계약갱신청구권을 사용한 가구는 5억 원에 계속 거주할 수 있게 된 대신 신규 전세 계약은 7억 5천만 원에 체결되는 경우가 발생할 수 있습니다. 즉, 임대차 3법은 신규 임차 수요가 높지 않은 곳에서는 문제없이 안정적일 수 있으나 신규 임차 수요가 계속 생기는 곳에서는 시장에 이중가격이 형성되는 것입니다.

실제로 임대차 3법 시행 이후 전세금이 폭등했을 때 서울 및 주요 대도시 중심으로 전셋값이 크게 상승했지, 지방의 비인기 지역은 시장은 큰 움직임이 없었습니다. 서울의 경우라도 재개발 지역과 같은 곳은 10년 전이나 지금이나 전세 금액이 그대로입니다. 낙후된 동네에서 전세 1~2억 원이라도 살아주는 게 고마울 정도입니다.

따라서, 임대차 3법은 세입자들의 권리를 보호하려는 중요한 법적 장치였으나, 시장의 기본적인 구조적 문제인 수급 불균형을 해결하지 못하고, 오히려 전세 시장의 과당 경쟁을 유발하는 원인으로 작용한 셈입니다.

♀ 전세의 이중가격이 매매 가격도 올린다

전세금의 상승이 단지 전세 시장에만 영향을 미친다면, 이는 신규 임차인들에게는 큰 부담이 되더라도 기존 임차인들에게는 상대적으로 덜 심각한 문제로 여겨질 수 있습니다. 기존 임차인들은 계약 갱신청구권과 전월세 상한제를 통해 비교적 저렴한 금액으로 거주를 지속할 수 있기 때문입니다. 하지만 문제는 전세금 상승이 전세 시장을 넘어서 매매 시장에도 큰 영향을 미친다는 점입니다. 특히, 전세의 이중가격 형성은 매매 가격 상승을 부추기며, 정상적인 매매 가격 상승보다 더 큰 폭으로 가격을 올릴 수 있습니다.

전세 시장에서 이중가격이 형성되는 경우를 가정하겠습니다. 앞서 전세 시세가 5억 원에서 5억 5천만 원 정도로만 상승해야 했지만, 계약갱신청구권으로 인해 시장에 남은 소수의 전세 물량에 수요가 몰리면서 전세금이 7억 5천만 원에 체결되었다고 했습니다. 이러한 전세금의 급등은 갭투자를 훨씬 더 쉽게 만듭니다. 가령, 매매 금액이 10억 원이고 전세금이 5억 원이라면, 갭투자를 하려는 사람은 현금 5억 원이 필요합니다. 하지만 신규 전세가 7억 5천만 원으로 체결될 경우, 갭 투자자는 필요한 현금을 2억 5천만 원으로 줄일 수 있습니다. 부동산 매수에 대한 진입 장벽이 낮아지고, 기존에는 현금 5억 원을 마련할 수 없었던 잠재적 투자자들이 이제는 매수를 선택할 수 있게 되면서 매매 수요가 급격히 증가하게 됩니다.

결과적으로 매수자가 늘어나며 가격 상승이 더욱 가팔라집니다. 문제는 이러한 매매 가격 상승은 비정상이라는 것입니다. 일부 고액 전세가 맞춰진 매물이 낮은 갭을 이용하여 12억 원에 계약되었다고 하면 금방 실거래가 소식이 퍼지면서 모두가 12억 원에 매도하려고 합니다. 하지만, 대다수의 매물은 전세가 5억 원에 맞춰져 있어서 7억 원을 더해 매수할 사람은 없습니다. 사실상 11억 원이라도 낮춰서 처분해야 하는 것이죠. 이러한 매매 금액의 급격한 상승은 기존 임대인들에게 불만을 야기합니다. 12억 원의 매매 시세가 폭등했다고 인식하기보다는, 12억 원의 시세를 못 받게 된 원인은 낮은 전세 때문이고, 전세가 낮은 이유는 계약갱신청구권 때문이라는 결론을 도출하게 됩니다.

결론적으로, 임대차 3법으로 인해 발생한 전세 시장의 이중가격 현상은 매매 시장의 교란까지 초래하며 매매 금액 상승을 가속화시키는 결과를 낳습니다. 문제는 이것이 정상 시세가 아니었고, 거품을 만들었다는 것입니다. 2022년 조정기가 왔을 때 매매와 전세 금액이 같이 하락하기 시작합니다. 높은 전세가율을 활용해서 갭투자를 한 사람들의 타격이 더 컸던 것도 이러한 이유가 존재합니다.

◎ 임대인 vs 임차인, 기존 임차인 vs 신규 임차인

임대인과 임차인은 서로 필요한 존재인 만큼 상호 협의하면서 배려하며 민간 임대차 시장이 돌아갔습니다. 특히 대한민국 같은 경우는 민간 시장의 비중이 압도적입니다. 공공임대주택에 대한 비중이 10%도 안 되다 보니, 사실상 시장 논리에 따라 자연스럽게 움직이고 있습니다. 문제는 이러한 임대차 3법 등장 이후 임대인과 임차인이 서로를 나의 권리를 침해하는 대상으로 바라보는 시각이 늘고 있다는 것입니다.

전세 시장에 이중가격이 형성되면 매매 금액도 폭등하는 문제가 발생합니다. 임대인은 매매, 전세 금액을 더 올려받을 수 있는데 못 올려받게 된 이유는 내 주택의 세입자가 저렴하게 있기 때문이라고 생각할 수 있습니다. 그렇다 보니 기존 세입자를 내보내려는 것이지요. 반대로 세입자의 경우, 전세 시세가 높아지니 어떻게든 안 나가려고 버텨야 하기에 임대인은 나를 쫓아내려고 하는 나쁜 사람 혹은 전세 보증금을 더 받고자 하는 욕심이 많은 사람으로 인식하게 됩니다. 각자 자기의 입장에 맞춰서 이윤을 극대화할 수 있는 선택을 하는 것인데 그것을 법에서 임의로 규정해놓으니 사람들의 이해관계가 충돌하게 되는 것이죠.

임대인과 임차인의 갈등은 적극적으로 행동하는 사람까지 등장하면서 더 격화됩니다. 어떻게든 계약갱신청구권을 거절하기 위해 실거주 의사가 있다고 거짓말을 하면서 퇴거를 요구하는 임대인이 등장합니다. 세입자는 실거주하겠다는 말이 거짓이라는 것을 증명할 방법이 없다 보니 어쩔 수 없이 퇴거했지만, 실제로 입주하지 않으면 손해배상 소송을 하게 되는 상황까지 나오게 됩니다.

임대인과 임차인 간의 갈등에서 끝나는 게 아니라 기존 임차인과 신규 임차인 간의 갈등도 일으키고 있습니다. 시장에 만들어진 이중가격은 신규 참여자가 모두 부담하게 되는 구조가 됩니다. 임차인을 보호한다고 하지만 정확하게는 기존 임차인을 보호할 뿐, 신규 임차인은 보호받지 못하는 것이죠. 기존 임차인은 높아진 전세금을 보면서 계약갱신청구권 덕분에 저렴하게 살고 있다고 인식하고, 신규 세입자처럼 높은 전세금을 부담하지 않기 위해 적극적으로 본인 권리를 위해 강하게 주장하는 상황이 만들어집니다. 그러나 오래가지는 못합니다. 높아진 전세금에 고통받던 신규 세입자가 결국 집을 매수해 실입주하겠다고 하면, 쫓겨나 높아진 전세 금액을 맞닥트리게 됩니다. 결국 이러한 임대차 시장 보호는 사실상 시장경제 논리에 반하는 행위로서 시장의 왜곡뿐만 아니라 참여 주체 간의 갈등까지 만듭니다.

♀ 임대차 보호법 어디로 가는가?

한편으로는 임대차 3법의 혼란이 일시적일 뿐이고 결국 시장이 적응하면 안정화될 것이라 보는 시각이 있습니다. 그러면 가장 우려스러운 시점이 있습니다. 바로 1장에서도 이야기했던 '2026년 전세가 폭등 시나리오' 시점입니다. 그동안 양질의 신축 아파트 단지에 동시다발적으로 임차인을 모집하면서 일대 전세금을 안정시켜주는 효과가 있었는데, 이게 없어지면 더 이상 임대차 시장을 진정시켜줄 안전장치가 사라지게 됩니다. 더군다나 2026년부터는 서울의 신규 입주보다 멸실 주택 수가 더 많아지게 됩니다. 임대차 시장이 흔들리면 자연스럽게 부동산 매매 시장도 자극되어서 본격적인 매수 분위기가 형성될 것으로 전망합니다.

이때 정치권에서 개입할 가능성이 높을 것이라 봅니다. 2026년은 제9회 전국동시지방선거가 있고, 2027년은 제21대 대통령선거가 있습니다. 이를 의식한 정치인들이 국민의 목소리에 귀 기울이면서 급등하는 부동산 가격과 전세금을 안정시켜야 한다는 이야기가 나오겠지요. 안 그래도 민간 임대 시장이 위축되고 있는 상태에서 의무만 더 강조하게 되면 시장은 더 큰 혼란에 빠질 수 있다고 봅니다. 2024년 11월에 진보 진영에서 주택임대차보호법 일부개정법률안을 발의했는데요. 계약갱신청구권에서 기존 1회를 삭제하고 무제한 사용할 수 있도록 추진했습니다. 하지만 사람들의 반발이 심해 철회되었습니다. 당장 이번에 법 개정이 되지 않더라도 언제든지 개정의 불씨가 남아있음을 인지해야 합니다.

◉ 한국의 임대료는 높지 않다

임대차 3법이 옳고 그름을 떠나, 한국의 임대차 시장이 정부가 개입할 정도로 높은 것인지 근본적으로 생각해볼 필요가 있습니다. OECD Better Life index의 주택 자료를 살펴보면 가처분소득 대비 주거비(Housing expenditure) 항목이 있습니다. 해당 자료에서는 가장 의외의 결과가 나오는데요. 한국의 주거비는 조사대상 국가 중

그림 4-7 가처분소득 대비 주거비

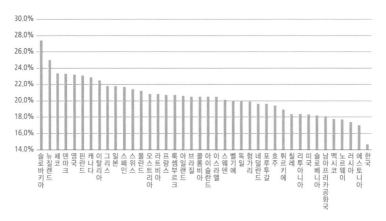

자료 : OECD Better Life index

에서 가장 낮다는 것입니다. 그것도 그냥 낮은 정도가 아니라 압도적

으로 낮습니다. 한국의 임대료가 낮은 이유는 전세 제도 덕분입니다.

〈그림 4-7〉을 보면 한국의 주거비는 조사 대상 국가 중에서 가장

낮다는 의외의 결과를 확인할 수 있습니다. 한국의 임대료가 낮은 이

유는 전세 제도 덕분입니다. 이쯤에서 우리는 전세라는 제도에 대해

다시 한번 생각해볼 필요가 있습니다. 사실 전세 제도는 세계적으로

봤을 때 상당히 독특한 임대 방식입니다. 이 제도는 본질적으로 집값

이 오른다는 것을 전제로 하고 있습니다.

이 전세 제도는 사실 과거 금융 시장이 발달하지 않았을 때 발전

한 일종의 사금융 형태였습니다. 그리고 지금은 금융 시장이 많이 발

전했음에도 불구하고, 이 제도가 가진 고유의 장점 때문에 여전히 유

지되고 있습니다. 임대인의 시야에서 전세 제도를 봤을 때 집값이 오

른다는 전제 조건이 없다면 이 제도는 형성되기 어려운 구조입니다. 집값이 오르지 않는다면 전세를 주는 것에 별다른 이득이 없기 때문입니다. 따라서 전세라는 제도가 작동하는 근본적인 원리는 이렇습니다. 임대인은 비교적 적은 금액으로 주택을 매수하고, 전세를 놓음으로써 임대소득은 없지만 주택의 가격상승분을 통해 얻는 이득이 더 커질 거라 판단했기 때문에 전세를 선택하는 것입니다. 사실상 전세는 무이자, 무차입 레버리지입니다.

그러나 만약 집값 상승이 기대되지 않는다면 어떻게 될까요? 당연히 임대인들은 전세를 놓을 이유가 없어집니다. 이렇게 되면 전세물량은 줄어들고, 전세를 찾는 사람들은 더 높은 가격을 지불해야 합니다. 사실상 이러한 전세 공급자 덕분에 저렴한 임대차로 들어갈 수 있는 공생관계가 형성되게 됩니다. 오히려 전세라는 강력한 경쟁자 덕분에 월세 또한 상승하기 어려운 구조가 되었습니다. 한국의 월세가 상대적으로 저렴하게 유지될 수 있었던 이유 중 하나는 바로 전세라는 강력한 대안이 존재했기 때문입니다. 그러나 만약 전세 제도가 사라지고 모든 임대차 계약이 월세로 전환된다면, 월세는 필연적으로 상승할 수밖에 없을 것입니다.

실제로 2022년 하반기 집값이 하락하고 역전세난이 발생하면서 전세금이 하락했습니다. 금리가 상승하니 같은 전세금이라 해도 전세자금 대출을 통해 움직이던 사람에게는 부담이 증가하면서 월세로 이동한 것인데요. 문제는 월세로 수요가 이동하면서 월세도 가격이 상승했습니다. 이렇게 전세는 계속 하락하고, 월세는 계속 상승하다가 어느 순간부터는 전세와 월세 모두 가격이 동반 상승하기 시작합니다. 전세가 계속 낮아지다 보니 어느 시점에는 고금리임에도 불구하고 전세자금 대출을 받아서 이자를 납부하는 게 월세를 내는 것보다 유리해지는 시점이 오면서 같이 상승한 것이죠.

〈그림4-7〉에 있는 나라 중 독일은 임대료 상한제와 계약갱신청구권제를 매우 강하게 규제하는 나라입니다. 집주인이 특별한 이유 없이 계약 갱신을 거부할 수 없고, 월세도 올릴 수 있는 상한이 정해져 있습니다. 독일 세입자 평균 거주 기간은 12년이 넘는데요. 규제가 강하다 보니 여러 문제점이 있습니다.

기존 세입자는 무한정 계약을 연장할 수 있는 등 강력한 보호를 받지만, 새로 세입자가 되기가 극히 어렵습니다. 그래서 나를 세입자로 뽑아달라고 자소서까지 쓰는 상황이 도래했습니다. 또한 세입자가 저렴하고 길게 보니 집주인들은 주택을 유지보수하는 투자를 줄이게 됩니다. 자연스럽게 시설은 점점 더 노후화되고 세입자는 열악한 환경에서 살게 되는 문제점이 발생합니다.

모든 정책에는 장단점이 존재합니다. 극단적으로 전세 제도를 없애야 한다고 말하는 사람도 있는데, 전세 제도의 종말은 전 국민의 월세화입니다. 전세라는 주거 사다리를 걷어차는 것밖에 안 된다고 봅니다.

세입자의 보호는 필요합니다. 임대인의 과도한 갑질도 막아야 하고요. 그런데 임대주택 공급 등 사회 안전망은 국가가 만들어야 하는 것입니다. 그 의무를 반강제적으로 민간에다가 강요하기 시작하면 시장 자체가 흔들릴 수 있습니다. 임대차 시장을 흔들면 흔들수록 전세 보증금과 같이 목돈이 묶이게 되는 임대보다는 다달이 월세라도 받자는 사람들이 더 늘어날 것으로 보입니다. 실제로 근래 월세화가 점점 더 가속화되고 있습니다. 진짜 임차인을 위한 행동이 무엇인지, 한국의 임대차 시장이 규제가 필요할 정도로 높은 것은 맞는지 근본적으로 생각해볼 필요가 있습니다.

토지거래허가제,
가격이 아닌 주민을 잡는 정책

　토지거래허가제도는「부동산 거래신고 등에 관한 법률」제10조에 규정되어 있습니다. 그 내용을 풀이하자면 토지거래허가제도는 토지의 투기적 거래나 급격한 지가 상승이 우려되는 지역에 허가구역을 지정한다는 것인데요. 사실상 토지거래허가제도를 주택거래허가구역으로 전용하는 것이 문제입니다.

　기본적으로 토지거래허가구역은 말 그대로 토지에 지정합니다. 대표적으로 3기 신도시 대상 지역이나 그린벨트 해제 지역과 같이 정부의 대규모 개발 사업이 예정된 곳에 투기를 목적으로 거래하지 못하도록 막는 것입니다. 임의로 토지를 거래하게 되면 보상금을 노리는 사람이 유입하는 등 공익사업에 피해를 줄 수 있기 때문입니다. 사실상 토지 수용 예정 지역에 대한 거래 정지인 것이죠. 다만 이러한 토지거래허가구역은 도심지 한복판을 지정한 사례는 없었습니다.

하지만 국토교통부는 2020년도 6.17 부동산 대책을 발표하면서 서울 송파·강남구 내 청담동, 삼성동, 대치동, 잠실동(일명 '잠실 마이스') 인근 지역에 토지거래허가구역을 지정하겠다고 발표했습니다. 토지거래허가구역을 일정 면적을 초과하게 되면 토지거래허가를 받아야 한다는 사항을 이용해서 주택 역시도 토지 지분이 있으니 토지거래허가를 받아야 한다는 논리로, 그곳에 대규모 개발 계획이 있어 집값 상승이 우려된다는 명분으로 진행했습니다. 그렇게 해당 지역들의 토지거래허가구역 지정은 서울시 도시계획위원회 심의를 통해서 확정하게 되었습니다.

오세훈 서울시장이 취임한 후에는 토지거래허가구역이 해제될 것이라는 기대감이 높았지만, 반대로 추가 지정을 단행했습니다. 2021년도에 강남 압구정동, 영등포 여의도동, 양천구 목동신시가지, 성동구 성수전략정비구역을 추가로 지정하고, 신속통합계획 선정 지역들도 토지거래허가구역을 묶는 등 더더욱 전방위적으로 토지거래허가제도를 난발했습니다.

특히 서울시의 토지거래허가구역 지정은 이전처럼 동(洞) 단위로 지정하는 게 아니라 대상 주택 지역만을 묶어서 더 노골적이었습니다. 그러다가 이제는 사실상 주택거래허가제도로 고착화시키기 위해 2023년 4월 18일 「부동산 거래신고 등에 관한 법률」 제10조 1항이 개정되었는데요. 이때 추가된 내용은 '국토교통부장관 또는 시·도지사는 대통령령으로 정하는 바에 따라 허가대상자, 허가대상 용도와 지목 등을 특정하여 허가구역을 지정할 수 있다'입니다. 주목해야 할 것은 허가 대상 용도와 지목을 특정할 수 있다는 사항입니다.

토지거래허가구역 대상 지역 내에 상가, 공장, 빌라 등 집값 상승과는 상관없는 부동산까지 규제되어서 민원들이 제기되자 해당 개정을 통해 토지거래허가구역 지정 대상 지역에서 '아파트 용도'로만 한정하는 식의 발표까지 나오게 됩니다. 언론에서는 토지거래허가구역이 완화된 것처럼 보도가 되었지만, 저는 이렇게 완화한 게 더 문제라고 생각합니다. 이제는 토지거래허가제도가 아니라 주택거래허가제도로 대놓고 사용하겠다는 의미이기 때문입니다.

♀ 토지거래허가제, 주택가격 안정 효과가 있는가?

토지거래허가구역은 주택가격 안정 효과가 있을까요? 토지거래허가구역의 효과는 기본적인 수요공급 곡선˚을 통해서 어렵지 않게 유추해볼 수 있습니다. 수요공급 곡선을 볼 때는 '점 이동'과 '선 이

˚ 부동산 공급은 신축 아파트만으로는 절대량이 부족하니 매도자가 매물을 내놓는 중고 매매 시장이라고 보면 된다.

동'을 구분해야 합니다. 기본적으로 수요 곡선과 공급 곡선이 있고, '점 이동'은 '곡선 내 이동'입니다. 점은 가격 변화에 따른 이동입니다. 각 곡선은 가격에 대한 소비 주체의 반응을 표시한 것입니다. 수요 곡선은 가격이 낮을수록 구매 의사가 높아짐으로 그래프가 우하향하게 되어있고, 공급 곡선은 가격이 높을수록 공급 의사(매도 의사)가 높아질 것이니 그래프가 우상향하게 되어있습니다. 수요 곡선과 공급 곡선이 만나는 지점이 바로 시장의 균형점으로서 가격(시세)이 결정되며 거래량이 결정됩니다.

'선 이동'은 '곡선의 이동'인데요. 가격 외의 요인이 있을 때 선 이동이 발생합니다. 대표적으로 부동산 개발 호재 발표나 부동산 규제 대책 발표와 같은 것이 있겠지요. 이에 따라 수요가 높아지면, 가격이 오르고, 수요가 낮아지면 가격이 하락할 것입니다. 경제학에서는 모델 내 요소 변화를 내생변수(Endogenous Variable), 모델 외 요소 변화를 외생변수(Exogenous Variable)로 구분합니다.

그러면 외생변수로 인해 선 이동이 발생하면 어떤 식으로 가격이 변하는지 알아보겠습니다. 부동산에 좋지 않은 정책이 발표되었다면 부정적으로 보는 인식이 많아지고, 수요 곡선이 좌측으로 이동하면서 B에서 새로운 가격이 형성하게 됩니다. 가격과 거래량이 둘 다 낮아지는 것이죠. 반면, 공급 곡선이 우측으로 이동할 수 있습니다. 이 경우에는 가격은 낮아지지만, 거래량은 증가합니다(〈그림 4-8〉의 상단 그래프).

반대의 경우도 마찬가지입니다. 그래서 거래량은 늘면서 가격이

그림 4-8 부동산 시장의 수요 및 공급 곡선

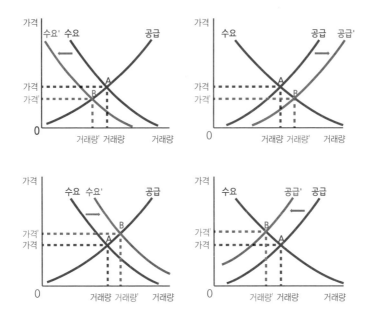

하락할 수도 있고, 거래량이 줄면서 가격이 상승할 수도 있지요. 가장 대표적인 것이 바로 거래 제한, 즉 토지거래허가구역입니다.

토지거래허가구역은 우선 수요 감소 효과가 있습니다. 토지거래를 허가받을 수 있는 규정은 매우 간단합니다. 쉽게 말하면 '실사용자만 허가해준다'라고 보면 되는데요. 주택의 경우는 실거주, 상가의 경우는 사업자, 농지의 경우는 자경해야 하는 것이죠. 그러면 일명 '갭투자'가 막힙니다. 전세를 끼고 매수할 수가 없어지니 투자금이 더 많이 들어가야 하죠. 특히 재개발, 재건축 지역은 거주환경도 열악해서 향후 신축 아파트를 위한 '몸테크'를 하는 게 아닌 이상 오래

된 주택에 거주하려고 매수하지 않기 때문입니다.

문제는 토지거래허가구역이 수요 감소만 가져오는 게 아니라 공급 감소도 동시에 가져온다는 것입니다. 실거주가 가능한 사람만 매수할 수 있다는 말은 반대로 뒤집어서 생각해보면, 매도자는 매수자가 실거주할 수 있도록 해줘야만 매도할 수 있다는 것이기도 합니다. 집주인이 실거주 중이라든가, 세입자가 있다면 퇴거 시점 협조를 구하든, 공실로 만들어야 합니다. 이러한 수요공급 감소가 동시에 나타나는 것을 고려하면, 어느 쪽이 좀 더 비탄력적이냐에 따라 가격이 결정된다고 볼 수 있습니다.

정답은 이미 모두 알고 있습니다. 애초에 토지거래허가구역을 지정한 지역들이 각종 개발 호재로 수요가 너무 많이 몰리는 게 우려되어서 지정해버린 것이죠. 그러면 이미 수요 곡선이 크게 우측으로 이동하려다가 토지거래허가구역으로 인하여 조금만 우측으로 이동하게 되지만, 공급 곡선은 좌측으로 이동하게 됩니다. 가격이 폭등하게 되는 이유가 여기에 있는 것입니다.

2024년 6월 서울시 도시계획위원회에서는 토지거래허가구역을 재지정했습니다. 재지정을 한 이유로 "최근 서울시의 아파트 위주로 회복세가 나타나고 있으며, 특히 강남3구의 회복률이 높은 수준이다. 규제를 풀면 아파트 가격이 더욱 불안해질 소지가 있다"라고 설명했습니다.* 한마디로 집값을 안정시키겠다고 토지거래허가구역을

* 서울시, 잠실·청담·대치·삼성 토지거래허가구역 재지정, 조선일보, 2024년 6월 13일.

지정했는데, 집값은 반대로 올랐고, 토지거래허가구역을 풀면 더 오를까 봐 연장했다는 것입니다.

토지거래허가구역을 풀면 가격이 더 상승한다고 보는 사람이 많습니다. 토지거래허가구역이 풀릴 때 수요 증가가 더 크면 가격이 오르겠지만, 공급 증가가 더 크면 가격은 감소할 것입니다. 오히려 현 토지거래허가구역은 풀리기만 하면 가격이 더 상승할 거라는 기대감으로 매도 보류, 매수자는 풀리면 비싸지니 지금 매수하려고 해서 더 높게 거래되는 것일 수 있습니다. 그러면 토지거래허가구역이 풀려도 가격이 생각보다 안 오르거나, 반대로 기다렸던 매도 물량이 쏟아지면서 하락하는 것이죠.

토지거래허가구역은 상급지보다 하급지에 큰 타격을 줍니다. 대표적으로 강북 재개발 신통기획 선정지를 토지거래허가구역으로 지정해버렸는데요. 선정지도 초반에는 가격이 오르다가 오히려 하락해버린 곳이 많습니다. 초반에는 재개발 선정에 기대감이 높아서 가격이 오르다가, 몇 년이 지나도 정비구역지정 소식도 없고 주민들도 열정과 기대가 식으면서 하락해버린 곳이 많습니다. 토지거래허가구역이 없는 재개발도 있는데, 굳이 거주환경이 열악한 재개발 지역에 실거주까지 하면서 매수하려는 사람이 없다 보니 수요 감소 폭이 더 컸던 것이죠. 그나마 기대감이 있는 곳은 가격 지지가 되어도, 애매한 곳은 매수 수요도 감소하고 매도하려는 사람은 매도가 안 되니 가격을 낮춰버리는 악순환이 반복됩니다.

따라서 토지거래허가구역으로 인하여 집값을 잡았다는 표현은 맞지 않습니다. 특히 해당 지역이 입지가 좋은 지역일수록 반대로 집값을 더 높였을 가능성이 크지요.

♀ 거주 주민만 괴롭히는 토지거래허가제

토지거래허가구역은 상급지와 하급지 모두를 괴롭게 만듭니다. 사실상 '주택거래허가구역'으로 전용하고는 있지만 그렇다고 진짜 '주택거래허가구역'은 아니기 때문입니다. 해당 법령은 주택을 대상으로 고려해서 만들어진 규정이 아닙니다. 각각의 가구마다 삶의 형태가 제각각이고 경우의 수가 다양합니다. 단순하게 볼 수 없는 만큼, 세법은 조세 회피를 막기 위해, 어떨 때는 억울한 사람을 보호해주기 위해 수많은 개정을 하면서 여기까지 왔습니다. 이만큼 주택이 걸린 문제는 정말 다양한 문제가 있을 수 있는데, 일률적으로 실소유자만 처분할 수 있다는 조항은 문제가 있습니다.

이와 관련해 기억나는 사례가 있습니다. 강남에 2채의 아파트를 보유한 은퇴한 노부부였는데, 원래 33평형에 거주하다가 평수를 넓히기 위해 45평을 매수해서 이사했고, 일시적 2주택 3년 기간에 맞춰서 비과세로 처분하려는 계획이었습니다. 그런데 갑자기 토지거래허가구역으로 지정되어버린 것입니다. 실사용 목적을 갖춘 경우에만 처분할 수 있으니 매수자는 실거주할 사람으로 찾아도 매도하기 위해서는 기존의 세입자에게 동의를 구해야 합니다. 문제는 때마침 임대차 3법이 도입되면서 세입자가 퇴거를 거부하고 계약갱신청구권을 사용하겠다고 통보해버린 것입니다. 양도세 중과가 적용되면 수억 원의 세금을 더 납부해야 해서 세입자에게 매도에 협조하는 조건으로 이사비용 1억 원까지 제시했습니다. 하지만 세입자는 1억 원을 받아도 인근 전세 시세가 몇억씩 뛰었기 때문에 못 나간다고 완강하게 버텼습니다. 별 고민을 다 했지만 시간 문제로 3년이 지나 비과세를 놓쳤습니다. 당시 다주택자는 종합부동산세 중과가 있었는데 조정대상지역 내 2주택 소유자도 중과세율 적용 대상자라 매년 몇천만 원의 종합부동산세를 부과받게 되었습니다.

다소 극단적인 사례이긴 합니다. 이러한 극단적인 경우가 아니더라도 고통받는 사람들은 많습니다. 앞서 설명한 것처럼 강북의 재개발 신속통합기획으로 선정되어 토지거래허가구역에 지정된 경우, 실거주 중이라 매도는 가능해도 매수 희망자가 없어서 가격이 낮게 형성되어 버립니다. 해당 지역에서 10년을 살았든 20년을 살았든, 매수자는 실거주자만 살 수 있다 보니 거래 가격이 낮습니다. 원주민은 개발될 때까지 팔지 말고 살던가 개인 사정상 처분하게 되면, 헐값에 팔아야 하는 상황이 생깁니다.

이처럼 상급지는 더 비싸게, 하급지는 더 싸게 만들면서, 주민들은 거래의 제약으로 고통받게 하는 게 토지거래허가구역입니다. 잡으라는 집값은 못 잡고 거주 주민들만 잡는 것이 현실입니다.

거주하지 않는 사람만
원한다는 도시재생사업

    사람을 포함한 모든 생명에 생애주기가 있듯, 도시 역시 생애주기가 있습니다. 모든 건축물은 세월이 지나 노후화하면서 원래의 기능을 상실하고, 다시 신축되거나 방치됩니다. 미시적으로는 개별 건축물이나 거시적으로 보면 지역과 도시 단위로도 생애주기가 나타납니다. 도시가 늙으면 주거환경이 열악하고, 자본이 있는 사람은 다른 지역으로 이동하여 저소득층, 사회 취약계층만 남게 됩니다. 자본이 부족하다 보니 자생적으로 개선이 어려워지고 이는 곧 도시의 슬럼화로 이어지게 됩니다. 늙어가는 도시의 슬럼화를 방지하기 위해 도시재생의 중요성이 대두되고 있습니다. 하지만 어쩌다 주민들이 앞장서서 도시재생사업을 반대하고, 일명 '벽화나 칠하는 사업'이라는 인식으로 전락했을까요?

결론적으로, 한국의 도시재생사업은 첫 단추부터 잘못 꿰어졌습니다. 도시재생의 법적 정의와 본질적 목적을 무시한 채, 단순한 '보존'에만 집착했기 때문입니다. 보존과 개발은 서로 배제하는 개념이 아니라 균형을 이뤄야 하지만 도시재생사업은 이 균형을 완전히 상실해버렸습니다.

⊙ 첫 단추부터 잘못 끼운 도시재생사업

박원순 서울시장은 2011년 10월~2019년 7월의 재임기간 동안 400여 개의 정비사업을 해제하며 도시 정책의 대대적인 전환을 시도했습니다. 이는 전면 철거 방식의 재개발에서 벗어나 보존과 주민 공동체 중심의 도시재생으로 나아가겠다는 '뉴타운 출구전략'의 일환이었습니다. 이러한 정책 기조는 중앙정부 차원으로 확대되어, 2017년 문재인 대통령은 후보 시절 공약으로 도시재생 뉴딜 정책을 통해 5년간 50조 원을 지원하겠다고 약속했습니다. 당선 이후, 전국적으로 도시재생 열풍이 불었고, 막대한 예산이 투입되었습니다.

그러나 이 정책은 도시재생의 본질을 왜곡했다는 문제가 있습니다. 「도시재생 활성화 및 지원에 관한 특별법」에 따르면, 도시재생은 도시의 경제적·사회적·문화적 활력을 회복하고 지역 공동체를 재건하는 것을 목표로 합니다. 법적으로는 재개발과 재건축을 포함한 정비사업도 도시재생의 범주에 속합니다. 하지만 실제 운영에서는 이러한 법적 정의가 무시되었습니다. 대한민국의 도시재생은 '철거형' 정비사업과 구별되는 '보존형' 사업에만 치중되었습니다. 이는 과거 전면 철거 중심의 개발 방식에 대한 반작용으로, 보존 중심의 도시재생이 무비판적으로 수용된 결과입니다. 결과적으로 한국에서 '도시재생'이라는 용어는 사실상 '보존형 사업'의 대명사가 되어버렸습니다.

결국 도시재생사업은 기존의 골목길, 오래된 건축물, 지역의 특색을 살리는 데 집중했지만, 이는 실질적으로 주민들의 삶을 개선하지 못했습니다. 도로는 여전히 좁고, 주차장은 부족하며, 노후된 주택은 그대로였습니다. 주민들은 막대한 세금이 벽화 그리기와 화단 조성 같은 보여주기식 사업에 낭비되었다고 느꼈습니다. 더욱 심각한 문제는 이러한 접근이 도시재생의 본질적 목적을 달성하지 못했다는 점입니다. 도시의 경제적 활력은 회복되지 않았고, 지역 공동체의 재건도 요원해졌습니다. 오히려 주민들 사이에서는 '이제라도 재개발이 필요하다'는 목소리가 커지고 있습니다. 이는 도시재생사업이 주민들에게 외면받는 정책으로 전락했음을 명확히 보여줍니다.

⊙ 재개발이 필요한 곳에 도시재생을 하다

도시재생사업의 문제는 보존이 필요한 곳과 철거를 통해 정비가 필요한 곳을 명확히 구분하지 않았다는 점입니다. 그래서 도시재생사업이 효과적으로 작동하지 못한 사례가 많았습니다. 그 대표적인 예로 서울 용산구의 서계동과 청파동, 종로구의 창신동과 숭인동이 있습니다.

서계동·청파동은 일제강점기부터 서울역사의 배후 구릉지에 형성된 자연발생적 주거지역으로, 아직도 일본식 가옥과 옛 도시조직이 남아 있는 희소한 도시지역입니다. 이 지역은 구릉지에 위치해 기반시설이 취약하고, 주거환경의 노후도가 심각하며, 과소필지가 밀집되어 있습니다. 이러한 서계동·청파동 일대는 오래전부터 재개발에 대한 주민들의 기대가 높았던 지역이었습니다. 2006년 제4회 전국동시지방선거에서 오세훈 후보가 민선 4기 서울시장으로 당선되면서, 기존 26곳의 뉴타운을 50곳으로 확대하겠다는 공약이 발표되었습니다. 이에 따라 서울의 재개발 후보지들이 큰 관심을 받았고, 서계동 일대는 입주권을 노린 지분 쪼개기까지 발생할 정도로 재개발 기대감이 높아졌습니다. 하지만 2007년, 서울시는 집값 자극을 우려해 4차 뉴타운 지정을 전면 유보했고, 이어 글로벌 금융위기와 한국 부동산 경기 침체로 인해 재개발 계획이 무산되었습니다. 반면, 창신·숭인동은 오세훈 시장 시절 유일하게 2007년 4월 재정비촉진구역으로 지정되었습니다.

다만, 2011년 재보궐 선거에서 박원순 후보가 서울시장에 당선되면서 서울시의 정비사업 방향은 급격히 전환되었습니다. 2012년 일명 '뉴타운출구전략'을 발표했고, 2013년 창신·숭인 뉴타운은 정비구역 해제되었습니다. 뒤이어 2014년에는 서울 도시재생 1호 사업지로 지정했습니다. 2015년 서울역 일대를 도시재생 활성화 지역으로 지정되었고, 2017년에는 지구단위계획도 도시재생을 중심으로 본격적으로 사업이 추진되었습니다.

각각 약 1천억 원의 예산이 투입되어 도시재생 활성화를 위한 다양한 사업이 진행되었지만, 실질적인 거주환경 개선에는 한계가 있었습니다. 구체적으로, 창신·숭인동과 서계·청파동 모두 주차장 부족과 좁은 도로 문제로 인해 차량 통행에 어려움이 있었으며, 소방차가 주요 도로조차 통과하지 못하는 상황이 계속되었습니다. 주민들은 근본적인 주거환경 개선이 이루어지지 않았다고 느꼈습니다. 투입된 예산으로 거점 시설이 조성되었으나, 이러한 시설은 일부 주민들만 이용할 수 있는 제한적인 용도로 전락했고, 경사가 심한 지형과 밤길 안전 문제는 여전히 해결되지 않았습니다. 이에 따라 젊은 층은 지역을 떠나고, 노인 중심의 인구 구조가 형성되어 고령층에게도 적합하지 않은 환경이 남게 되었습니다. 도시재생사업 진행 과정에서 노후건물의 보수와 같은 개별적인 개선 작업이 이루어졌지만, 주차 공간 및 상하수도와 같은 주요 기반시설의 확충은 미흡했습니다. 결국 주민들은 재개발을 통한 근본적인 변화를 요구하게 되었으며, 이는 도시재생사업이 주민들의 실질적 요구를 충분히 반영하지 못했음을 보여줍니다.

　이후 주민들이 재개발을 재추진할 것을 희망했지만, 2020년 국토교통부의 5.6 부동산 대책에서 공공재개발 후보지 공모 시에도 도시재생 지역은 공모 대상에서 제외되었습니다. 그러나 시간이 흐르면서 오세훈 서울시장 재임 시기에 이들 지역은 다시 신속통합기획을 통해 재개발 지역으로 선정되었습니다. 서계·청파동은 2021년 12월, 서울시는 첫 신속통합기획 후보지 21곳을 선정하며 서계동을 포함한 청파2구역을 지정했고, 2022년 12월에는 서계동 통합구역이 2차 신속통합기획 대상으로 선정되면서 서계동, 청파동 도시재생사업은 다시 재개발 사업으로 전환되었습니다. 창신·숭인동도 2021년 12월 창신·숭인동 일대 사업 구역이 1호로 선정되었고, 이후 2022년 12월 2차 선정에서는 창신9구역과 창신10구역이 선정되었습니다.

　결국 기반시설 자체가 열악하여 재개발이 필요한 지역에 도시재생사업을 무리하게 추진한 결과 주민들이 나서서 도시재생사업을 반대하고 다시금 재개발을 추진하는 결과가 나왔습니다.

♀ 허공으로 사라진 도시재생 매몰비용

서울특별시 2017년 12월 「서울역 일대 도시재생활성화계획」에 따르면 서계동을 포함한 서울역 일대는 도시재생활성화계획의 일환으로 총 1,069억 원(마중물 예산 482억 원)을 투입해 핵심사업 41개를 진행하고, 추가로 일반사업 22개에 약 1,413억 원을 투입하기로 결정되었습니다. 서계동, 청파동에만 사용된 구체적인 예산이 정리된 것은 없지만 수백억 원이 사용된 것으로 추정합니다.

반면 창신·숭인동에 사용된 예산은 확인할 수 있습니다. 2024년 8월 서울특별시의회, '창신·숭인 도시재생활성화사업 예산 투입 현황'을 보면 도시재생사업에 875억 원이 사용되었습니다. 여기서도 유독 눈에 띄는 것은 마중물 사업으로 국비 99억 9,500만 원, 지방비 105억 5,900만 원, 총 205억 5,400만 원이 집행되었습니다. 마중물 사업은 말 그대로 물을 끌어 올리기 위하여 위에서 붓는 물로써 세금으로 먼저 선 투입하고 이후는 민간에서 자생적으로 운영이 될 것으로 기대했으나, 마중물 사업 종료 이후 민간에서의 후속 투자는 이루어지지 않았습니다. 또한 설명회 당시 국토부가 승인한 활성화계획에는 주민 선호도가 낮았던 봉제재생, 관광자원화 사업에 마중물 사업비의 58%가 배정되어 있었습니다.

도시재생사업이 실패한 건 그 자체로 주거환경이 너무 열악하기 때문입니다. 근본적으로 소방차 진입이 안 되는 도로망과 주차 공간의 부족은 근본적으로 길가에 있는 토지를 매입해서 도로를 넓혀야 가능합니다. 하지만 주민들에게 다수의 공익을 위해 길을 확보해야 하니 땅을 매도하라고 할 수 없었던 것입니다. 결국 도시재생사업 예산은 사실상 겉보기에 티가 나는 전시행정사업이나 사회적기업 예

그림 4-9 '도시재생 뉴딜' 사업비 계획과 실제 투입된 비용(2018~2022년 집계)

정부·지자체 재정

계획   10조 원
실투입   9조 1,000억 원

집행률
91%

주택도시기금

계획   25조 원
실투입   3조 2,000억 원

집행률
12.8%

LH · SH 등 공기업 사업비

계획   15조 원
실투입   6,000억 원

집행률
4%

자료: 국토교통부

산 등으로 사용되고 말았습니다. 정작 주민들은 수백억 원이 사용되었지만, 그 돈이 어디에 얼마나 쓰인 것인지 알지도 못하고 체감도 못한 것입니다.

위 두 개 사업은 소수의 사례일 뿐 문재인 정부 시절 전국에 수많은 도시재생사업으로 혈세가 낭비되었습니다. 50조 원을 도시재생에 사용하겠다고 하였는데, 국세만 10조 원 중 9조 1천억 원이 사용되면서 집행률 91%를 보여줬고, 주택도시기금은 25조 원 중 3조 2천억 원으로 집행률 12.8%, LH 등 공기업 사업비는 15조 원 중 6천억 원만 투입되어 집행률은 4%밖에 되지 않습니다.

♀ 같은 실수는 반복된다

2013년 12월 「도시재생 활성화 및 지원에 관한 특별법」이 시행된 지 10년이라는 시간이 지났고, 수많은 도시재생사업 지역에 조(兆) 단위의 세금이 투입되었지만, 정작 주민들에게 외면받는 상황입니다. 정권이 바뀌고 2024년 윤석열 대통령도 민생토론회에서 "그동안 도시재생이라면서 벽화 그리기, 화단 조성 같은 사업들이 주민들 삶의 실제 도움이 됐냐"고 반문하며 "보여주기식 사업이 아니라 민생에 실제 도움이 되고 민생을 살리는 방향으로 도시재생 사업을 완전히 재편하겠다"라고 이야기했습니다. 여기까지는 괜찮은데 문제는 '뉴빌리지 사업'을 도입해 10년간 10조 원를 지원하겠다고 발표한 것입니다. 국토교통부도 2024년 4월 「뉴빌리지 사업 개요 및 향후 계획」을 발표했습니다.

개인적으로 윤석열 정부의 '뉴빌리지 사업'은 문재인 정부의 도시재생 뉴딜과 큰 차이가 없을 거라 봅니다. 재개발이 어려운 곳에 소규모 정비, 개별주택 재건축 시 편의시설 설치를 지원해주는 식으로 진행한다는 것은 문제의 본질은 전혀 파악하지 못한 것입니다. 도시재생의 실패는 벽화를 칠해서 실패한 게 아닙니다. 근본적으로 도로망이 열악하고 주차 공간이 부족하며, 정비기반시설 자체가 없기에 거주환경이 열악한 것입니다. 그런데, 그런 지역에 또 예산을 써서 무언가를 도와주면 얼마나 달라질까요?

서울의 빌라는 저렴하지요. 저렴한 이유는 여러 가지가 있을 것입니다. 그러면 여기에서 거주환경이 열악한 빌라를 거주환경이 조금 개선된 빌라로 만들어주는 것에 얼마나 큰 의미가 있을까요? 같은 예산을 쓰더라도 신축 아파트로 개선을 해줘야 그 지역 주민들도 좋고, 일대가 정비되면서 동네도 달라집니다.

마포구와 성동구 둘 다 적극적인 재개발로 주거환경이 개선되고 동네 이미지도 변경된 곳입니다. 그런데 이 두 지역이 20년 전 그대로 방치했다면 어떻게 되었을까요? 진짜 서민들은 계속 마포구와 성동구를 떠나지 않고 살고 있었겠지요. 옥수동 달동네는 여전히 달동네일 것이고, 아현동 판잣집은 여전히 판잣집일 것입니다. 강북에서 그나마 살만한 곳은 광진구 뿐이고 마포, 성동은 입지 좋은 곳에 서민들이 직주근접을 갖춰서 살아가는 곳으로 남아있습니다. 상향평준화를 추구해야지 하향평준화를 추구하면 안 됩니다. 다 같이 좋은 환경에서 잘 살기 위해 노력해야 한다고 봅니다. 마포구와 성동구가 정비되면서 중산층들이 거주하기 좋게 바뀌었기 때문에 그나마 서울 집값이 이렇다고 봅니다.

결국 큰 틀에서 도시계획적인 시각으로 어떻게 개선을 해나갈지 생각해봐야 합니다. 주민들이 원하는 개선도 필요하고요. 물론 개발 만능주의라서 모두 다 철거하고 아파트로 만드는 것이 능사라는 것은 아닙니다. 진짜 보존할만한 가치가 있는 건축물은 보존해야죠. 북촌 한옥마을 다 철거해서 아파트로 올리자는 이야기가 아닙니다. 도시계획 측면에서 진정한 도시재생이 될 수 있는 방향과 진정으로 거주 주민들이 원하는 방향성이 무엇인지를 생각해보면 좋을 것 같습니다.

재건축하지 말라고 만든
재건축초과이익환수제

　노무현 참여정부 시기 「재건축초과이익 환수에 관한 법률」이 2006년 5월 제정되었습니다. 이 제도는 재건축으로 인한 과도한 이익을 환수해 부동산 투기를 억제하고자 만들어졌습니다. 재건축 사업으로 발생한 이익 중 정상 주택가격 상승분을 초과하는 금액의 최대 50%를 국가가 환수하는 것을 골자로 합니다. 노무현 정부 시기에도 부동산 가격이 이렇게 많이 오르는 것에는 재건축이 큰 영향을 준다고 판단하면서 재건축을 규제해야겠다는 판단이 내려졌고, 그 결과가 바로 '재건축초과이익환수제'입니다.

　재건축초과이익환수제(일명 재초환)는 금융위기 이후 부동산 경기

침체가 심해지자 2012년 12월부터 2014년까지 2년을 유예했다가 추가로 3년 연장하면서 5년간 부과하지 않았습니다. 2017년에도 보수 진영에서 추가로 연장하려고 했지만 여야 합의가 되지 않아서 2018년도부터 다시 시행되고 있습니다. 정확한 적용 기준은 2017년 12월 31일까지 최초 관리처분인가를 신청한 조합은 재초환 예외, 이후 신청한 경우는 재초환이 적용됩니다.

재초환은 쟁점이 많은 법률입니다. 재건축 사업 진행에 있어서 가장 큰 방해물이라고 볼 수 있죠. 그런데 재건축초과이익환수제를 바라보는 시선은 정말 다릅니다. 재건축 소유자는 당연히 반대하는 사항이지만, 재건축을 소유하지 않는 사람들은 단순히 "재건축으로 돈 벌었으면 세금 내야 하는 거 아니야?" 정도로 가볍게 생각합니다.

재초환은 과거부터 위헌 이야기가 계속 나왔으나 2019년 12월 헌법재판소에서 「재건축초과이익 환수에 관한 법률」 합헌 판결까지 내리면서 더욱 논의하기 어려워졌습니다. 헌법에서 정한 국민의 평등권과 재산권 보장 위반을 사유로 청구한 위헌 소송에 대해 헌법재판소는 재판관 6:2의 의견으로 합헌 결정을 내린 것입니다.

◎ 재건축초과이익환수제의 3대 위헌 요소

1. 미실현 이익 과세

2. 이중과세

3. 형평성 문제

위 사항이 재건축초과이익환수제의 가장 핵심적인 문제점이자 위헌 요소입니다. 헌재에서 합헌이라는데, 헌재가 틀렸고 내 말이 맞다는 식의 법률 논쟁을 하고 싶은 생각은 없습니다. 다만 부담금 납부를 한다고 해도 위의 방식으로 부과하는 게 옳은 것인지 하나씩 살펴보겠습니다.

① 미실현 이익 과세

"소득 있는 곳에 세금 있다"라는 말이 있습니다. 소득이 있으니 세금을 납부하라는 것에 근본적으로 거부하기는 어렵습니다. 그러나 이 소득이 미실현 이익이라면 이야기는 달라집니다. 매도한 것도 아닌데, 세금을 납부하라는 것입니다. 양도소득세의 경우는 소득이 생긴 뒤에 납부합니다. 10억 원의 양도차익이 생겼으니 4억 원을 세금으로 납부하라고 하는 식입니다. 그러나 재건축부담금은 매도를 통해 이익금이 있는 것도 아닌데, 평가이익을 부과시킵니다. 그렇다 보니 재건축부담금이 부과되었을 때 부담금을 납부할 자산이 없다면, 주택을 팔아서 납부해야 하는 아이러니한 상황이 나온다는 겁니다. 평생 고생해서 재건축을 끝낸 뒤에 드디어 입주를 하나 했더니 사실상 정부가 주택을 수탈해나가는 것이죠. 이런 상황에서 집값이 떨어진다면 어떻게 될까요? 환급을 해주는 것도 아닙니다. 예를 들어, 재건축 완공 시 40억 원이 추산되어서 부담금을 부과했는데, 실제 집 값이 30억으로 하락했다면 차액을 돌려받을 수 있을까요? 그렇지 않습니다. 이것이 바로 미실현 이득 과세의 큰 문제점입니다.

② 이중과세 문제

다음으로는 이중과세 문제가 있습니다. 예를 들어 재건축을 통해 20억 원 아파트가 40억 원이 됐습니다. 많은 사람은 "재건축으로 떼 돈 벌었으니 당연히 세금 내야지"라고 생각할 수 있습니다. 하지만 실제는 단순하지 않습니다. 기본적으로 해당 이익에 대한 세금을 걷 는 규정이 있습니다. 바로 양도소득세입니다. 20억 원의 차익이 발 생했다면 (일반세율로 계산) 양도소득세는 지방세 포함 약 9억 2천만 원 정도 나옵니다. 그러나 여기에 재건축부담금을 걷게 되면 이중부 담의 문제가 발생합니다.

정부는 기본적으로 재건축부담금은 말 그대로 부담금이지 세금이 아니기 때문에 이중과세가 아니라고 합니다. 그러나 이중으로 부담을 지우는 것은 맞기에 양도세 계산 시 해당 부담금을 공제해준다고 합 니다. 하지만 문제는 이 공제 방식입니다. 세액공제가 아닌 과표공제 방식을 택하고 있습니다. 세액공제라면 납부한 부담금 10억 원을 양 도세 9억 2천만 원에서 직접 빼주어 양도세 부담이 0원이 될 수 있습 니다. 그러나 과표공제는 양도차익 자체를 20억 원에서 10억 원으로 줄여주는 방식입니다. 결과적으로 10억 원에 대한 양도세 4억 2천만 원을 추가로 납부해야 합니다. 분담금 10억 원, 양도세 4억 2천만 원

그림 4-10 재건축초과이익환수제의 이중과세

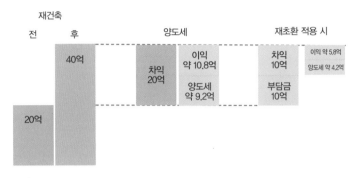

재건축

전 후 양도세 재초환 적용 시

40억

차익 20억

이익 약 10.8억

양도세 약 9.2억

차익 10억

부담금 10억

이익 약 5.8억

양도세 약 4.2억

20억

※ 양도소득세는 공제 없이 단순 계산, 지방세 포함

을 모두 빼고 나면 40억짜리 집을 팔아도 남는 돈은 25억 8천만 원에
불과합니다. 20억 원을 벌었다고 하지만 실제 이익은 5억 8천만 원밖
에 안 되는 셈이죠.

더 큰 문제는 이런 상황에서 집값이 떨어졌을 때입니다. 예를 들
어 집값이 35억으로 떨어졌다고 해봅시다. 양도세는 안 내도 되겠지
만, 이미 낸 분담금은 돌려받지 못합니다. 결국 재건축을 해서 남는
게 뭐가 있느냐는 말이 나오는 이유입니다.

이런 구조에서는 재건축 사업 자체가 의미가 없어질 수 있습니다.
재건축으로 얻는 이익의 대부분을 세금과 부담금으로 납부해야 한
다면, 누가 재건축을 하려고 할까요? 결국 이는 주택 공급을 저해하
고, 노후 주택의 개선을 막는 결과를 초래할 것입니다.

③ 형평성 문제

가령 재건축 사업에서 초기 주택 가치가 20억 원이었다가 완공 후 40억 원이 되었다고 가정해봅시다. 그런데 재건축 과정 중에 갑이 을에게 35억 원으로 주택을 매매하면 어떻게 될까요? 갑의 경우, 양도차익 15억 원에 대해 양도세 6억 1천만 원을 납부하고 끝납니다. 반면 을의 경우, 35억 원에 구매했고, 완공 후 40억 원이 되어 5억 원의 이익이 발생했습니다. 그러나 재건축부담금 10억 원을 모두 납부해야 합니다. 결과적으로 을은 5억 원의 손실을 보게 됩니다.

정부는 위헌이 아니라고 주장합니다. 논리는 '부담금이 10억 원 나올 것을 알고 35억 원이 아닌 30억 원에 샀어야 했다'라는 것입니다. 하지만 여기에는 몇 가지 문제가 있습니다.

우선 부담금 액수를 정확히 계산하기가 어렵습니다. 준공이 되어야 정확한 금액을 알 수 있기 때문입니다. 예를 들어, 반포주공 1단지 3주구의 경우 관리처분인가 시점에서는 4억 원으로 예상되었지

그림 4-11 재건축 사업 도중 주택을 매매했을 경우

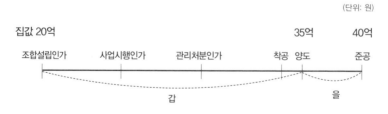

갑 : 15억 차익 = 양도소득세 약 6.1억 납부
을 : 5억 차익 − 부담금 10억 = 5억 손실

만, 완공 시점에 10억 원으로 급증할 수 있습니다. 이런 상황을 과연 구매자가 예측할 수 있었을까요? 적어도 관리처분인가 시점에서 부담금을 확정해줘야 이를 기준으로 진행할 수 있겠지만, 애초에 완공되지도 않은 상태에서 예상되는 추산 시세를 부과한다는 것부터가 법의 목적과 근간을 흔들어 버립니다.

재건축으로 인한 초과이익을 걷는 것이 해당 법의 목적이라고 한다면, 걷는 대상은 재건축으로 인한 이익을 얻은 사람이 대상일 것입니다. 그러면 소유자가 도중에 변경이 되었을 때 소유 기간에 따라 안분하든, 각자의 시세차익에 따라 안분하든 해야 하는 것이 합당합니다. 그러나 이렇게 최종소유자에게 전부 부과시키는 것은 납득하기 어렵습니다. 만약 최종소유자에게 부과시키는 이유가 있다면, 행정편의주의적 접근이라는 것입니다. 기본적으로 돈을 걷으려고 하면 납세자의 반발이 있을 수밖에 없습니다. 특히 재건축부담금과 같이 당위성도 불명확한 자금에는 더더욱 말이죠. 10억 원의 부담금이 나왔는데 갑은 7억 원을 부담하고 을은 3억 원을 부담하라고 하는 순간 각종 분쟁이 발생할 것이기 때문이죠.

형평성의 문제는 심각합니다. 재건축 사업을 추진해 주택가격은 올린 뒤에 준공 전에 아무것도 모르는 제삼자에게 넘기면 그자는 재건축에 대한 이익을 100% 취하고 매수자는 부담금을 떠안게 됩니다. 재건축부담금을 걷고 안 걷고를 떠나서 누구에게 어떻게 걷는지도 생각해봐야 합니다.

⊙ 재건축초과이익환수제의 평가 방식 문제

평가 방식에 대해서도 많은 논란이 있습니다. 재건축부담금 산정 방식을 살펴보면, 종료 시점 주택가액에서 '정상주택 상승분' 총액을 빼고 개발 비용을 더한 후 부과율을 곱하는 방식입니다. 이에 대해 일부에서는 부담금이 크지 않다고 주장하기도 합니다. 개시 시점과 종료 시점의 차이만 보면 큰 것 같지만, 정상주택 가격 상승분을 빼주기 때문이라는 거죠.

예를 들어, 20억 원의 주택이 재건축 후 40억 원이 되었다고 가정해봅시다. 하지만 같은 기간 동안 인근의 아파트도 재건축과 무관하게 20억 원이 올랐다면, 실질적으로 재건축을 통한 차익은 크지 않을 거라 생각하기 쉽습니다. 또한 개발 비용도 빼준다는 점을 들어 부담금이 과도하지 않다고 말하기도 합니다. 하지만 재초환은 그렇게 호락호락하지 않습니다.

개시 시점과 종료 시점의 가격 산정 방식부터가 쟁점입니다. 원칙은 개시 가격과 종료 가격 모두 공시가격˙이지만 매우 큰 차이가 존재합니다. 기본적으로 재건축 개시 시점 당시 공시가격은 매우 낮습니다. 애초에 시작 당시 가격이 20억 원이라 하더라도 공시가격은 10억 원밖에 안 될 수도 있다는 것이죠. 특히 재건축이다 보니 본래

˙ 정확하게는 부동산가격공시위원회의 심의를 거쳐 결정한 가액 – 재건축초과이익 환수에 관한 법률 제9조 제3항

가격에서 프리미엄이 붙어서 가격의 괴리가 있을 수 있습니다. 그러나 종료 시점의 가격은 신축 아파트로 시세에 준하게 공시가격이 나옵니다. 특히 문재인 정부 당시 국토교통부에서는 2020년 11월 「부동산 공시가격 현실화 계획」을 발표해 공동주택의 경우 5~10년 내에 공시가격을 시세의 90% 반영을 하겠다고 발표하고, 그 뒤로는 매년 15~20%씩 공시가격을 높이고 있었습니다. 그러다 정권이 바뀌고 공시가격 현실화 계획을 재검토하고 공식적으로 폐기하겠다고 발표했지만 법 개정은 국회의 반대에 막혔습니다. 따라서 다시금 정권이 바뀌면 종료 시점의 가격은 사실상 시세 기준이 될 수 있습니다. 그러면 평가 방식의 차이로도 재건축부담금이 발생할 수 있다는 것입니다.

정상주택 가격 상승분 계산 방식도 문제가 있습니다. 「재건축초과이익 환수에 관한 법률」 10조에 따르면, 정상주택 가격 상승분은 정기예금 이자율과 해당 시군구의 평균주택 가격 상승률 중 높은 비율을 적용합니다. 하지만 이 방식에는 큰 문제가 있습니다. 평균주택 가격 상승률 계산할 때는 아파트뿐만 아니라 빌라 등 모든 주택 유형이 포함됩니다. 이는 재건축 아파트의 실제 가치 상승을 제대로 반영하지 못할 수 있습니다.

또한, 통계 기준의 문제도 있습니다. 정부가 인정하는 통계는 한국부동산원(구 감정원) 통계입니다. 이 통계는 실제 시장 상황과 괴리가 있을 수 있습니다. 우리는 집값이 2~3배가 올랐다고 생각하지만, 실제 상승률을 보면 200~300% 상승으로 뜨지 않습니다. 막상 상승률을 보면 집값이 폭등할 때에도 20~30% 상승으로 뜰 때가 많습니다. 통계 산출 시에는 '시가총액비교방식'으로 보기 때문에 체감과는 수치가 다릅니다. 그렇다 하더라도 너무 시장 가격과의 차이가 큰 이유는 평균주택가격상승률이기 때문입니다. 아파트가 큰 폭으로 상승하지 빌라는 크게 올라가지 않았음에도 불구하고 주택가격상승률로 판단하다 보니 차이가 발생합니다. 또한 시군구의 평균주택가격상승률 중 높은 비율을 곱하여 산정한다고 하지만, 같은 강남구라 하더라도 압구정동의 상승률과 강남구의 상승률은 다르고, 서초구의 상승률과 반포동의 상승률은 다릅니다. 그렇다 보니 인근 주택들도 20억 원은 올랐으니 재건축을 통해서 25억 원이 올랐어도 5억 원에 대한 부담금만 납부하면 될 것이라고 생각하지만, 실상은 20억 상승의 반도 인정되지 않을 가능성이 높습니다.

〈그림 4-12〉는 2018년 국토교통부에서 재건축부담금 시뮬레이션을 돌린 결과입니다. 당시 최고 8억 4천 부담금의 주인공이 어딘가로 말들이 많았습니다. 국토부가 공식 인정한 것은 아니지만 재초환이 적용되는 강남 재건축 단지 중 가장 큰 단지인 '반포주공1단지 3주구'로 생각하고 있습니다. 그러나 '반포주공1단지 3주구'가 관리처분을 받을 때 추산 금액은 4억 원이었습니다. 즉, 준공 시점에서 부담금이 4억 원일지 8억 원일지 10억 원이 넘어갈지 알 수 없습니다. 2018년만 해도 반포 신축 아파트 가격을 보면 국민평형 기준으로 '반포 아크로리버파크'가 막 30억 원을 찍고 대부분의 거래는 30억 원 미만에서 거래되었습니다. 그러나 2024년에는 '반포 래미안원베

그림 4-12 재건축부담금 시뮬레이션

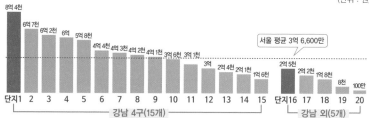

(단위 : 원)

8억 4천 / 6억 7천 / 6억 2천 / 6억 / 5억 8천 / 4억 4천 / 4억 3천 / 4억 2천 / 4억 1천 / 3억 6천 / 3억 1천 / 3억 / 2억 4천 / 2억 1천 / 1억 6천 / 2억 5천 / 2억 2천 / 1억 8천 / 8천 / 100만

서울 평균 3억 6,600만

단지1 2 3 4 5 6 7 8 9 10 11 12 13 14 15   단지16 17 18 19 20

강남 4구(15개)   강남 외(5개)

재건축부담금계산식

[종료 시점 주택가액 − (개시 시점 주택가액+정상 주택가격 상승분 총액+개발비용)] x 부과율

- 정상 주택가격 상승분: 개시 시점 주택가액에 정기예금 이자율 또는 평균 주택가격 상승률 중 높은 비율을 곱하여 산정한 금액
- 부과율: 조합원 평균 이익에 따라 0~50%까지 누진 적용(조합원 1인당 300만원까지 면제)
- 개시시점 − 조합설립추진위원회 설립 승인일
- 종료시점 − 재건축 준공인가일

자료: 2018년 국토교통부

일리'가 실거래가 60억 원을 찍었습니다. 만약 시세 60억 원이 된다면 분담금은 얼마 나올지 상상이 되지 않습니다. 반대로 말하자면 부담금 산정방식이 그만큼 객관적이지 못하고 기준을 어떻게 잡는지에 따라 고무줄이 된다는 것입니다. 따라서 재건축을 통한 가격 상승치가 얼마인지에 대한 논란은 계속 발생할 수밖에 없습니다. 정확하게 인근 단지와의 재건축 단지 간의 시작 시점과 종료 시점을 동일한 감정평가 방식으로 산출하고 각각의 가격 상승분 비교해서 재건축만을 통한 상승분을 잡는 것이 합리적이라 생각합니다.

📍 재건축초과이익환수제의 부과 방식 문제

「재건축초과이익 환수에 관한 법률」에 따르면 조합원별로 종전 자산을 평가한 가액 등을 고려해서 조합원별 납부액하고 조합원별 분담 기준과 비율을 정하여 관리처분계획에 명시해야 합니다. 조합원별 개시 시점 부과 대상 주택의 가격, 그리고 조합원별 종료 시점 부과 대상 주택가격의 추정액, 청산금, 이런 것들을 고려해서 조합원별 순이익을 내고, 순이익을 모두 합산한 총액에서 조합원별 순이익이 차지하는 비율을 기초로 분담 비율을 결정하라고만 규정되어 있습니다.

문제는 그 순이익이란 게 무엇인지, 순이익을 어떻게 산정해야 하는지 산식이 없다 보니 조합에서는 부담금의 분배를 어떻게 해야 하는지 알 수가 없습니다. 예를 들어 1대1 재건축으로 다 종전 평형도 동일하고 동일 평형으로 이동했다면 문제가 없습니다. 모두 다 동일하게 나눠서 납부하면 되니까요. 그러나 현실은 복잡합니다. 누군가는 대형 평형을 소유하다 보니 권리가 컸는데, 분담금이 부담되어서 소형 평형으로 이동해 환급금을 받는 사람이 있을 것이고, 누군가는 소형 평형을 소유해서 분담금이 작았는데, 대형 평형을 신청해서 분담금을 많이 납부하고 입주한다면 어떨까요? 도대체 누구에게 더 많은 분담금을 부과해야 하는 것일까요? 분담금을 걷긴 해야 할까요? 대형을 소유했던 사람은 종전보다 평형이 줄어들었으니 아무리 신축이 되었다 해도 자산 가치는 그대로거나 오히려 줄었다고 말할 수 있습니다. 소형에서 대형을 신청한 사람은 본인은 대형을 간 만큼 이미 조합에 분담금을 수억 원 납부했는데, 부담금도 추가로 더 부담하라면 억울하다고 말할 수 있습니다. 조합원이 수백 명, 수천 명이 있는데, 그 각각의 순이익을 어떻게 산정할 거냐, 그 기준이 현재 사실 없습니다.

국토교통부가 법하고 시행령에서 교통정리를 해줘야 하는 것을 조합에 떠미는 상황입니다. 조합 내부에서 분쟁이 생기면 결국 조합원들이 조합에 이의 제기할 수밖에 없는 구조인 것이죠, 일단 법에 따라 정부는 초과이익 수금은 내가 일단 걷을 것이지만 그 분배는 너희들이 알아서 하라는 구조입니다. 과거에는 실제로 부과된 단지도 몇 없거니와 부과가 되어도 부담금이 크지 않았다 보니 그냥 얼렁뚱땅 넘어갔지만, 지금처럼 평균 분담금이 5~7억 원씩 커지게 되면 앞으로 재건축의 뇌관이 된다고 봅니다.

분담금의 산정방식을 바텀업으로 하여 개인별로 얼마씩의 분담금이 있다고 산출하는 것이 아니라 탑다운으로 총액을 내리기 때문에 발생하는 문제입니다. 1차 납부 의무자는 조합이니 일단 전체 분담금액을 조합에서 징수하는 거죠. 그런데 개별 조합원 중에서 내 부담금은 말도 안 된다면서 납부를 거부하거나 금액을 다투려 한다면 소송의 대상은 정부가 아니라 조합이 되어버립니다. 조합은 소송에 휩싸이게 되고, 이렇게 버티는 조합원도 있다면 부담금을 받는데 시간과 비용이 들어가는 것은 둘째치더라도 당장 정부에 부담금을 납부할 의무가 있으니 조합 재산에서 먼저 납부해야 할 수 있습니다. 즉 전체 조합원들의 이익이 부당하게 지출되는 결과를 가져옵니다. 정부의 책임 있는 자세는 조합에다가 폭탄 돌리기식으로 떠넘기는 게 아니라 직접 부과 징수하는 게 맞습니다.

◉ 재건축초과이익환수제는 폐지가 정답

재초환은 폐지가 정답이라고 주장합니다. 재건축초과이익환수제가 그대로 유지된다면 도심 내 주택공급 방안의 두 개의 축 중 하나가 빠지게 됩니다. 도심 내 아파트의 노후화는 갈수록 심해질 것이고, 신축 아파트 희소성은 더 높아질 것입니다.

재초환으로 재건축을 가로막아서 얻는 실익이 무엇인지 진지하게 생각해보면 좋을 것 같습니다. 저는 지금이 재건축의 마지막 골든 타임이라 생각합니다. 현재 재건축해도 남는 게 없는데 여기서 재건축부담금까지 납부하라는 것은 하지 말라는 것입니다. 현시점의 재건축은 진퇴양난입니다. 사업성이 안 나오면 조합원 '분담금' 폭탄이라 진행을 못 하고, 사업성이 나오면 '재건축부담금'이 폭탄이라 진행을 못 합니다. 도시의 슬럼화를 바라는 것이 아니라면 지금이라도 재건축초과이익환수제는 없애서 재건축 의사가 있는 곳이라도 할 수 있도록 해야 한다고 봅니다.

공약(公約)과 공약(空約) 구분법

　부동산 관련 발표를 볼 때마다 언론에서는 장점들을 나열하지만, 저는 발표를 볼 때마다 직업병이 있어서 그런지 실현 가능성을 따지게 됩니다. 항상 정부가 대책을 발표하면, 대책의 내용도 내용이지만 그 대책이 현실화 되었을 때 절차도 봐야 합니다. 대표적으로 국토교통부에서 각종 부동산 대책을 발표하면, 저는 내용을 먼저 읽어보고 유의미한 내용인지 아닌지를 일차적으로 파악한 뒤 맨 뒤 페이지를 확인합니다. 이러한 부동산 대책에는 항상 '향후 추진계획'이 있고 대책별로 일정과 소관부서, 그리고 '조치사항'이 있는데 여기서 '시행령 개정 사항인지 법 개정 사항인지'를 구분해야 합니다.

시행령은 행정부의 의지로 개정할 수 있습니다. '대통령령', '국토부장관령' 같은 사항이지요. 문제는 법 개정인데요. 아무리 의도와 취지가 좋아도 국회 문턱을 통과할 수 있을지는 알 수 없습니다. 대표적으로 2024년 8.8 부동산 대책의 가장 핵심적인 사항이 바로 재건축초과이익환수제 폐지인데, 이건 여소야대 상태에서 매우 통과가 어려울 것으로 보입니다.

이런 식으로 현실적인 구분이 필요한 것인데, 대부분의 사람은 기사를 통해 접하니 이러한 구분을 잘 안 합니다. 그렇다면 현실적인 구분 다음으로 중요한 게 무엇일까요? 바로 '예산'입니다.

대표적으로 2024년 10월 발표된 서울시 지상철도 전 구간 지하화 사업˙을 보면 좋을 것 같습니다. 일명 제2의 연트럴파크를 만들겠다고 합니다. 연트럴파크로도 불리는 '경의선 숲길'은 경의중앙선 지상철 노선 중 서울특별시 마포구 연남동 가좌역에서부터 용산구 효창동 효창공원앞역을 지나 원효로1동 주민센터까지 이어진 6.3km의 구간을 지하화함으로써 지상의 선형 공원을 만든 곳입니다. 사람들은 지상철이 지하로 내려가면 소음 문제에서도 해결되고, 철도로 인한 도시의 단절 현상을 해소하고, 또한 선형 공원 조성을 통해 주민들에게는 휴식 공간과 주변 상관 활성화 등 다양한 효과가 있는 좋은 사업입니다. 문제는 현시점 추정 사업비가 약 26.6조 원입니다. 신규 지하철 노선도 예산이 지연되는 와중에 신규 노선도 아니고 기

˙　길이 68㎞ 제2연트럴파크 생긴다⋯ 서울시, 지상철도 숲구간 지하화 본격 추진. 서울시.

존 노선을 지하화하는데 26조 원을 투입할까요?

다음으로 살펴볼 포인트는 '시행 시점'입니다. 계획목표연도를 보면 좋습니다. 서울시 보도자료에 따르면 2027년부터 사업 시행이 가능할 것으로 보인다고 합니다. 물론 기술적 검토도 해야 하고, 선도사업지도 선정해야 할 것이고, 예산편성도 해야 하니까 시간이 걸리겠지요. 그런데 왜 하필 27년일까요? 현 오세훈 시장의 임기가 2022년부터 2026년까지인 것은 우연의 일치일까요? 무엇보다 이 사업은 새로운 내용이 아닙니다. 2022년 3월 「2040 서울도시기본계획」을 발표하면서 있던 내용이었는데, 만 3년 가까이 되어서 이제 추진하겠다고 합니다. 2022년 3월에 발표했던 사항인데, 이제 시행 계획을 발표하고 시행 자체는 2027년 가서 할 수도 있다는 것은 안 한다고 보는 게 좋을 것 같습니다.

진짜 의지가 있었으면 본인 임기 내에 어떻게든 하기 위해 움직였을 것입니다. 이명박 서울시장은 청계천 복원 사업 진행할 때 당시 반대가 정말 많았고 예산도 많이 필요했음에도 불구하고 불도저처럼 밀어붙였습니다. 예산 3,800억 원을 편성하고 2003년 7월 철거를 시작해서 2005년 9월 완공했습니다. 예외적인 사례지만 이렇게 반발도 컸던 거대한 사업도 의지만 있으면 1년 만에 시작합니다.

공약(公約)인지 공약(空約)인지를 구분하려면 이렇게 본인의 임기 내에 하려는 의지가 있는지를 보면 됩니다. 발표만 멋지게 하고, 예산편성과 같이 머리 아픈 것을 뒤로 미뤘다는 것은 '사실상 언제 될지 알 수 없다'로 해석하는 게 희망 고문이라도 당하지 않습니다.

정부의 발표를 신뢰는 해야겠지만, 정부의 의지만으로 안 되는 사항들을 구분해야 합니다. 2022년, 정부에서 발표한 취득세 중과 완화 계획도 현 국회에서는 통과가 어렵다고 볼 수 있습니다. 이 취득세 중과 완화 계획은 거의 3년이 다 되어가는 과세 정책 발표이긴 하지만, 당시 정부가 발표한 보도자료에 따르면 '지방세법 개정안의 국회 입법 시 2022년 12월 21일부터 소급 적용'하겠다고 했습니다. 당시 정부의 이 발표를 신뢰하고 주택 매수를 하신 분도 계시겠지만, 저는 당시에도 이와 같은 법 개정은 쉽지 않을 것이라고 여러 강의나 상담에서 이야기한 바 있습니다. 이처럼 현재 공시가격 현실화 로드맵 폐지, 임대차 2법 폐지, 다주택자 중과세 철폐, 재건축초과이익환수제 폐지 및 완화, 재건축 안전진단 규제 완화 등 정부와 여당에서 추진 중인 부동산 정책들이 현 국회에서는 브레이크가 걸릴 수밖에 없는 것이 현실입니다.

　　공약(公約)이 아니라 공약(空約) 구분법이라는 극단적인 표현을 썼지만, 정부의 발표가 모두 공약(空約)이라는 말은 아닙니다. 단지 내돈이 투입되는 투자에 있어서는 막연한 희망보다 냉정하게 검토해야 한다고 봅니다.

'그린벨트 해제'보다
중요한 세 가지

　문재인 정부 당시 김현미 국토교통부 장관은 공급은 충분하다는 입장을 고수하다가 집값이 폭등하기 시작하자 3기 신도시를 발표하게 되었습니다. 윤석열 정부 이후에도 신규 택지지구 발표는 있었는데, 박상우 국토교통부 장관은 2024년 8.8 부동산 대책 때 수도권에 그린벨트까지 해제하면서 부동산을 공급하겠다고 발표했습니다. 공급을 중요하게 생각하는 저도 이러한 공급 대책이 유의미하지 않다는 것은 아닙니다. 그러나 그 시점과 영향을 정확하게 분석해야 하는데요. 공급 대책에서 놓치면 안 되는 세 가지가 있습니다. 바로 '어디에, 언제, 얼마나'입니다.

📍 어디에 주택 공급이 되는가?

8.8 부동산 대책에서 그린벨트를 풀겠다고 하자 다들 관심도가 높았습니다. 특히 서울은 12년 만의 해제라 그 관심도가 더 높았습니다. 문제는 그린벨트가 해제될 곳이 어디인가를 한번 살펴보면 좋을 것 같습니다.

〈그림 4-13〉은 서울시가 발표한 토지거래허가구역으로 지정된 개발제한구역의 지형도면인데요. 저희가 관념적으로 생각하는 것보다 서울 주변에 녹지 공간은 적지 않은 편입니다. 그러나 그린벨트 지역을 위성지도로 살펴보니 신규 택지로 공급할만한 땅이 없습니

그림 4-13 서울시 개발제한구역 지형도면

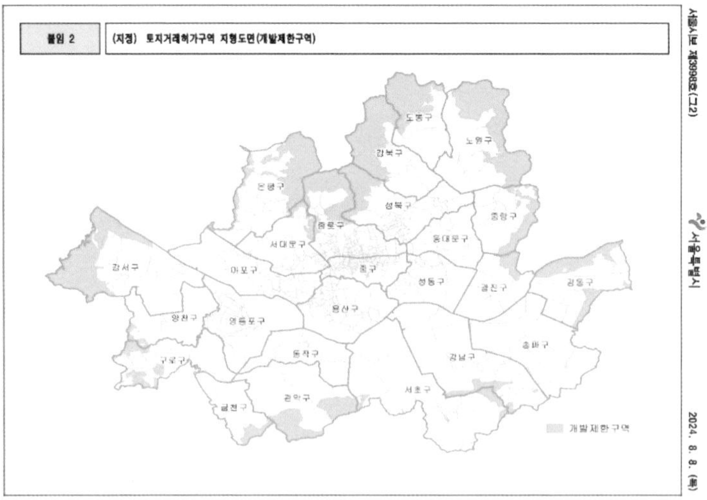

자료: 서울시보

그림 4-14 수도권 신규 택지 5만 호 구역

의정부용현(7,000)
양주창흥(6,000)
김포한강2(4만 6,000)
고양대곡(9,000)
고양창릉(3만 8,000)
인천계양(1만 7,000)
부천대장(2만)
과천(7,000)
광명시흥(7만)
인천구월2(1만 8,000)
의왕군포안산(4만 1,000)
화성봉담(1만 7,000)

양주 옥정·회천
의정부 우정
파주 운정
남양주왕숙(6만 6,000)
남양주진건(7,000)
구리교문(2,000)
하남교산(3만 2,000)
서초서리풀(2만)
의왕오전왕곡(1만 4,000)
화성진안(2만 9,000)

서울

평택 고덕국제화

1기신도시
2기신도시
1차발표택지(18년 9월)
3기신도시(18년 12월)
3기신도시(19년 5월)
3기신도시(21년 2월 24일)
3기신도시(21년 8월 30일)
3기신도시(24년 7월 30일)
그린벨트 해제(24년 11월)

※ ( )안은 공급 가구 수

자료: 국토교통부

다. 대부분은 진짜 산이다 보니 싹 밀어버리는 게 아닌 한 불가능합니다. 그린벨트 중에서 택지지구로 쓰기에는 너무 규모가 작거나 신도시 만들기에는 부적합하다는 것이죠. 즉, 이미 쓸만한 땅들은 모두 개발을 해왔다는 뜻입니다.

2024년 11월 국토교통부에서는 수도권 신규 택지 5만 호를 발표했지만, '서초 서리풀지구' 2만 호를 제외하면 모두 경기도입니다. 분명 2024년 8.8 부동산 대책에서는 서울 및 서울 인근 신규 택지 후보지 8만 호 발표였습니다. 그러나 이번 발표를 보면서 서울은 더 이상 발표할 땅이 없다는 것을 인식했습니다.

그러면 어디에 공급되는지를 인식해보면 답이 나옵니다. 〈그림 4-14〉는 2018년 9월부터 발표한 수도권 3기 신도시 신규 택지 지역들입니다. 서울 접근성도 좋은 지역도 분명 존재하긴 합니다. 택지들을 보면 대부분 경기도에 대규모 공급 폭탄을 하는 것으로 보입니다. 이게 서울 집값을 잡는 대책일까요? 경기도 집값을 잡는 대책일까요? 3기 신도시도 초기 발표지역은 서울 인접지였으나 점점 더 멀어집니다. 숫자는 맞춰야겠는데, 발표할만한 땅이 없어서 고생하는 것이 눈에 보입니다. 문제는 이러한 공급이 경기도에 몰려있다는 것입니다.

3기 신도시에 공급이 되면 서울 사람들이 얼마나 이동할까요? 이동하는 사람도 있긴 하겠지만, 어지간하면 서울에서 경기도로 나가지 않습니다. 대신 경기도 내에서 이동할 가능성이 높습니다. 신도시가 공급되면 주택가격 안정에 효과가 있습니다. 초기에는 인프라 형성에 고생하지만, 정착된 이후에는 넓은 부지에 도로망도 격자형으로 잘 정비해놓고 신축 아파트로 형성되기 때문에 살기 편하죠. 다만 한계는 서울과의 접근성입니다.

즉, 3기 신도시의 경쟁상대는 서울이 아니라 다른 경기도 내 주택일 가능성이 매우 높습니다. 경기도 내 입지가 더 떨어지는 주택, 노후 주택 등에 거주하던 사람들이 신도시로 이동하겠죠. 그러면 해당 주택의 수요를 누군가가 채워주러 오면 모르겠지만, 인구가 이제 팽창에서 축소로 이동하는 시점에서 주택 총수요는 감소하게 될 것입니다. 그렇게 되면 단순히 주택의 가격이 오르고 내리고가 아니라 사람들이 원하는 양질의 주택의 가격이 오르고 내리고의 이야기가 됩니다. 이러한 상황에서 경기권의 대규모 택지 공급은 경기권 내의 경쟁력이 떨어지는 주택의 가격을 낮출 가능성이 높습니다.

📍 공급은 언제 되는가?

국토교통부는 2024년 11월 그린벨트 해제를 발표하면서 2026년 상반기 지구 지정, 2029년 첫 분양, 2031년 첫 입주가 목표라고 했습니다. 6년 만에 입주하겠다는 것인데 현실과 괴리가 큰 목표입니다.

당장 3기 신도시가 어떻게 진행되고 있는지를 보면 금방 알 수 있습니다. 3기 신도시를 처음 발표한 시점은 2018년도 9.13 부동산 대책이었습니다. 30만 호 공급 계획으로서 1차 택지 발표는 2018년도 9월 21일 자에 35,000호를 발표했습니다. 신도시로 부를 수 있을 만한 규모는 330만㎡(약 100만 평) 이상입니다. 2018년도 12월 19일 남양주 왕숙, 하남 교산, 인천 계양, 과천을 발표하면서 본격적인 3기 신도시의 시작을 알렸습니다. 그런데 3기 신도시 발표로부터 현재까지 6년이 넘어가는 동안 어디까지 진행이 되었나요?

빠르게 진행할 거라던 3기 신도시는 주민들의 각종 반대에 직면하게 되었고 토지 보상에서부터 지지부진하다 보니 현재 시점 3기 신도시의 미착공률은 무려 61%입니다. 7만 세대로 가장 대규모의 광명 시흥 지구는 토지 보상조차도 2025년도가 되어서야 착수할 것으로 예상합니다. 이렇게 지연되는 동안 건설 경기가 안 좋아지면서 시행사와 시공사들 역시 어려워지다 보니까 신규 택지 분양도 잘되지 않고 있는데요. 어렵게 토지를 조성하더라도 그 누구도 낙찰받으려고 하지 않다 보니 계속 유찰되고 있습니다. 민간에서 시행을 포기하니 국토교통부는 공공에서 짓겠다고까지 나서고 있는데요. 이렇게 먼저 발표된 3기 신도시조차도 난항을 겪고 있는데 국토교통부는 지금으로부터 6년 뒤인 2031년에 첫 입주를 목표로 하겠다는 것입니다.

물론 국토교통부가 이렇게 현실과 괴리된 목표 시점을 제시한 이유가 있습니다. 지금 매수를 하지 않더라도 나중에 공급이 충분하니 기다리라는 신호를 주고 싶은 것입니다. 당장 매수를 하려는 사람들이 많아지면 집값이 더 과열될 것이니 공급에 대한 신호를 주는 것입니다. 여기에서 더 나아가 '사전 청약'까지 하면서 수요를 붙잡아버리기까지 합니다. 현실은 첫 입주까지도 언제 될지 요원하고, 인프라가 갖춰지기까지는 첫 입주로부터도 5년~10년은 더 지나야 합니다. 동탄신도시를 보더라도 첫 입주자들은 공사판에 학교도 없는, 흙먼지만 날리던 동네에 입주를 시작했습니다. 광역 교통망도 없어서 어렵게 출퇴근하면 고생했습니다. 그러다 인프라가 하나둘씩 갖춰지기 시작하자 달라진 것입니다. 그러나 여기서도 후광을 받는 것은 1동탄이 아니라 2동탄입니다. 2동탄은 인프라가 갖춰진 상태에서 개발이 된 것도 있고, 무엇보다 2동탄은 신축 아파트지만, 1동탄은 대부분 2007~2008년 입주로 벌써 20년차를 향해 가고 있기 때문에 구축이 되어서 가격이 달라지고 있습니다. 이런 점을 종합해서 보면 3기 신도시 입주도 입주지만, 인프라가 갖춰지기까지 시간을 고려하면 첫 입주를 빨리하는 것 자체가 정답이라고만 볼 수도 없습니다.

⊙ 얼마나 입주하는가?

입지가 괜찮다 하더라도 물량 자체가 한정적인 경우가 있습니다. 사람들이 원하는 지역에 얼마나 입주하는가가 쟁점이기 때문입니다. 현실은 대부분은 서울 사람들이 관심을 가질만한 입지라기보다 관심 없는 곳들입니다. 입지가 좋으면 규모가 작습니다. 경기도 내 입주 물량을 조금 다른 관점으로 바라볼 필요도 있습니다. 같은 입지 환경임에도 주변이 바뀌면서 더 나빠질 수 있습니다. 당장은 상관없다고 치부할 수는 있지만, 결국은 입주 시점이 다가올수록 영향을 미칠 것인데요. 주변 주택 수요를 신도시가 분산시키기도 하겠지만, 세대수가 많아지면 도로망이 포화됩니다. 원래 서울과 출퇴근 거리가 40분이던 지역은 3기 신도시 입주 후에도 40분일까요? 1시간 이상이 되지는 않을지 생각해봐야 합니다. 다들 출퇴근은 서울로 하려고 하는 상황 속에서 중전철도 없는 경기도는 앞으로 10년 뒤는 입지 여건이 더 나빠질 수 있다는 것도 고려할 필요가 있습니다.

⊙ 결국 중요한 것은 사람들이 진짜 원하는 주거 요건이다

공급 대책에서 중요한 사항은 사람들이 원하는 곳에 얼마나 공급이 되는지입니다. 단순히 공급량만이 중요한 게 아니라 수요자가 원하는 입지에 원하는 형태로 공급하는 '유효 공급'이 필요합니다. 이제는 양이 아니라 질로 가는 시대가 오고 있습니다. 이제는 최소 25평형 이상으로 만들어야 한다고 봅니다. 25평형도 최소치이지 요즘은 33평형 이상에서는 거주하길 원합니다. 신혼희망타운처럼 소형면적만 공급해서 애 낳고 살라는 것은 사실상 기만행위입니다.

항상 숫자는 부풀리고 싶은 의혹에 빠지기 쉽습니다. 1만 세대보다는 2만 세대, 2만 세대보다는 3만 세대를 공급한다고 해야 사람들이 좋아합니다. 공급 대책은 항상 중장기적인 인식으로 추진해야 합니다. 그런데 숫자에만 집착하면서 신규 택지 개발에만 몰두하는 모습이 많이 보입니다. 진짜 사람들이 원하는 도심 내 공급을 위한 방법은 정해져 있습니다. 재개발, 재건축을 활성화시켜야 합니다. 물론 도시정비사업은 시작부터도 15~20년 이상 걸리는 만큼 장기간의 호흡으로 진행해야 합니다. 내 임기 내에 가시적인 성과를 얻기 어려우니 등한시하는 경향이 있는데, 결국 장기적으로 그 여파가 다가오게 됩니다. 항상 큰 틀에서 사람들이 원하는 '유효 공급'이 무엇인지 잘 생각해보면 좋을 것 같습니다.

1기 신도시 재건축, 지금이 골든 타임이다

    저는 경기도 재건축의 실질적인 마지노선이 1기 신도시라고 생각합니다. 특히 1기 신도시의 경우 현 정부에서 정비사업 활성화를 기조로 여러 규제를 완화해주는 분위기 속에서 재건축 사업 진행에 탄력을 받는 중입니다. 1기 신도시 재건축을 들여다보기 위해서는 「노후계획도시 특별법」을 살펴보지 않을 수 없습니다. 2023년 2월 7일 국토교통부는 질서 있고 체계적인 광역 정비를 위한 「노후계획도시 정비 및 지원에 관한 특별법」 주요 내용을 발표했습니다. 2022년 3월 윤석열 대통령의 대선 공약에서 출발해 2022년 6월 지방선거에서는 경기도지사 여야 후보는 물론 각 지자체장도 모두 공약에 내걸었던

'1기 신도시 특별법'의 초안이 발표된 것이죠.

📍 경기도 재건축 마지노선 1기 신도시

흔히 '1기 신도시 특별법'이라고 부르는 법의 정확한 명칭은 「노후계획도시 정비 및 지원에 관한 특별법」(이하 노후계획도시특별법)입니다. 그간 1기 신도시만 특혜를 주는 것에 대해 반대 여론이 높아지자, 특별법 적용 대상을 택지조성사업이 완료된 후 20년 이상이 경과한 100만㎡ 이상의 택지로 정한 것입니다. 이로써 역차별 문제를 어느 정도 풀면서 입법이 되었습니다. 대표적으로 1990년대 노태우 정부가 200만 호 공급을 계획했을 당시, 1기 신도시와 함께 계획된 대전 둔산동이나 더 앞서서 80년대 전두환 정부 시절 500만 호 공급 계획으로 조성된 개포, 고덕, 목동, 상계, 중계, 수서와 같이 일명 '0기 신도시'˙도 노후계획도시에 포함됩니다. 또한 최초 구상 시에는 신도시의 기준인 100만 평(330만㎡)에 맞춰서 진행하려 했으나 이를 100만㎡으로 하향함으로써 노후계획도시특별법 대상에 포함된 지역들이 늘어났습니다.

　노후계획도시특별법에서 제가 중요하다고 눈여겨본 지점은 통상

˙ 　혹은 0.5기 신도시

재건축 기준 연한인 30년을 20년으로 낮춘 점, 안전진단을 면제 또는 완화하는 것 등입니다. 1기 신도시만 하더라도 준공 시점에 따라 30년이 아직 안 된 단지들이 있기도 하고, 2022년 12월 8일 '재건축 안전진단 합리화 방안' 발표로 안전진단을 보다 완화했음에도 불구하고, 1기 신도시의 안전진단 통과가 확실하지는 않았습니다. 서울의 다른 재건축 추진 단지들과 다르게 1기 신도시는 노후도는 물론, 주차 여건이 상대적으로 양호한 편이기 때문에 추가 완화의 필요성이 있었지요. 그런데 노후계획도시특별법에서는 아예 안전진단을 면제까지도 받을 수 있도록 조치했습니다. 저는 오래전부터 안전진단 과정이 없어져야 한다고 주장해온 사람입니다. 일단 정비사업에 들어간다고 가정을 하면 안전진단 자체는 시간과 비용만 들어가는 절차가 되어버립니다. 게다가 비용도 억 단위로 들어가는데 재건축을 하는 것이 기정사실이라면 안전진단이라는 절차를 생략하는 것이 합리적인데, 노후계획도시특별법에서 이를 실천한 것입니다.

통합 정비사업으로 간다는 점도 눈여겨볼 포인트입니다. 그동안 1기 신도시는 사업성 부족에 대한 비판이 있었는데, 용적률 인센티브를 주는 것은 좋지만 기반시설은 한정된 상태에서 세대수만 늘어나면 기반시설이 포화되리라는 점은 당연한 결과입니다. 노후계획도시특별법에서는 이를 해소할 방안으로 개별 단지로 나누어 재건축으로 진행하는 것이 아니라 대규모 블록으로 통합 정비를 진행해 학교도 위치를 이전하며 신축하는 등 도시의 자족 기능을 향상시키고 대규모 기반시설 확충도 병행하겠다는 것입니다. 쉽게 말해 '재건축

판 뉴타운'이라고 봐도 무방합니다. 기존의 재개발 사업이 아파트만 새로 건축하게 되면서 기반시설은 물론이고 도로망도 과거의 구불구불한 모습으로 그대로 있다 보니 여러 불편한 문제들이 많았는데요. 광역으로 뉴타운(재정비촉진지구)을 지정하면서 길도 반듯하게 새로 내고, 공공기반시설 및 공원을 조성하는 것이 뉴타운의 핵심 아이디어입니다. 이를 신도시 정비에 따른 기반시설 부족 문제를 해결하기 위한 방안으로 가져온 것이지요. 이렇게 노후계획도시 특별법 초안을 살펴보면 정책 입안자들이 고심한 흔적이 많고, 긍정적으로 평가할 부분도 많습니다. 다만, 진짜 청사진처럼 잘 진행될 수 있을지 걱정스러운 부분도 공존합니다.

◉ 노후계획도시특별법, 기대만큼 우려도 있다

2024년 11월 27일, 국토교통부에서는 1기 신도시 재건축 선도지구를 발표했으나 해당 지역이 잘 진행될 수 있을지에 대한 기대와 우려가 공존합니다. 첫 번째, 사업성과 분담금에 따른 진행 속도 차이입니다. 3장에서 정비사업 사업성을 분석하는 방법을 이야기하며 같은 대지지분이라도 입지에 따라 사업성이 나올 수도 있고, 나오지 않을 수도 있다고 했습니다. 반대로 말하면 1기 신도시 중에서 분당은 어떻게든 진행될 가능성이 높지만, 다른 지역들은 사업성을 면밀하게 따지지 않으면 분담금이 많이 부과될 것이고, 해당 분담금을 감당하지 못한다면 결국 사업은 표류할 수밖에 없다는 것입니다.

두 번째, 정비사업의 특성상 이해관계 조율의 난항이 예상됩니다. 종전에도 수많은 재개발, 재건축 사업들이 진행하면서 조합원들끼리 이해관계가 서로 달라서 진행하다 비상대책위원회가 생기면서 멈추고 싸우고 그러는데, 광역으로 여러 단지들을 묶어서 진행하게 되면 의견을 모으기가 더 어려워집니다. 단순히 사람이 많아서 의견 수렴이 어렵다는 측면을 넘어서 현실적으로도 당장 A단지는 대형 평수 위주에 대지지분이 높아 사업성이 높고, B단지는 중소형 평수 위주에 대지지분이 낮아 사업성이 낮다고 할 때 이 두 단지만 묶어서 재건축을 진행하려고 해도 A단지 주민들 입장에서는 같이 진행하면서 사업성만 더 떨어지고 속도도 늦춰진다고 생각할 수 있습니다. 아니면 A단지는 역세권이고 B단지는 비역세권일 때 묶어서 진행 시 동호수 추첨을 서로 섞어서 진행하는 것이 아니라 역세권의 입지를 보장해달라는 주장을 할 수도 있지요. 이는 이미 수많은 재건축을 보다 보면 조망권 등을 보장해달라며 반대하는 경우가 많습니다.

특히 재개발과 달리 재건축은 단순히 75%의 동의율을 모은다고 되는 것이 아니라 아파트 동별 과반수의 동의가 필요합니다. 그러다 보니 가령 같은 단지 안에서도 한강변에 위치한 특정 동의 반대로 조합설립이 되지 않기도 합니다. 재건축 상가 역시 하나의 동으로 보는데 상가 소유자들의 이해관계가 얽히게 되면 이 역시 사업 진행에 장애 요소로 작용합니다. 즉, 광역으로 묶어 통합적으로 사업을 진행하는 것이 규모의 경제 및 기반시설 확충 측면에서는 옳지만 과연 그 과정에서 이해관계자들 사이의 조율이 원만하게 잘 진행될 수 있을지는 미지수입니다.

세 번째, 과도한 공공기여 금액에 따른 사업성 악화입니다. 국토교통부 보도자료를 보면 용적률 인센티브를 특정 단지들에게만 부여 시 역차별 문제가 예상되는 만큼 균형을 맞추기 위해 공공기여에 대한 사항을 적었습니다. 적정 수준의 초과이익을 환수하고 공공임대주택 외 공공분양, 기반시설, 생활SOC, 기여금 등 다양한 방식의 기부채납을 하겠다고 밝혔습니다. 이는 말이 좋아서 가능하다는 것이지 해당 방식으로 걷겠다고 해석이 되는데, 주민의 입장에서는 이해득실을 따져보다가 특별법이 의미가 없다는 결론이 나올 수도 있습니다.

단적으로 2020년 8.4 부동산 대책의 공공재건축을 들 수가 있는데, 용적률을 500%까지 완화하고 층수도 최대 50층까지 허용해준다고 발표했습니다. 늘어나는 용적률의 절반을 임대주택으로 기부채납하는 것은 언뜻 보면 합당해 보이나 실상은 다릅니다. 기본적으로 임대주택으로 기부채납 시 LH가 매입하는 금액 기준은 '표준건축비'로 요즘과 같은 건자재 인상 속에서는 사실상 건축 원가보다 싸게 매도하는 비용으로 보게 됩니다. 여기에 늘어나는 용적률 절반조차도 재건축초과이익환수제가 적용되면, 수입이 늘었으니 부담금도 같이 증가해 결국 재건축 진행 시 임대주택만 기부채납하고 남는 게 없는 결과가 나올 수도 있는 것이죠. 노후계획도시 특별법 역시 무작정 특혜를 줄 수는 없지만 주민들이 납득할 수 있는 선에서의 부담을 줘야 한다고 봅니다. 대표적인 것이 학교나 공원, 도로 등 기반시설을 확충하는 것으로 가야하지 임대주택 및 돈으로 걷으려고 하면 반감을 살 수 있습니다. 기반시설은 주민들의 편의성과도 연결되지만 그 외 사항은 준조세로 받아들일 가능성이 높습니다.

마지막으로 철저한 이주 대책이 필요합니다. 노후계획도시특별법은 그 대상을 확대함에 따라 대상 단지들이 굉장히 많아졌습니다. 그런데 당장 1기 신도시만 놓고 본다 해도 이주해야 하는 인구수가 100만 명입니다. 이주 대책을 수립하겠다는 사항은 있지만 구체적이고 현실적인 대안이 없으면 지옥이 열릴 가능성이 있는 것이지요. 대책 없이 이주할 경우, 이주 대란이 일어나는 것은 당연합니다. 그렇다고 이주를 안 시켜도 문제입니다. 그렇다 보니 2024년 5월 22일 국토교통부는 1기 신도시 선도지구 선정계획을 발표하면서 순환 방식의 재건축을 언급했습니다. 뒤에서 후술하겠지만 순환 방식 재건축은 악수입니다. 차라리 알아서 이주하게 하고, '무대책이 대책'이라는 이야기도 합니다.

◉ 1기 신도시 재건축, 순환 방식은 악수다

순환 방식이라는 것은 말 그대로 동시다발적으로 정비를 진행하는 것이 아니라 순차적으로 정비를 진행함으로써 꾸준히 개발을 진행하며, 특정 시점에 공급 절벽 또는 공급과잉이 나오지 않게 하는 방법입니다. 사실 이론적으로는 좋은 방식이지요. 하지만 이 방식에는 치명적인 문제가 있습니다. 애초에 장기적인 안목으로 정비사업을 순환 방식으로 진행해왔다면 이 방식이 맞습니다. 그런데 이제 모든 단지에 정비사업 시기가 도래했는데, 갑자기 순환 방식을 이야기한다는 것은 재건축을 안 시켜주겠다는 것이나 다름없습니다. 1기 신도시 재건축을 순환 방식으로 진행하는 순간 1기 신도시 정비는 40년 이상 이어질 수도 있습니다.

기본적으로 정비사업 자체는 15년 이상을 보고, 조합설립인가만 봐도 10년이 걸립니다. 아무리 통합심의 등으로 빠르게 인허가를 내준다 해도 관리처분인가로부터 이주, 철거, 착공, 준공의 기간은 5년은 잡아야 합니다. 그러면 다들 비슷한 속도로 진행하다가 먼저 번호표 뽑아서 이주 개시한 조합은 이주를 시작했지만, 뒷번호인 조합은 앞서서 진행 중인 조합의 단지가 준공될 때까지 순차적으로 기다리다가 숨이 넘어갈 수도 있습니다.

이를 가장 잘 보여주는 사례가 분당신도시 구성남 재개발입니다. 지금 입주한 단지들도 있고, 입주할 단지도 있고, 공사 중인 곳, 인허가받는 곳, 이제 정비구역 지정된 곳 등 순차적인 개발을 하고 있습니다. 그런데, 저는 이게 좋은 방식이라고 생각하지 않습니다. 벌써 시작한 지 20년인데, 아직도 구성남이 다 정비되려면 20년이 더 걸릴 것이기 때문입니다. 지금은 구성남 이미지가 많이 좋아지고 있지만, 여전히 현장을 가면 정비가 마무리되어야 좋아지겠다고 봅니다. 이러한 이유들로 저는 3기 신도시 조성지 중 대규모 이주자 택지를 별도로 확보한다는 등의 적극적인 개입이 필요하다고 여겨집니다.

분명 1기 신도시 재건축 조합이 설립되어도 과도한 기부채납 갈등으로 멈추는 조합도 나올 것이고, 통합 재건축을 추진하다가도 유불리를 따지기 시작하면서 조합 내에서 싸울 수도 있습니다. 그러면 선도지구를 지정해놓는다 해도 선도지구가 먼저 간다는 보장이 없습니다. 그냥 조건 맞춰서 우리는 속도가 생명이라면서 기부채납 비율 받아들이면서 가는 조합이 있다면 먼저 인허가해주는 것이지요. '3장 재개발과 재건축의 진행 과정'을 보면 알겠지만 아무리 정부가 파격적으로 지원해준다 해도 2027년 착공 기간을 맞추려면 2025년 정비구역 지정과 동시에 75% 동의율을 모아놓고 있다가 바로 즉시 조합설립인가를 받고 2026년 1년 만에 모든 인허가를 다 받아서 사업시행인가 및 관리처분인가를 받은 뒤 1년 안에 이주 및 철거를 다 해야 2027년 착공이 가능합니다. 죽었다 깨어나도 맞출 수 없습니다. 결국은 지연될 것인데, 무리한 일정에 따라 후속 일정들을 잡기보다는 차라리 시장에서 자연스럽게 움직일 수 있도록 두는 게 맞다고 봅니다.

📍 1기 신도시 정비가 성공하려면

1기 신도시 정비는 지금이 골든 타임이라고 생각합니다. 1기 신도시는 경기도 내 다른 구도심과는 다릅니다. 기본적으로 중전철이 깔려있고, 계획도시인 만큼 정주 여건이 우수합니다. 이러한 1기 신도시는 정부가 지원만 잘 해줘서 재건축을 통한 신축 아파트로의 변신에 성공하면 앞으로도 훌륭한 거주지로 존재할 수 있다고 봅니다. 그렇다 보니 저는 특혜시비가 붙을 정도로 지원을 해줘야 한다는 것입니다. 1기 신도시가 슬럼화되면 더더욱 경기도 내에서 거주환경이 괜찮은 지역이 사라지게 되는 것이고, 서울 집중화만 더 심해질 것입니다. 20년 뒤의 일본이 한국의 미래라고 하면 결론은 서울 신축 아파트만 폭등하는 것입니다. 이러한 결론을 바라는 게 아니라면 지금 분산이 되어있는 도시가 더 생명력을 갖고 움직일 수 있도록, 진정한 의미에서의 '도시재생'이 필요하다고 봅니다.

지방 살리기,
선택과 집중이 필요하다

    2024년 10월 기사에 따르면 서울발 집값 상승세가 수도권으로 확산함에 따라 경기도 지역에서도 15억 원 이상의 고가 아파트 거래가 올해 들어 2배 이상 늘어났다고 합니다.* 한 부동산 전문업체의 통계 분석 결과에 따르면 올 1월부터 8월까지 경기도에서 15억 원 이상 거래된 아파트는 총 1,517건으로 이전 해 동기간 수치인 745건보다 100% 이상 늘어났습니다. 하지만 이와 같은 상승세를 주도하

---

* "집값 상승세 번졌나" 경기에서도 15억 이상 아파트 두 배 증가, 조선일보, 2024년 10월 4일.

는 곳들은 대개 경기도 분당 및 판교 또는 과천 등 대체로 준서울 지역입니다. 반면에 지방은 청약 미분양은 물론이고 준공 후 미분양도 속출하는 등 사정이 좋지 않습니다.[*] 국토교통부 자료에 따르면 9월 말 기준, 전국의 준공 후 미분양 주택은 총 1만 7,262가구로 전월 대비 4.9% 증가했습니다. 특히 지방의 미분양 가구가 많이 늘었는데요. 준공 후 미분양 주택 중 지방이 차지하는 비중은 83.3%에 달한다고 합니다.

대표적인 미분양 상위 지역 중 하나인 대구의 경우, 초역세권에 위치한 아파트임에도 불구하고 청약률이 저조해 미분양 상태인 가구가 많아 아파트 벽면에 '1억 이상 파격 할인'이라고 현수막을 내걸어야 할 정도입니다. 심지어 강원도 인제의 한 신축 분양 단지는 단한 명도 접수하지 않은 일도 벌어졌습니다. 한쪽은 시장이 과열되어 문제라고들 하는데 다른 한쪽은 찬바람이 쌩쌩 부는, 그야말로 극단적인 양극화 상황이 아닐 수 없습니다. 아무래도 지방의 경우 인구나 일자리가 차츰 줄어드니 청약 열기가 시들하고 미분양이 나오는 상황을 막기가 어려운 것이지요.

---

* 14개월째 느는 '악성 미분양'… "법인·임대사업자 투자 활로 열어줘야", 조선일보, 2024년 11월 1일.

◯ 광역시를 살려야 한다

광역시도 갈수록 어려워지고 있습니다. 부산은 GRDP(지역내총생산)가 인천에 역전되었습니다. 아직 인구는 부산이 더 많지만 계속 감소하는 반면, 인천은 300만 인구수로 전국 3위의 인구를 보유하고 있으며 계속 증가하는 추세에 있습니다. 시간이 지나면 결국 제2의 도시는 인천이 될 수 있습니다. 물론 인천은 수도권이라는 특성으로 성장하고 있는 것이지만, 반대로 말하자면 수도권을 제외한 지방이 모두 무너지고 있다는 말이기도 합니다.

지금 지방 중에서 유일하게 인구도 증가하고 일자리도 증가하는 곳이 있습니다. 바로 충청도인데요. 서울 수도권은 과밀억제권역 등 각종 규제가 많다 보니 수도권은 아닌 선에서 수도권과 가까운 천안시, 아산시, 청주시 같은 곳에 기업들이 공장을 짓는 것입니다. 일자리가 있으니 다른 지방에서 전입해 오는 사람들도 늘고 있지요. 사실이는 지방의 희망이기보다는 충청도가 수도권의 마지노선으로의 역할로 살아남은 것에 가깝습니다. 다른 지방은 이대로 방치하면 그대로 다 고사하게 생겼지요.

이러한 상황에서 이제는 지방 살리기의 패러다임을 변화할 때가 되었다고 봅니다. 선택과 집중으로 광역시 정비 및 개발을 촉진하고 인프라를 집중시키며, 양질의 일자리가 들어설 수 있도록 해야 한다고 봅니다. 청년 인구가 고향을 떠나서 다 서울로 가는 게 아니라 지방에서도 있을 곳을 만들어줘야 이 서울 쏠림을 막을 수 있습니다.

◯ 혁신 없는 혁신도시

광역시를 살리기 위해서는 가장 먼저 혁신도시를 개혁해야 합니다. 개인적으로 지방의 혁신도시는 혁신이 없는 혁신도시라고 생각합니다. 공기업을 내려보내고 신도시를 만들자 그 동네는 살기 좋아졌습니다. 문제는 거기서 끝입니다. 혁신도시를 만들면 서울 사람들이 내려와서 인구를 구성하는 게 아니라 지방 내에서 이동해버립니다. 아이러니하게도 혁신도시가 들어섬으로써 지방의 더 낮은 공동체를 파괴하고 있는 것입니다.

원칙적으로 지방도 활성화를 하기 위해서는 구도심의 정비를 해야 합니다. 그러나 정치인 입장에서는 인기가 없는 사업입니다. 시간도 오래 걸리고 비용도 많이 들고, 주민조차도 재개발에 반대하는 사람이 있다 보니 도시 자체에 애착이 있는 게 아니라면 특별하게 추진할 의사가 없습니다. 그러니 가장 쉬운 방법이 논밭에 택지지구를 지정해서 개발하는 것입니다. 가장 직관적이고 눈에 띄는 성과도 나오고 반발도 적습니다. 문제는 그 결과 혁신도시로 사람들이 모이면서 구도심은 오히려 쇠퇴하는 결과를 가져옵니다. 단순히 지역 주민들을 모으고 끝나니 혁신도 없습니다. 서울에 있던 공기업을 내려보내니 능력있는 사람들은 퇴사하거나 기러기 부부가 되어서 가족들은 서울에 남고 아빠만 일하러 내려가는 경우도 많아 특별하게 지방에 내려가서 정착하는 효과도 적습니다.

저는 극단적이지만 단순히 분배형식으로 나누는 것이 아니라 선택과 집중으로 몰아줬어야 한다고 봅니다. 충청도에서는 대전에, 전라도에서는 광주에, 경상도에서는 대구, 부산에 공기업을 몰아주면 지역 정착 확률도 높아질 것이라고 봅니다.

그러나 이렇게 못하는 이유는 뻔합니다. 바로 정치인들이 그렇게 놔두지 않기 때문입니다. 아무리 지방 살리기라는 대의가 필요하다는 것은 알아도 옥석 가리기에서 당장 본인 지역구가 제외되는 쪽이라는 사실을 받아들이지 않기 때문입니다. 결국 그 끝이 공멸이라는 것을 알면서도 멈출 수가 없는 사실이지요.

이제는 받아들일 때가 오고 있다고 봅니다. 이대로 놔두다간 서울 수도권만 남고 광역시고 뭐고 다 무너진 뒤에 예산 투입해봤자 늦다고 봅니다. 인구가 늘어나는 게 아니라 결국 뺏고 빼앗는 제로섬 게임이 되어가고 있습니다. 지방에서 혁신도시는 이미 인정하고 싶지 않을 뿐 실패한 정책입니다. 지금이라도 권역별로 거점도시들을 살려야 한다고 봅니다. 이에 대해서는 정책 입안자나 행정가들이 장기적 관점에서 국토 균형 발전을 위한 방도를 도모해야 할 부분이라고 생각합니다. 물론 말처럼 쉬운 일은 아닙니다. 하지만 코앞에 닥친 현실이기도 합니다.

명심해야 하는 투자 마인드 및 입지 분석

5

명심해야 하는
부동산 투자 마인드

그간 거시적인 차원에서 공급, 인구부터 시작해서 공사비 증가에 따른 사업성 악화나 신축 아파트 선호 현상 등 각자의 키워드별로 다양한 정보들을 드렸습니다. 그러면, 이 기준을 잘 적용해서 부동산을 투자하면 될 것 같지만, 막상 실제로 투자하려고 보면 막막할 것입니다. 그래서 이 장에서는 구체적으로 어떻게 접근해야 할지 하나씩 짚어보겠습니다.

가장 먼저 '부동산 투자 전 명심해야 하는 투자 마인드'부터 갖춰야 합니다.

♀ 부동산 투자 물건 접근법

개인적으로는 시장을 바라볼 때 하향식으로 접근하는 것을 권합니다. 하향식의 특징은 시장을 넓게 본 상태에서 소거법으로 지역들을 가려낸 뒤, 선택된 지역에서 점점 더 구체적으로 조건들을 설정해 나가면서 나에게 맞는 지역을 찾는 방법입니다. 예를 들면 이런 식으로 접근하는 것이죠.

전국 〉 수도권 〉 서울 〉 마포구 〉 신축 아파트 〉 33평 〉 역세권 〉 특정 A 단지

하향식의 장점은 특정 지역에 매몰되지 않고, 예산 내에서 넓게 지역들을 찾아보기 때문에 최선의 선택을 하게 됩니다.

반대로 상향식은 권역을 먼저 선택한 뒤 단지들 중에서 골라 나가다 보니 아무래도 선택지가 제한적일 수는 있습니다. 특정 A단지와 B단지 중 어디가 좋을까를 비교하는 것부터 시작해서 해당 단지와 비슷한 환경, 예산 내에서 선택할 수 있는 다른 제3의 단지는 무엇이 더 있을지를 찾아 나서는 방법입니다.

상향식은 보통 특별한 목적성이 있을 때 적용합니다. "나는 여의도에 직장이 있는데, 직장과 가까운 신축 아파트에 살고 싶어", "엄마가 성북구에 살고 있어서 인근에 집을 마련해야 해" 같이 구체적인 목적성을 가지고 있다면 그에 맞는 권역에 맞춰서 움직입니다. 그런데 특별한 목적이 없더라도 상향식 방법으로 부동산 투자 대상을 선택하는 경우가 많습니다. 잘못된 것은 아니지만 너무 목적성에 매몰되다 보면 더 좋은 선택지를 놓칠 수 있습니다. '실거주 만족도와 투자 가치'는 항상 일치하는 게 아니기 때문입니다.

입지 판단에 앞서 가져야 하는 세 가지 투자 원칙

    나에게는 100점짜리 집이지만 남들에게는 그렇게 매력적이지 않을 수 있습니다. 공기 좋고, 쾌적한 지역, 자연환경이 좋은 곳은 분명한 장점이 있습니다. 문제는 매일 서울로 출퇴근해야 하는 사람이라면 공기의 질보다도 직주 근접성을 더 높게 따질 수 있겠지요. 반면 직장이 가깝다고 해도, 특정 지역은 상업지역이라 향후 자녀를 키우기에는 학군이 좋지 않을 수도 있습니다. 혼자 출퇴근할 때에는 저렴하고 만족스러운 곳이었지만, 향후 결혼하고 가정을 꾸리기에는 좋은 입지가 아닌 것이죠.

    사람의 거주 형태는 다양하고 만족감을 느끼는 포인트도 다양합니다. 정답이 있는 영역은 아니지만 메인 주제가 입지 선정 관련된 것인 만큼 투자적인 방향으로만 보았을 때 어떤 식으로 생각해보면 좋은지 참고하길 바랍니다.

📍 내가 좋아하는 집이 아닌 남들이 좋아하는 집

가장 많이 실수하는 부분이 내가 좋아하는 것을 찾다가 망하는 경우입니다. 모두가 나와 같다고 생각하면 안 됩니다. 부동산은 어떤 금액에 거래되고 있으면 내가 그 금액에 살만한 가치가 있느냐, 없느냐는 1순위가 아닙니다. 다른 사람들이 저 지역을 저렇게 판단하는구나 하고 받아들이는 게 첫 번째입니다. 비싸다 싸다, 저평가다 고평가다는 기준이 어느 정도 잡힌 뒤에 행동해야지 일단 시장 가격이 어떻게 결정되어 있는지도 모르는 상태에서 가치판단을 하기 시작하면 이상한 결론이 나올 가능성이 높습니다. 따라서 내가 좋아하는 집은 일단 모르겠고, 남들이 왜 저 집을 좋아하는지를 이해해볼 필요가 있습니다.

♀ 나만 좋아하는 집은 가치 없다

"나는 무척 마음에 드는데, 남들은 관심 없는 집이 가치 있을까요?"
이렇게 노골적으로 물어보면 다들 가치가 없다고 대답합니다. 가치
라는 것은 대단히 주관적이기도 하지만, 금액을 정하게 되면 대단히
객관적으로 변합니다. 화폐라는 단위로 교환 가치를 갖기 위해서는
거래 상대방도 그 가치를 인정해주지 않으면 거래 자체가 성립할
수 없기 때문입니다.

사람에 따라 서울이 너무 복잡하고 공기도 안 좋고 인간미 없는
곳이라 생각할 수 있습니다. 그래서 "당장 일자리 때문에 있지만, 은
퇴하고는 한적하게 공기 좋고 물 좋은 곳 가서 나만의 전원주택 짓
고 살 거야" 결심하고 진짜로 바닷가 근처에 멋진 건축물을 지었습
니다. 건축비만 10억 원을 들여서 호화스럽게 완공했습니다. 문제는
이대로 평생 거주하면 상관없는데, 5년 잘 살다가 처분하려고 합니
다. 이 집은 얼마에 팔릴까요?

아무리 건축 원가만 10억 원이고, 그 외로도 5년간 살면서 가꾼
조경에도 가치와 노력이 포함되어 있는데 말이죠. 현실은 원하는 금
액에 안 팔릴 가능성이 농후합니다. 누군가는 "10억이면 저길 왜 매
수해?" 하죠. 이를 보여주는 게 단독주택 거래 방식을 보면 압니다.
단독주택을 거래해보신 분들은 알겠지만, 단순하게 '평당 얼마'로 이
야기합니다. 건축할 때 얼마였고, 내부 시설이 어떻고, 정원의 소나
무가 몇 살짜리고 이런 건 중요하지 않습니다. 그냥 "옆에 물건은 평

당 3천인데 너는 왜 평당 4천이나 달라고 해?"라고 합니다. 매도자는 땅값과 별개로 건물에 대한 부분에 의미 부여를 한 것이지만, 매수자는 다 포함해서 결국 그 땅을 평당 얼마에 샀는지만 봅니다. 그리고 아무리 완벽한 집이더라도 매수자가 보기에는 입지가 마음에 안 들 수 있죠. 인근에 편의점은커녕 마트도 없고, 보건소조차도 없다면? 말 그대로 산 좋고, 물 좋고, 공기만 좋아서 은퇴하고 여유롭게 펜션처럼 놀기에만 좋고 주거지로는 점수가 낮을 수밖에 없죠. 건물은 멋지지만, 굳이 저 돈 주고 저 지역에 거주할 가치는 없다고 생각하는 것입니다.

한 마디로 환금성과 연결된 개념이지요. 신축 아파트 가격이 너무 비싸다고 생각하고, 구축 아파트를 사서 내 취향에 맞춰서 리모델링을 할 수도 있습니다. 그런데 경기도 단독이나 빌라는 사람들이 기본적으로 찾는 상품이 아니다 보니 가격이 밀리고, 구축 아파트는 그래도 오르긴 오르는데 해당 주택에 리모델링을 너무 과하게 해봐야 아무도 인정해주지 않습니다.

⊙ 교집합이 높은 주택을 찾아라

저는 가격이 높은 주택은 사람들의 선호도가 높은 주택이고, 해당 선호도는 각자 취향이 다 다르고 중요하게 생각하는 요소들도 다 다릅니다. 하지만 이렇게 다양한 선호 요건 중에서 교집합이 높은 주택을 찾으라고 말하고 싶습니다. 즉, 내가 원하는 주택보다는 남들이 좋아하는 주택, 여기서도 사람들이 좋아하는 요소가 여러 가지가 있는데 그 요소들이 여러 개가 겹치면 겹칠수록 가치가 있을 가능성이 높습니다.

이렇게 부동산에 대한 원칙적인, 하지만 많이들 놓치는 부분에 관해 설명해 드렸습니다. 내가 보는 기준이 틀렸다는 게 아닙니다. 남들의 기준이 맞다는 것도 아니지만 그렇게 생각하는 사람들이 많다면 다름을 인정할 필요가 있다는 것이죠. 주택, 그것도 투자로 접근한다면 '교환 가치를 생각해야 한다는 것'입니다. 내 주관은 일단은 접어둘 필요가 있는데, 생각보다 못하는 사람들이 많습니다.

입지보다 중요한 것은 시점

　사람들은 종종 후회, 혹은 상상하곤 합니다. "지금은 너무 늦었어, 이렇게 오르기 전에 살 걸…." 특히 2030 세대는 더 심하죠. 부동산은 시대를 타고나는 것도 운입니다. 부동산을 공부해서 투자한 게 아니라 딱 결혼 시점 때 전세보다 매매를 선택했더니 대박이 난 것이죠. 이제 막 사회 초년생으로 뛰어든 사람들은 한탄과 불만이 많습니다. 하지만 정말 10년 전으로 돌아간다고 하면 살 수 있을 것 같나요? 막상 10년 전에도 부동산 매수는 정말 어려운 선택이었습니다.

　10년 전으로 되돌아간다면 2014년이겠네요. 당시도 부동산 폭락론이 정말 많았습니다. "일본의 '잃어버린 10년'처럼 장기 침체에 빠질 것이다. 한국도 주택에 대한 인식이 '사는 것(Buy)이 아니라 사는 것(Live)으로 바뀔 것이다"라는 등의 말들이 많았습니다. 하지만 지금 미래에서 바라보는 우리는 알죠. 그때가 정말 기회였구나!

그 시절을 정확하게 기억하는 이유가 제가 부동산을 전업으로 시작한 게 2014년이기 때문입니다. 당시 부모님의 부동산 사무실이 성동구 행당한진아파트 노변 상가에 있었고, 그때 성동구 아파트 매매 금액과 전세 금액 차이가 1~2천만 원밖에 안 되었습니다. 지금 보면 말도 안 되는 금액이고, 돈 1~2천만 원이 없어서 못 샀다는 말은 통하지 않습니다. 워낙 차이가 미미하다 보니 전세 살 바에 매수를 할지 고민하던 사람도 많았는데, 그때도 부모님들이 이 돈이면 집을 사라고 해서 매수해서 들어간 사람도 있었지만, 집은 사면 떨어진다는 인식이 워낙 팽배했던 시기라 안 사는 사람들이 더 많았죠.

그러다 2015년이 되자 서울 청약 시장이 완판은 기본이고 청약에 당첨되자마자 웃돈을 받고(일명 초피) 거래를 하는 게 보였습니다. 당시 초피 200~300만 원에도 많이 거래됐었고, 나중에 프리미엄이 억을 넘어갔을 때 너무 비싸다고 이야기하던 게 생생합니다. 성동구 분양가가 6억 원이던 주택이 지금은 20억 원이니 그때 비싸다고 매수를 안 한 사람, 반대로 좋다고 매도한 사람은 땅을 치고 후회하겠지만요. 2015년에는 성동구에서 일반분양을 미루던 수많은 재개발 구역들이 분양했습니다. 왕십리 뉴타운3구역 '센트라스'부터 시작해서, 금호13구역 '신금호파크자이', 하왕1-5구역 '왕십리자이', 옥수13구역 'e편한세상옥수파크힐스', 금호15구역 'e편한세상금호파크힐스'*, 금호20구역 '힐스테이트서울숲리버', 행당6구역 '서울숲리버 뷰자이' 등 정말 많았습니다.

　모든 순간마다 선택은 어려웠습니다. 2022년 하반기부터 2023년 상반기까지는 기회가 왔을 때는 가격이 더 빠질까 무서워서 못 샀고, 2024년은 너무 올랐다고 안 샀더니, 더 올라갔습니다. 항상 놓쳤는데, 2014년에 내가 부동산을 매수할 기회가 있었다고 해서 막상 살 수 있었을까요? 2014~2015년에 부동산 매수는 부동산 폭락론을 들으며 지금보다 더 깊은 고민과 갈등을 거쳐야 했습니다. 2017년 문재인 정부 출범 후 8.2 부동산 대책이 나왔을 때는 "정부와 싸우려 들면 안 된다"라며 전문가들 중에서도 부동산을 처분한 사람들이 많았습니다. 그때는 몰랐죠. 2017년부터가 본격적인 폭등장이었음을요. 미래에서 보면 대단히 쉬워 보이지만, 그때그때 수많은 이슈가 함께했습니다. 오히려 그 시절은 공급과잉부터 시작해서 오만가지 부정적인 이야기가 더 많았습니다. 중요한 것은 이미 과거라는 것입니다. 왜 그때 못 샀지가 중요하지 않습니다. 오히려 과거를 모르면 매수할 수 있습니다. 과거의 망령에 사로잡혀서 그때 내가 매수할 뻔했던 금액이 아른거리면 더 사지 못하고, 계속 부동산 가격만 보다가 더 오르면 또 그때라도 살 걸 후회하는 게 반복됩니다.

---

*　　분양 당시는 e편한세상 신금호였으나 이후 단지명 변경.

♀ 10년 전에 무엇을 샀어야 했을까요?

과거를 후회하지 말라고는 하지만, 과거가 어떻게 지나갔는지에 대한 복기는 정말 중요합니다. 그때 어떤 선택을 했느냐에 따라 희비가 엇갈리기 때문입니다. 만약 10년 전으로 되돌아간다고 하면 주식과 부동산 둘 중에 무엇을 살까요? 흔히 주식하는 사람들은 부동산보다 주식 수익률이 더 높다고 이야기합니다. 과연 그럴까요?

신반포1차 재건축 '아크로리버파크'는 2013년 12월에 일반 분양을 진행했습니다. 당연히 그때 당시 기준으로 고분양가 논란이 있었고, 미분양도 나왔습니다. 당시 아크로리버파크의 분양가는 33평형(84타입) 기준으로 13억~15억 원이었습니다. 2016년 입주하고 어느덧 10년 차를 향해 가고 있는 아크로리버파크는 국민평형(33평형) 기준 실거래가가 50억 원이 넘어가는 상황입니다. 15억 원에 사서 50억 원이 되었으면 수익률은 233%네요. 그런데 분양권은 계약금 10%면 계약할 수 있었고, 입주 후에는 전세를 맞춰서 나머지 잔금을 맞췄습니다. 따라서 1억 5천만 원 투자해서 35억 원을 벌었으니 수익률은 2,333%입니다.

주식이 별로고 부동산이 최고라는 이야기를 하려는 것은 아닙니다. 단지 부동산에서도 극단적인 사례를 들 수 있다는 것입니다. 부동산보다 주식 수익률이 좋다고 말하는 전문가들이 생각보다 많아서 짚고 넘어가 보았습니다.

10년 전과 지금의 화폐가치가 다르니 감안해야 하지만, 분명 그때도 10억 원이 넘어가는 집값을 보면서 너무 비싸다고 했습니다. 2014년 가격이지만 지금 가격과 비교해 보면 생각나는 게 있을 것입니다. 다시 돌아갈 수만 있다면 영혼을 끌어모아서라도 최대한 상급지를 사야겠다고 생각할 것입니다.

📍 투자는 시점 선택이 7할!

10년 전, 그 시절에 분양 사기당해서 신도시 상가를 받았다거나 기획부동산에 엮여서 이상한 토지를 산 게 아닌 한 다 돈을 벌었습니다. 결국 '언제 샀느냐'가 가장 중요합니다

저에게 누가 "언제 살까요?"라고 물어보면 항상 '지금'이라고 답을 합니다. 내가 타임머신을 타고 왔다 갔다 할 수 있는 게 아닌 한, '시점은 사실상 고정값'입니다. 진짜 집값이 하락할 것으로 예상되는 지역이라고 하면 지금 사기보다는 기다리는 게 좋겠지만, 애초에 그런 지역은 여러분들이 투자 대상에서 고려하지도 않을 것입니다. 혹은 특정 지역은 너무 오버슈팅되었다고 판단하면 다음 상승할 지역으로 이동하는 식으로 지역 선택을 하는 것이지 오버슈팅된 가격이 내려오길 기다리면서 시점을 놓치는 것은 좋은 결과가 있을 수도 있지만, 통상 그 시점에 차선책이라도 결정하는 게 더 나았을 가능성이 높습니다.

시점 선택이 되었다면, 다음으로 중요한 것은 결국 지역 선택입니다. 같은 2014년에 선택을 했지만, 같은 금액에서 A/B 중 무엇을 골랐는지 혹은 자금을 좀만 더 보태면 아예 다른 C를 갈 수도 있었지만, "대출까지 받아서 무리해야 할까?" 그냥 안전하게 가자고 판단했다가 그 격차가 확 커지는 상황이 오게 되는 것이죠.

시점과 지역까지 정해졌다면, 물건 자체는 크게 중요하지 않습니다. 당시는 '발품을 좀 더 팔아 볼 걸' 하면서 비싸게 샀다고 생각할 수 있어도, 시간이 지나고 나면 결국 싸게 산 것입니다. 동호수 따지는 사람들도 많은데요. 당연히 RR(로얄동. 로얄층)이면 좋겠지만, 비선호동·비선호층이라 해도 상관없습니다. 비선호동·비선호층이라 해도 동호수에 따라 5천만~1억 원 싸게 사서, 나중에도 싸게 팔면 됩니다. 한강뷰 단지처럼 뷰 값이 10~20억 원씩 차이 나는 게 아닌 한 반포 33평이라면 1층인지 20층인지는 중요하지 않습니다. 그냥 그때 가서 1층 값에 팔면 되는 거지요.

그런데 자꾸 이런 큰 틀을 잊고서 사소한 것으로, 나만의 기준, 이상한 포인트에 꽂혀 있는 사람들이 많습니다. 나는 앞에 봤던 동호수가 마음에 들었는데 그게 먼저 계약되어 버렸다면, 아쉬워도 차선에서 골라야 합니다. A보다 동호수는 좀 떨어져도 B가 3천만 원 더 저렴하니 이 물건이라도 매수하라고 권유해도, 거절하고 해당 동호수가 나오면 연락 달라고 하거나, "무조건 판단형에 해당 동 물건 나오면 연락주세요" 하는 사람들이 있습니다. 한번 눈높이가 높아지면 낮추기 어려운 것은 사실입니다. 반대로 생각하면 가장 좋은 물건이니까 먼저 거래가 된 것이고 나머지가 남은 게 당연한 것이죠. 문제는 이러다가 시점이 밀려버리면 결국 나중에는 그 돈으로 저층도 못 잡는, 극단적으로는 입지 자체가 밀리는 상황이 됩니다.

'너무 지엽적인 것에 목숨 걸지 말라'고 합니다. 투자에 있어서 자신의 주관이 개입되기 시작하면 흔들리기 시작합니다. 그냥 객관적으로 지도 놓고 여기 입지 좋다고 들어가는 게 깔끔하지, 어설프게 본인의 투자 철학과 가치관이 정립되지도 않았는데, 임장을 가면 오히려 오판할 가능성만 높아집니다. 중요한 건 그 물건의 내역이 아니라 매수 시점과 지역 선택이 95%인데 말이죠.

만약 재개발 지역에서 하자 없는 집을 찾겠다고 들쑤신다면, 애초에 시점 자체가 흔들릴 가능성이 큽니다. 완벽한 것을 사겠다는 미련을 버려야 하고, 항상 그 시점의 최선을 결정해야 하는 것이죠. 하물며 재개발조차도 이런데, 아파트는 더 심플합니다. 간혹 집을 안 보고 어떻게 계약하냐고 하시는 분들이 있습니다. 아파트 집 구조 다 뻔한데 뭘 더 봐야 하나요? 매매 계약서에 세입자 퇴거 뒤 수리에 대한 사항을 특약으로 명시를 하거나, 설령 내가 마음에 안 들어서 돈 더 들여서 수리한다고 해도, 도배·장판해봐야 몇백만 원에서 끝납니다. 급매물로 시세보다 3~5천만 원 싸게 나왔다면, 기다리기보다는 먼저 매도자 계좌 받아서 계약부터 하고, 나머지는 천천히 맞춰가는 게 중요합니다. 너무 동호수, 타입 등을 따지다 보면, 시점을 놓칩니다. '소탐대실', '나무를 보고 숲을 보지 못한다'는 사항에 딱 맞는 것이죠.

부동산 투자는

시점 선택이 70%

지역 선택이 25%

물건 선택이 5%

가장 중요한 95%를 다 정해놓고, 가장 지엽적인 동호수 따지다 매수를 놓친 사람, 주변에 한두 명씩을 꼭 있을 것입니다. 항상 모든 게 다 내 맘 같을 수 없습니다. 애초에 나는 매수 결심도 다 하고 계약하려고 했는데, 매도자가 안 판다고 하거나 가격을 높여버립니다. 그래도 그만한 가치가 있다면 쫓아가든가, 인상 폭이 그만한 가치는 안 된다면 아쉬워도 차선책으로 다른 물건을 바로 결정해야 합니다. 그런데 사람 심리가 또 한 번 어렵게 결정한 사항이 꺾이면 기분이 나빠집니다. 그래도 해당 지역이 나랑 안 맞나보다 하고 빠르게 다음 지역으로 틀어서 매수하면 다행인데, 매수 자체를 보류해 버리는 사람들이 더 많습니다. 그러면 다시 또 시점이 틀어지는 악순환의 고리에 빠집니다. 부동산 매수에서 가장 중요한 것은 시점, 지역, 물건 순이라는 것을 명심하면 좋겠습니다.

김제경 소장의
부동산 입지 판단 기준

미리 말하자면 입지에는 정답이 없습니다. 앞서 설명했던 건 투자로 접근할 때는 '너무 자기 기준의 주관을 강하게 투영하지 말라'는 것으로 정리할 수 있습니다. 나는 괜찮아도 남들은 싫을 수 있고, 나는 싫어도 남들은 상관없을 수 있죠. 다양한 사람들의 주관적인 선호들이 교집합으로 모이는 곳의 가격이 높다 정도로 요약할 수 있습니다. 어느 정도 주관을 내려놓고 남들이 어떻게 가치판단을 하는지보다 객관적으로 시세를 지켜봐야 하고, 투자자라면 남들이 좋아한다, 투자 가치가 있다고 보면 매수할 수도 있습니다.

지금 설명하는 입지 분석법은 법칙이 있는 것도 아니고 제가 부동산 시장을 지켜보면서 이렇게 입지 간의 우열을 나눠서 보고 있다는 것이지 정답은 아닙니다. 김제경 소장은 저렇게 분석하는구나 참고하면 좋겠습니다. 이 장을 통해 나만의 입지 기준을 수립해보면 좋겠습니다.

급지를 구분해보자

본격적으로 입지 구분을 해보겠습니다. 투자 시점이 고정값으로 잡혔다면 이제 가장 중요한 것은 지역 선택입니다. 즉, 입지를 따져야 하는 것이죠. 제가 보는 기준표를 보여드립니다.

그림 5-1 서울시 아파트 구별 ㎡당 가격

(단위: 만 원)

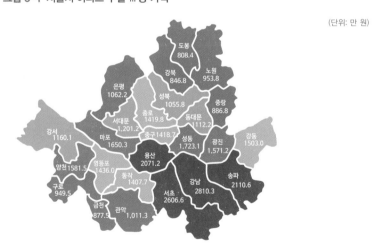

자료: KB부동산(2024년 9월 기준, 평당 아파트 평균 매매 가격)

2024년 9월 기준 서울시 아파트 구별 ㎡당 가격입니다. 가장 먼저 가격이 높은 곳들이 보일 것인데, 표를 보다 보면 제가 구별로 색을 달리한 사항도 보일 것입니다.

1급지 – 서초/강남/송파/용산

2급지 – 마포/성동/광진/양천

3급지 – 종로/중구/강동/동작/영등포

4급지 – 서대문/동대문/성북/강서

5급지 – 일명 '노도강'/'금관구'/중랑/은평

이렇게 급지를 먼저 나누는 게 중요합니다. 큰 틀에서 급지 구분은 이런 것입니다. "내가 성동구를 갈까? 마포구를 갈까?" 사실 어느 선택을 해도 별 차이가 없습니다. 급이 같으니까요. "내가 그때 마포구를 살 것을 성동구를 잘못 샀어" 혹은 "내가 성동구를 살 걸 마포구 잘못 샀어"라는 말은 못 들었을 것입니다. 시점에 따라 마포가 먼저 치고 갈 때, 성동이 치고 갈 때가 있을 뿐이지 시간이 지나고 보면 항상 투자금도 비슷했고, 상승폭도, 수익률도 비슷하기 때문이지요. 그냥 내 직장이 강남이면 성동구를, 여의도면 마포구를 고르면 되는 것이고, 광화문이 직장이면, 그냥 더 마음에 드는 곳 혹은 다른 가치 판단적인 사항들이 들어가면 됩니다. 다만 이제 이런 것은 성립할 수 있겠지요. "마포(혹은 성동)을 사기보다는 잠실을 갈 걸" 이런 후회는 할 수 있습니다. 즉, 급지 내 비교는 크게 무의미합니다.

급지를 벗어나는 게 중요한 것이고, 급지 내에서는 너무 따지기보다 같은 급지에서 먼저 상승한 곳이 있다면 다음 단지로 가면 됩니다. 가령, 마포 신축 대장이 먼저 가격이 오르기 시작했는데, 성동구 신축 대장은 아직 이전 가격이면 곧 올라갈 걸 예상하고 매수하든가, 혹은 마포구의 대장 다음으로 상승할 단지를 찾아가는 식으로 말이죠. 당연히 같은 구 내에서도 연식, 입지, 규모에 따라 가격이 천차만별이긴 합니다. 그러나 서로 간의 가격 격차들이 있으니, 내가 관심 있게 보던 단지가 먼저 올랐다면 아쉽지만 그다음 단지를 찾아야 합니다.

급지를 어떤 기준으로 나눴는지는 〈그림 5-2〉를 보면 감이 올 것입니다. 2018년부터 m^2당 가격 추이를 쭉 보게 되었을 때, 급지 내에서 엎치락뒤치락하기는 해도, 급지가 뒤집어지는 경우는 거의 없습니다. 오히려 일시적으로 튀어 올라간 지역이 있다면, 급지에 맞지 않게 고평가되었을 가능성도 높지요. 결국은 다시 본인 자리를 찾아가게 됩니다.

노원구가 그래도 강북의 노도강 중에서는 항상 평당가가 높긴 합니다. 오래되기는 했어도 계획도시로써 정비도 되어있고, 강북의 대치동이라고도 부르는 서울의 3대 학군지 중계동 은행사거리가 있지요. 그래서 역세권보다 중계동 은행사거리 인근 단지 가격이 더 높은 게 특징입니다. 학군만 놓고 보면, 마포·성동·광진보다 우수하고 상위권 대학도 훨씬 더 많이 보냅니다. 목동·대치를 가기는 어려운 사람들이 노원구에 들어갔다가 교육 끝나면 나오지요. 그런데 표를 보

그림 5-2 2018~2024년까지의 서울시 구별 ㎡당 가격

(단위: 만 원)

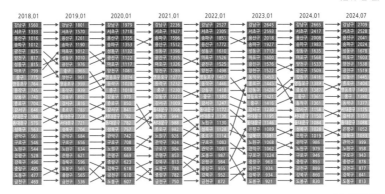

자료: KB부동산

그림 5-3 노원구의 아파트 가격

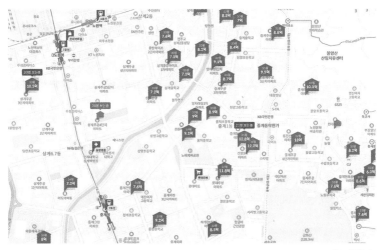

자료: 호갱노노

면 노원구가 갑자기 치고 올라간 시점이 있습니다. 바로 2022년에 종로구·성북구보다 더 가격이 높을 때가 있었죠. 그러다가 확 떨어진 것은 그냥 본인 급지를 되찾아갔다는 것도 있겠지만, 당시 2022년 하반기에 하락장 오기 직전이 재건축 바람이 가장 강하던 시절입니다. 안전진단 통과도 아니고 그냥 안전진단 신청, 혹은 재건축추진준비위원회 발족 이런 플래카드만 걸려도 5천만~1억 원씩 뛰던 때가 있었죠. 당시 노원구는 이와 같은 재건축·재건축 호재로 오버슈팅된 것입니다. 여전히 노원구는 전고점 대비 −2~3억 원인 단지들이 많습니다. 다른 지역들도 일시적인 변동폭이 있을 수는 있어도, 대중적인 인식 자체가 바뀌어서 급지 자체가 변화하지는 않는 한 결국은 본인 급지 내에서 움직입니다.

사실 놀라운 곳은 강남·서초·용산·송파입니다. 월별로도 가격 변동을 쫙 펼쳐보면, 용산·송파는 어쩌다가 뒤집어지기도 하는데, 어지간해서는 강남·서초·용산·송파 순서가 바뀌지도 않고 쭉 갑니다.

이렇게 급지를 구분하면 당연히 1급지를 가는 게 가장 좋습니다. 안 되면 2급지 내에서, 3급지 내에서 선택하는 것이지, 2급지를 갈 수 있는데 3급지를 가면 투자적으로는 좋지 못한 선택이라 할 수 있지요. 직장이 평택에 있다고 해도 집은 서울에 있을 수 있습니다. 통근이 너무 길면 전·월세로 평택에 있으면 되는 것이고요. 매수만 해놓고 주거비는 더 저렴한 곳에서 있으면 투자 수익률 측면에서는 더 좋은 선택이 되기도 합니다.

📍 급지 내 예외를 분리하자

기본적인 급지에 대해 알고 나면 이런 의문이 들 수 있습니다. 강동구만 해도 둔촌주공 올림픽파크포레온이 84타입 기준 23~25억 원인데, 마포·성동보다 밀린다고 할 수 있냐는 것이죠. 오히려 마포·성동과 강동의 대장 단지끼리 비교해보면 강동이 더 높다고요.

둔촌주공 자체는 강동구 내에서도 특별하게 보는 게 맞습니다. 그래서 둔촌주공이 입주해서 지수가 반영되기 시작하면 강동구 평당가가 달라질 수 있다고 보긴 합니다. 어느 순간부터는 3급지 내 1위 자리를 계속 지키고 있기도 하고요. 그러나 아직까지는 광진구보다는 평당가가 밀리는 게 현실입니다. 대장 단지는 어떨지는 몰라도 평균적으로 전반적인 강동구의 가격은 광진구보다 못하다는 것이니까요.

성동구도 성수동의 트리마제·갤러리아포레·아크로서울포레스트의 경우는 어지간한 강남 신축보다도 훨씬 비쌉니다. 성동구 내에서 성수동 한강변˚은 따로 취급하는 게 맞지, 성동구 급지가 송파구보다 위라고 부르지 않습니다.

반대로 잠실은 송파구에 속해있긴 하지만 준 강남으로도 부르지요. 우리가 강남3구를 서초·강남·송파로 묶기는 하지만, 진짜 강남은 서초·강남까지고 송파만 해도 밀리지만, 잠실까지는 인정해주는

˚ 한강변으로 정의한 이유는 서울숲역 인근에서부터 시작해서 한강변의 성수전략정비구역까지가 가격이 높지, 성수동의 다른 아파트 단지는 일반적인 성동구 아파트보다 저렴하기 때문이다.

그림 5-4 반포 바로 옆 흑석동

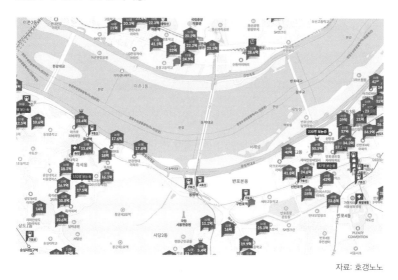

자료: 호갱노노

식입니다. 강남 접근성은 자체는 성동, 광진구가 더 높습니다.

　오히려 강남4구 타이틀에 가장 발끈하는 곳이 동작구입니다. 강남의 중심이 서초, 강남인데 바로 그 옆이라는 것이죠. 물론 동작구가 평당가로는 강동구에서 한참 밀리긴 하지만, 당장 흑석동의 경우는 반포 바로 옆이라는 이유로 이미 차원이 다른 가격을 보여주고 있습니다. 이도 흑석 9구역, 11구역이 완성이 안 되어있음에도 말이죠. 이렇게 그 구의 카테고리에서 안 맞는 애들은 별도로 조정해서 보는 게 맞습니다.

　좀 더 몇 가지 예시를 찾아드리자면, 당장 앞서서 이야기 나왔던 흑석동의 경우도, 동작구 카테고리와는 별개로 봐야 할 것이고요. 영등포라고는 해도 여의도동은 다른 차원의 입지, 성동구의 성수동 한

그림 5-5 은평구 수색증산 뉴타운

강변, 양천구 목동을 들 수 있습니다. 서대문구에서도 북아현 뉴타운은 마포 아현동과 바로 붙어있으면서 입지적으로도 교통 등 공유하는 게 많다 보니 준마포로 봐야 할 것이고, 은평구에서도 수색증산 뉴타운은 바로 맞은편이 마포구 상암DMC인 만큼 금액이 남다르죠. 강북구에서도 미아 뉴타운은 성북구 길음 뉴타운과 함께 준해서 움직일 것이고요. 이처럼 행정구역이 분명 중요하긴 하고 그에 따른 가격 차는 분명하지만, 같은 행정구역 내에서도 따로 봐야 하는 입지들이 있다고 봅니다.

상급지도 군이 따져보면, 반포동과 잠원동의 경우만 해도 남들이 보면 다 반포권역으로 교통도 좋고 학군도 좋고 한강변에 상급지지만, 그들만의 리그에서는 또 이 행정구역이 민감해서 단지명에 잠원

그림 5-6 반포동과 잠원동

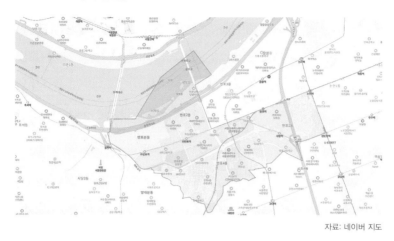

자료: 네이버 지도

을 붙인 단지는 거의 없습니다. 잠원동에 있어도 다들 반포, 신반포 하면서 움직이지요. 지하철도 3호선 잠원역과 7호선 반포역이 있던 상황에서 9호선이 개통될 때 어떻게든 반포가 들어간 역명을 사수해 서 구반포역, 신반포역이 되었습니다.

잠실의 경우도 우리가 일명 '엘리트레파(잠실 엘스, 리센츠, 트리지움, 레이크팰리스, 파크리오)'라고 부르긴 하지만, 파크리오는 신천동이죠. 송 파대로를 기준으로 해서 좌우로 나뉘게 되는데, 남들이 보면 신천동 도 다 지하철 공유하고, 잠실권역입니다. 제2롯데월드타워, 시그니 엘도 신천동이고요. 이게 뭐 그리 중요한가 싶어도 또 따지는 사람들 은 따집니다. 반포에서 본 것처럼 지하철 역명이 '잠실새내역-잠실 역-잠실나루역'으로 모두 2호선이라 정신 똑바로 안 차리면 잘못 내 릴 수 있는 마의 구간입니다.

그림 5-7 잠실동과 신천동

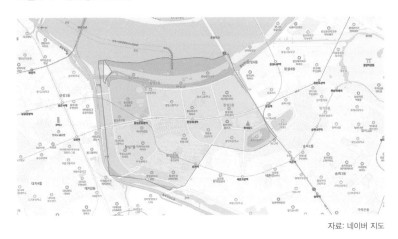

자료: 네이버 지도

2010년 성내역이 잠실나루역으로 변경되었고, 2017년 신천역이 잠실새내역으로 변경되었습니다. 사실 모두 좋은 지역으로 외부에서 보면 잠실인지 신천인지 싸우는 게 부질없어 보이기는 합니다. 지금이야 파크리오보다 엘리트가 명확하게 앞서있긴 하지만, '잠실 진주' 아파트 재건축 '잠실 래미안아이파크', '잠실 미성크로바' 재건축 '잠실 르엘'이 2025년 입주하면, 잠실권역의 신축 아파트로 가격을 치고 올라갈 것으로 봅니다.

다만, 한강변 재건축 진행단지로 보면, 잠실주공5단지와 장미아파트의 경우 둘 다 대지 지분도 괜찮고 사업성이 좋음에도 불구하고, '잠실동'의 신축이 될 것이라는 이유로 잠실주공5단지 가격이 '신천동'의 장미아파트보다 더 높은 것은 어쩔 수 없다고 봅니다.

그림 5-8 목동과 신정동

자료: 네이버 지도

목동도 곁에서는 다 목동신시가지 아파트지만, 앞단지·뒷단지로 나눠서 부르는데요. 목동 재건축 자체가 다들 사업성이 더 좋냐 덜 좋냐의 차이지 남들이 보면 부러운 사업성에 훌륭한 입지임에도 내부적으로는 진짜 '목동'이냐 '신정동'이냐로 따집니다. 서울의 3대 학군지로 목동 내에서도 더 선호하는 학교야 있긴 하지만, 전체적으로 다 준수하고, 학원가는 앞뒤 구분조차도 없을 것인데 말이죠. 더 재미있는 것은 그래도 뒷단지는 신정동이라 해도 목동신시가지인데, 양천구의 주변단지들은 목동 주민들이 인정하든 안 하든 '목동OOO'이라는 단지명을 붙인 곳이 많이 있습니다.

서울을 주로 예시를 들어드렸지만, 경기도에도 재미있는 곳들은 많습니다. 가장 대표적인 곳만 소개해드리자면 판교가 있습니다. 판교신도시는 '성남시 분당구 판교동'인데요. 분당 사람들은 분당에 산다고 하지 성남에 산다고 안 하는데, 판교 사람들은 분당이 아니라

그림 5-9 성남시 분당구 판교동

자료: 네이버 지도

판교 산다고 합니다. 더 재미있는 것은 서판교는 판교동도 아닙니다. 그렇다 보니 이래저래 판교 내에서는 예전부터 최근까지도 판교구 신설로 분당구에서 독립하려는 의견들이 나오고 있었고, 주민들의 욕구를 포착한 정치인들도 판교구 신설을 지속해서 주장하는 곳이기도 합니다.

우수한 서울 접근성으로 선호도가 높은 위례신도시는 아예 신도시가 3등분 되어있습니다. 일부는 서울시 송파구에 소속되어 있고요. 일부는 성남시, 일부는 하남시로 되어있습니다. 주민들끼리는 송파위례, 성남위례, 하남위례로 부르고 있는데요. 다른 곳들은 같은 시, 같은 구 내에서 동을 가지고 이야기했지만, 여기는 애초에 행정구역 자체가 다릅니다. 계획수립 당시부터 행정구역 통합에 대한 이야기가 있었으나 지방자치단체 간 이해관계가 서로 맞지 않아서 이렇게 이어져 온 것인데요. 사실상 동일 생활권인데, 행정구역 차이로

그림 5-10 송파위례, 성남위례, 하남위례

인하여 관리 주체가 다른 불편함이 계속되자 행정구역 통합 이슈는 계속되고 있습니다. 서울시 입장에서야 위례신도시가 통으로 넘어온다면 지방세수 확보가 되니까 환영이겠지만, 반대로 지방세 수입이 줄어들 지자체들의 반발이 있습니다. 주민들은 서울시로 통합을 원하는데, 외부인들은 농담 반 진담 반으로 행정구역 분리로 인한 불편함이 이유면, 성남시로 통합하거나 하남시로 통합하면 되겠다고도 말합니다. 물론 이렇게 간단하게 말할 사항은 아니긴 합니다. 위례는 시 자체가 다르다 보니 실제 주민들의 행정서비스 이용의 불편함이 발생하고 있습니다.

실제로 생활권역과 입지는 사실상 동일하지만 미묘하게 명칭으로 인한 신경전, 실제 집값의 차이가 나타나는 곳들이 존재합니다. 이 밖으로도 동네마다 이런 특징이 보이는 지역들은 많은 것인데요. 당장 우리가 말하는 표현에서도 알 수 있습니다. 내가 사는 곳을 구로 말하는 지역과 동으로 말하는 지역이 있을 것입니다. 꼭 내가 사는 곳을 자랑하려고 말하기 보다는 다른 지역과 구분하기 위해, 구체적으로 인식시키기 위해서가 더 맞을 것입니다. 그러나 반대로 생각해보면 그렇게 구분해서 디테일하게 말해도 사람들이 알아듣는다는 것 자체가 차별화된 상급지라는 뜻입니다.

이러한 구분이 불편하실 분들도 있을 수 있습니다. 그러나 부동산 투자자들 중에서는 중요하게 생각하는 사람이 많고 집값에 영향을 주는 것도 사실입니다. 특정 구 내에서도 특별하게 취급받는 지역은 항상 가격 흐름이 다른 어디와 비슷하게 가는지를 찾아보면서 별도로 구분해서 보면 좋습니다.

📍 같은 급지 내에서는 급지가 달라질 곳을 찾자

우리가 좋은 곳이 어디인지 몰라서 못 가는 게 아닙니다. 예산을 따지다 보니까 어쩔 수 없이, 차선책으로 고르는 곳이 있을 뿐이지요. 저도 누가 공짜로 주택을 준다고 하면 압구정으로 받고 싶습니다. 그런데 그게 아니기 때문에 각자의 예산 내에서 저평가된 곳을 찾는 것이죠. 기본적으로 동급지 간 비교는 무의미하다고 했지만, 긴 호흡으로 바라보다 보면 달라질 곳들이 존재하긴 합니다.

앞서 입지표를 다시 보면, 앞으로 평생 급지가 바뀌지 않을까요?

대표적으로 마포구·성동구가 있습니다. 지금이야 강북3대장, 마용성으로 불리지만, 마포·성동은 원래 비싼 지역이 아니었습니다. 제가 성동구 토박이라 누구보다 성동구의 변천사를 잘 알지요. 당장 성동구보다 광진구가 훨씬 비쌌던 곳이었습니다. 물론 과거에는 광진구도 성동구였다고 하지만요.[•]

성동구는 난잡하고, 빌라촌 많고 거주환경이 열악했던 반면, 광진구는 평지에 한강변 정비하면서 매립한 토지에 아파트를 조성했습니다. 그러나 시간이 지나면서 성동구의 이곳저곳이 재개발되면서 아파트로 조성되고 나니 좋아진 것입니다. 마포구도 마찬가지입니다. 아현동은 일제강점기 빈민들이 살던 '집단수용지'였습니다. 8·15 해방과 6·25 전쟁을 거치면서 급속히 증가한 월남민과 이농민이 무허가촌을 이루었고, 1960년대 서울의 급격한 도시화·산업화 과정 속에서 이 일대 언덕의 구석구석에 서민들의 빈한한 가옥이 빼곡히 들어차게 되면서 소위 '산동네'의 전형적인 곳이었죠. 이랬던 곳이 아현 뉴타운부터 시작해서 공덕동 등 정비가 쭉 되면서 지금의 마포구가 된 것입니다. 제2의 성동구, 제2의 마포구를 찾아야 합니다. 이미 좋아진 곳은 어쩔 수 없고, 시세는 급지 따라간다고 했지만, 향후 긴 호흡으로 보았을 때 급지가 달라질 곳을 찾는 것이죠.

저는 향후 10년 뒤 달라질 지역으로 동작구가 저평가라고 봅니다. 사실 마포·성동구 급에 가장 먼저 진입할 곳은 강동구라고 보고

[•] 1995년 성동구에서 광진구로 분구.

있기는 합니다. 둔촌부터 시작해서 고덕동 정비가 쭉 되면서 강동구의 위상이 많이 달라졌으니까요. 그런데 여기서 중요한 것은 이런 신축 가격은 이미 마포·성동급으로 많이 올라왔다는 것이죠. 변화가 있으려면 달라질 호재가 있어야 합니다.

강동구는 반영될만한 이슈들이 다 반영된 상태에 가깝습니다. 둔촌주공 입주 끝나면 남은 것은 9호선 연장이 되면서 강동구는 5호선, 그것도 지선이라는 반쪽짜리 노선으로만 고통받다가 9호선 황금노선으로 일자리를 직행할 수 있다는 큰 호재가 하나 더 남아 있습니다. 이게 뚫리면 명확하게 그때는 마포·성동·강동 라인으로 보면서 광진구를 넘어설 것으로 보긴 합니다. 다만 그 뒤가 더 있냐고 하기에는 천호동에 재개발되는 구역들 외로는 특별하게 달라질 게 없습니다. 명일동 재건축도 있지만, 지금부터 시작해서 15년~20년 뒤의 변화다 보니 강동구의 변화는 거의 다 왔다고 보는 게 맞습니다.

9호선이 연장되어도 직접적인 영향권의 신축 아파트가 적다는 게 아쉽긴 합니다. 조금 거리가 있는 단지도 간접 영향은 받겠지만 역 위치가 살짝 아쉽습니다. 항상 지하철은 보상문제 및 공사 난이도 차원에서 도로망 아래로 지나가는데, 현시점의 동남로 라인에서 옆으로 옮겨가면서 만약 9호선 5호선 환승 지점이 상일동역으로 지나가는 식으로 고덕 신축라인들 밀집 지역을 뚫고 갔었다면 어마어마한 잠재력이 있었을 거라 봅니다. 저 라인 자체는 문제가 없지만, 신축 아파트가 동네 시세 상단을 열어주는 부분이 있다 보니 집값만 놓고 보았을 때의 관점으로 말해보았습니다. 물론 고덕역 바로 위에 고덕

그림 5-11 9호선 고덕역 라인

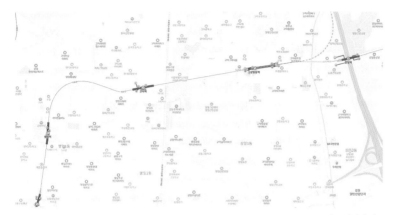

자료: 네이버 지도

공무원아파트 부지가 2.4 부동산 대책 공공재개발인, 도심공공주택 복합사업으로 진행하고 있는데, 어떻게 지어지는지가 관건입니다. 강동구의 랜드마크격으로 지어지면 날개를 달 수 있겠지만, 지금도 해당 부지 소유권자인 공무원연금공단과 LH 간의 이견도 있고, 정치권에서 공공부지에 임대주택을 과하게 넣으려고 하면 또 어떻게 될지는 모르겠습니다. 물론 임대주택도 사회적으로 필요하지만, 더블 역세권의 바로 앞 핵심 부지가 어떤 식으로 개발되는지가 강동구의 추가 가격 상승의 쟁점으로 보입니다.

강동구는 분명 좋은 지역입니다. 고덕동·상일동 일대의 신축 아파트가 입주하면 동네가 당연히 더 좋아질 것이라고 보았지만, 헬리오시티 입주 폭탄 공포를 조장하던 분들이 헬리오시티 입주로도 집값이 안 빠지자, 아직 끝이 아니라면서 말하던 게 강동구 공급 물량 폭탄이었죠. 그러나 입주장 때 전세 시세만 조정을 받았을 뿐, 신축 대단지가 형성되니 주거환경은 획기적으로 개선이 되면서 가격이 높아졌습니다. 그런데, 우리가 저평가라고 하려면 지금 이미 가격 반영이 어느 정도 되었지만 보다 좋아질 곳보다는 지금은 이미지는 별로지만, 나중에는 개선될 곳을 주목하실 필요가 있습니다. 지금 강동구를 사람들이 별로라고 인식하지 않기 때문이지요. 광진구가 과거에는 마포·성동구보다 비쌌음에도 불구하고 지금은 마포·성동구가 더 비싸졌고, 강동구도 신축 아파트의 힘으로 광진구를 위협하고 있습니다. 즉, 동네에 변화가 없다면 정체하고 있는 사이에 다시금 치고 올라오는 곳이 급지를 변화시킬 수 있다고 봅니다. 여기에 저평가까지 되어있는 곳이 저는 동작구라고 보는데요.

우리가 서울의 3대 업무지구를 꼽으면, 전통업무지역으로 시청~광화문~을지로~충무로 라인, 강남역부터 삼성역까지 이어지는 테헤란로로 대표되는 강남 업무지구, 마지막으로 여의도를 말하는데요. 제4업무지역으로 서울에서는 상암·마곡·구디·가디[*]를 말하기도 하지만, 결국 핵심지는 위 세곳임은 변하지 않습니다.

CBD·GBD·YBD라고도 부르는데요. 용어 자체가 정말 재미있는 게 CBD 자체가 중심 업무 지구(Central Business District)의 약자로 용어에서도 보이는 게 애초에 광화문 일대가 센터고 강남과 여의도는 앞글자만 바꿔서 GBD·YBD가 된 것이죠. 집값은 몰라도, 사무용

---

* 구로, 가산디지털단지

그림 5-12 서울의 3대 업무지구

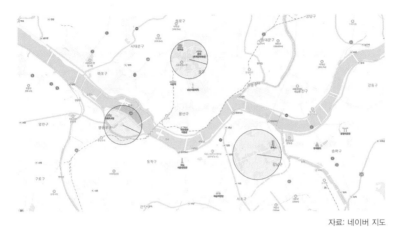

자료: 네이버 지도

오피스빌딩 임대료를 보면 CBD·GBD·YBD라고 해도 광화문·강
남이 높지 여의도만 해도 확 떨어진다고 합니다. 기본적으로 금융업
등 특정 업종라인이 아닌 이상 강남·광화문 수요가 압도적으로 높다
는 것이죠. 이러한 사실에서도 알 수 있는 것은 3도심 접근성이 중요
한 게 추후 제4업무지구로 뜬다더라도, 사실 메인의 아류라고 하면
너무한 표현일 수도 있고, 제4업무지구도 '가까이 있으면 좋다'의 개
념이지, 제4업무지구만으로 집값을 끌어 올리기에는 한계가 명확하
다는 것입니다. 정확하게는 일자리가 생기면서 급지도 상승하고, 가
치가 높아지긴 하지만, 전통적인 상급지를 뚫고 들어갈 정도로는 어
렵다는 것입니다. 아무리 구디·가디에 일자리가 많다고 그래도 구로
구 가격이 더 치고 가지 못하는 거고, 마곡은 지금도 좋고 앞으로 더
좋아질 곳이긴 하지만, 강서구라는 지리적 한계로 딱 마곡 직장 대상

그림 5-13 경희궁자이

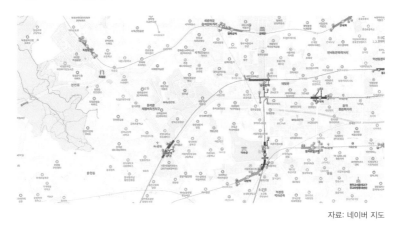

자료: 네이버 지도

자들에게 필요가 있고, 상암은 마포구 내에 있음에도 불구하고 여의도·광화문이 가까운 아현동·공덕동 가격이 훨씬 더 높죠. 결국은 양질의 일자리 여부는 물론 그 기업의 숫자까지 생각하면 3도심 접근성이 높은 곳의 가격이 높을 수밖에 없습니다.

결국 서울의 핵심은 3도심으로 3도심 그 자체거나 인접하여야 합니다. 대표적으로 종로구는 급지로만 따지면 마포·성동구보다는 밀리지만, 종로구의 경희궁자이의 경우는 마포·성동 대장보다도 항상먼저 치고 나갑니다. 종로구 자체에 아파트가 별로 없는 것도 있지만, 신축이 있다 해도 돈의문 뉴타운으로 이렇게 신축 아파트 대단지로 형성된 곳은 사실상 경희궁자이밖에 없기 때문에 특별한 것이지요.

여기까지 설명을 했으면 바로 감이 오실 것입니다. 우리가 지도를 딱 놓고 보았을 때, 결국 저평가라고 하려면 현재 가치보다 미래가치가 더 높아 보이는 곳을 말합니다. 그 지역의 포텐셜이 높아야 하는 것이죠. 동작구는 3도심 사이에 위치한 곳임에도 불구하고 상대적으로 급지도 낮습니다. 물론 현 시세가 이런 데에는 이유가 있습니다. 주거환경이 안 좋으니까요. 따라서 동작구가 지금은 급지가 밀리긴 하지만, 향후 재개발이 진행되어서 정비가 완료되게 된다면 마포·성동급이 되리라고 믿어 의심치 않습니다.

그러면 여기서 중요한 포인트는 당연히 상급지를 갈 수 있으면 가는 거지만, 상급지를 못 간다고 할 때는 이처럼 동일 급지 내에서 향후 10년 뒤에 급지가 달라질 곳에 배팅하는 게 중요하다고 봅니다.

이미 흑석동은 흑석 뉴타운이 9, 11구역도 철거 중으로 4년 뒤에는 신축으로 완성되면서 딱 핵심 구멍이 빠져있던 상태에서 뉴타운 완성의 핵심 퍼즐이 맞춰질 것입니다. 웃는 사람들도 있긴 하지만, 이미 벌써 부동산 투자자들끼리는 서반포라는 이름으로도 불리면서, 반포 바로 옆이라는 절대적인 입지를 가지고 가격이 마포·성동구 보다 높게 가고 있지요. 그리고 그 옆의 노량진 뉴타운이 완공된다면, 그때 진정한 동작구의 격이 높아질 것이라 봅니다.

지금도 여전히 노량진 하면 고시원, 컵밥, 수산시장 이미지가 강하긴 합니다. 그러나 노량진의 입지를 객관적으로 바라보면 이야기는 달라집니다. 1·9·7호선 자체가 강남·여의도·시청의 3도심을 환승 없이 한 번에 갈 수 있는 교통의 중심이라고 보고 있습니다. 당장 흑석 뉴타운·노량진 뉴타운 자체도 비싸지겠지만, 흑석 뉴타운까지는 반포 바로 옆이다 보니 별도로 볼 수 있어도, 노량진 뉴타운까지

그림 5-14 흑석 뉴타운 사업 현황

구 역		사업진행단계
❶	1구역	'22.3 조합설립인가
❷	2구역	'22.10 공공재개발 시공사선정(삼성물산)
❸	3구역	'23.2 입주(흑석리버파크자이)
❹	4구역	'12.8 입주(흑석한강푸르지오)
❺	5구역	'11.9 입주(흑석한강센트레빌)
❻	6구역	'12.12 입주(센트레빌2차)
❼	7구역	'18.11 입주(아크로리버하임)
❽	8구역	'18.11 입주(롯데캐슬에듀포레)
❾	9구역	'23.10 철거 중(디에이치 켄트로나인)
❿	10구역	'14.6 해제
⓫	11구역	'24.2 철거 중(써밋 더힐)

자료: 동작구청

그림 5-15 노량진 뉴타운 사업 현황

구 역	사업단계	최근 진행상황	가구수
1	사업시행인가	시공사선정	2,992
2	관리처분인가	철거중	415
3	사업시행인가	조합원 분양 신청	1,069
4	관리처분인가	이주완료	860
5	관리처분인가	이주중	727
6	관리처분인가	철거중	1,499
7	관리처분인가	관리처분인가	576
8	관리처분인가	철거중	1,007
존치 9,11일부		2024년 03월 조합설립인가	198
존치 13		2022년 10월 2차 모아타운 선정	

자료: 동작구청

완성되면 동작구 전반적인 인식이 달라질 것이라 봅니다.

　이런 식으로 같은 급지 내에서는 뭔가 더 달라질 수 있는 곳을 보는 게 좋습니다. 특히 신축선호 현상이 강해지는 만큼, 지역을 대표할 수 있는 신축 리딩 단지가 있는지를 보는 게 중요한데요. 재개발·재건축이 활발하게 진행되어서 과거에 주거 가치가 높다고 보지 않

그림 5-16 광진구의 신축 아파트

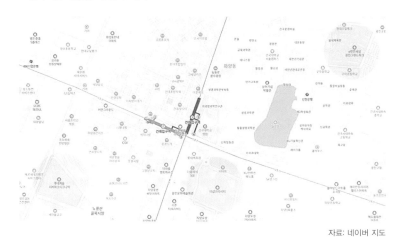

자료: 네이버 지도

던 지역이 변화하게 되면 그 여파가 더 큰 것이죠.

　당장 마포·성동구만 해도 입지는 좋았지만 주거환경이 열악해서 저렴했던 곳이 아파트촌으로 정비되고 나니까 물리적인 입지가 좋다 보니 달라진 것이고, 광진구는 과거의 영광은 높았지만 이미 개발이 먼저 된 상태에서 추가적인 개선이 안 되었고, 신축 공급이 없다 보니 고인물이 되어갔던 것입니다.

　당장 대표적으로 광진구 하면 '더샵스타시티'를 생각하는데 벌써 2007년식입니다. 'e편한세상광진그랜드파크'는 건대 뒤편에 딱 제가 예전에 운전면허 취득을 위해 다니던 학원이 개발된 곳입니다. 한때 서울 대규모 미분양으로 놀림 받던 곳이 엄청 올라서 놀라기는 했어도, 해당 단지가 광진구를 대표한다고 하기에는 입지가 애매합니다. 자양1구역 재건축 '롯데캐슬리버파크시그니처'는 가격이 지금

406　시장을 이기는 부동산 투자 원칙

그림 5-17 광진구의 메인 자양동 · 광장동

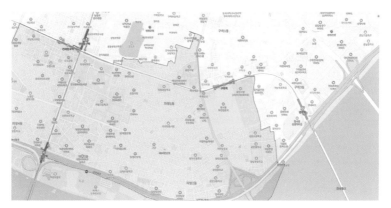

자료: 네이버 지도

가장 괜찮긴 하지만, 역시 주변이 빌라촌에 역세권이 아니다 보니, 향후 자양4동 재개발이 완료되면 또 모를까 신축이라는 것 외로는 아쉬움이 있습니다.

당시 15억 고분양가 논란에도 압도적인 경쟁률로 완판했던 자양 1구역 '롯데캐슬이스트폴'의 경우도, 당시 15억 원이 고분양가라고 말했던 사람들은 광진구 주민들이었습니다.

광진구의 메인은 자양동·광장동인데요. '롯데캐슬이스트폴'은 그래도 행정구역 자체는 자양동이긴 하지만 사실상 구의동 권역입니다. 우리가 단지를 볼 때 아파트촌과의 연결성을 보는 게 매우 중요합니다. '롯데캐슬이스트폴'은 주변이 빌라촌으로 둘러싸여 있죠. 그동네 가격과 다른 동네 가격과의 연결고리도 약하고, 학교 배정도 빌라촌과 섞이는 것을 싫어하는 사람들도 있고, 복합되다 보니 광진구

그림 5-18 광진구 아파트 평균 대지지분

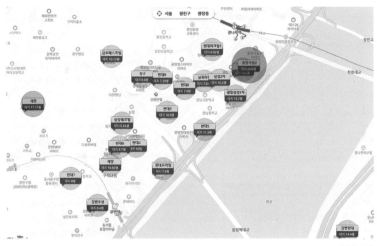

에 신축이 그간 없다가 생기긴 했어도 이 단지가 광진구를 대표한다고 자신 있게 말하기에는 뭔가 2%씩 아쉬움이 있습니다. 그렇다 보니 광진구가 힘을 못 쓰는 것도 있다고 봅니다.

그렇다고 자양동·광장동 재건축이 되기를 기대하기에는 광장극동·워커힐 외로는 사업성 좋은 곳이 없습니다. 워커힐은 워커힐 1차·2차 통합 및 분리 갈등, 2차 단지의 자연녹지지역 문제 때문에 쉽지 않습니다. 광장극동 재건축 정도가 되어야 광진구의 대장 느낌이 될 수 있겠지만, 이제 안전진단 통과하고 추진위 구성을 추진하는 상태로는 지금부터 15년이 지나야 하겠네요.

무엇보다 그나마 이렇게 사업성이 있는 단지만 시간이 걸려도 어떻게든 되는 거지, 나머지는 점점 더 낡아가기만 해서는 광진구가 근시일 내에 더 변화하기는 어려운 곳으로 보입니다. 특히 지금처럼 입지보다는 신축과 구축에 따라 가격 격차가 더 나는 시점에서는 더더욱 말이죠. 여전히 광진구 하면 광장동입니다. 아무리 마포, 성동의 가격이 비싸졌다 해도 학군은 광진구가 더 좋습니다. 그런데, 지금 광진구에 들어서는 신축은 이 학군지와 거리가 있다는 게 아쉬운 것이죠.

지금은 신축 선호 현상이 아주 높고 일단 신축이니까 앞서 말한 세 단지 모두 가격이 제가 2% 아쉽다는 표현을 하긴 했어도, 그럼에도 불구하고 다른 광진구 단지들보다 더 비싸게 형성되니까요. 그만큼 신축 대단지로 조성이 되는가는 구의 전체적인 급지를 결정하는 중요한 요소라고 봅니다.

이러한 관점을 종합해서 보면 동작구는 지금은 이미지가 밀리지만, 향후 흑석 뉴타운, 노량진 뉴타운, 그 외로도 각종 재개발, 서부선 경전철, 동작구 종합행정타운 조성 및 구 노량진수산시장 부지 복합개발계획 등 각종 호재들이 모여있습니다. 단기간에 바뀌기는 어렵겠지만, 향후 10년, 20년 뒤에 이러한 개발들이 완료되었을 때의 동작구는 3도심 접근성을 바탕으로 마포구, 성동구와 어깨를 나란히 할 수 있으리라 봅니다.

⦿ 개발 호재는 긁지 않은 복권이다

입지 선택에 있어서 마지막 사항으로 고려할 건 바로 개발 호재입니다. 개발 호재는 많은 사람이 중요하게 생각합니다. 하지만 저는 반대로 개발 호재 자체를 중요하게 보지 않습니다. 정확하게는 너무 진지하게 보지 않는다는 것이죠. 개발 호재는 실행 시점도 대중없고, 아예 엎어지기 일쑤입니다.

위례신도시는 훌륭한 강남 접근성(일부는 아예 송파구)에도 불구하고 차가 없으면 다니기가 너무 힘들지요. 위례신사선은 교통분담금까지 받아놓고 매번 돈 부족하다고 착공이 지연되고 있습니다. 16년 전에 빨리 진행했으면 훨씬 더 쌌을 텐데, 지연되는 동안 공사비가 늘어났다면서 사업을 중도 포기하고, 사업자를 다시 찾는 등 시간이 지나며 공사비가 또 오르는 악순환이 반복되고 있습니다. 주민들은 착공 및 개통까지 10년을 더 기다려야 한다며 고통받고 있습니다. 그나마 위례신사선은 착공 자체는 할 것이라고 보긴 합니다.

그런데 위례신사선은 하나의 예시였을 뿐이지, 단순히 개발 호재 자체는 저는 믿지 않습니다. 되면 좋고 안 되면 어쩔 수 없고의 마인드로 접근하라고 권합니다. 그래서 딱 '긁지 않는 복권'이라고 말한 것입니다.

2024년 동부간선도로지하화사업, 광운대역세권개발사업의 착공식이 있었습니다. 이 두 사업 모두 10년 전부터 이야기 나왔던 동북권의 대표 개발 계획이었는데요. 제가 부동산을 전업 시작했을 때부터 나왔던 이야기인데, 지금까지 엄청 시간 끌다가 이제야 움직입니다. 그리고 이제야 착공을 한 것으로 실질적으로 완성되는 시점은 지금부터도 한참 뒤입니다.

그래도 호재는 호재긴 합니다. 착공했다고 안심하기에는 월드컵대교가 착공으로부터 11년이 걸린 것처럼 예상보다 1년 3년이 지연되든 5년이 지연되든 어떻게 어떻게 실현은 됩니다.

그런데 가장 부질없는 게 철도 계획입니다. 사실 저는 가장 의아했던 시점이 4차 국가철도망구축계획 발표인데요. 국가철도망구축계획은 10년 단위로 수립되는 중장기 계획으로 국가 차원에서 철도 교통망을 어떻게 확충할지에 대한 큰 틀과 방향을 제시하는 철도 건설 분야의 최상의 법정 계획입니다. 도시계획에 따르면 토지의 이용·개발 및 보전에 관한 관련, 하위계획의 방향성을 제시하는 법정 최상위계획인 도시기본계획과 같습니다.

2차 국가철도망구축계획이 2011년에 발표되어서 2020년에 만료가 되었는데, 2차에 있던 사업들의 대다수가 예산 문제로 삽도 못 떴고, 2차가 3차로, 3차가 4차로 넘어간 것들 투성입니다. 2021년에 발표한 제4차 국가철도망구축계획은 당시 엄청난 관심을 받았습니다. 부동산 시장에 관심이 클 때는 이러한 계획 발표만으로도 시장 가격이 움직였지만, 몇 년의 시간이 지난 지금 대책 발표로부터 시간은 더 많이 지났음에도 철도에 대한 기대감은 오히려 더 떨어졌습니다. 2022년 부동산 가격이 조정되고, 2023년부터 본격적으로 시장 가격이 회복할 때 근본적으로 입지가 좋은 곳 중심으로 시장이 재편

되지 막연한 꿈과 희망으로 올랐던 곳은 낙폭도 더 컸고, 회복도 더 딘 게 현실입니다. 저는 기본 계획 등에 속하는 말 그대로 '계획(計劃)' 자체는 믿지 않고, 이를 근거로 추천하지도 않습니다. 사실상 개발 호재는 덤으로만 보는 게 좋습니다.

같은 급지, 같은 가격의 단지가 있다고 가정해보겠습니다. 그럴 때 한쪽은 개발 호재가 아예 없고, 한쪽은 개발 호재가 있습니다. 그러면 이때는 개발 호재가 있는 쪽을 사야겠지요. 그런데 개발 호재가 있다는 이유만으로 더 비싸게 사야 할 필요도 없다고 보고 더 극단적으로 개발 호재 많다고 더 좋은 곳을 갈 수 있음에도 불구하고 저평가라면서 진입하는 사람들을 많이 보았습니다. 지금 와서 보면 다들 후회하지요.

개발 호재가 있는 대표적인 지역으로 용산구가 있습니다. 용산민족공원부터 시작해서, 국제업무지구, 용산링크, 서울역세권개발 등 하나하나가 대개발이다 보니 모두 실현되면 강남을 넘어설 수도 있는 곳을 용산으로도 봅니다. 그러나 용산은 이미 어마어마하게 비쌉니다. 아파트는 말할 것도 없고, 확실하게 재개발, 재건축이 진행되는 곳은 투자금이 20억 원을 넘습니다. 리스크를 지고 들어가는 예정지조차 다른 구의 조합설립인가 난 재개발을 투자하는 것보다도 높은 투자금이 필요합니다. 즉, 이제 소액으로는 용산은 못 들어가고, 소액으로 갈 수 있다는 것 자체가 리스크가 높거나 하자가 있을 가능성이 높습니다. 누가 봐도 좋고 안전하고 확실한데, 저렴한 것은 없습니다.

그러면 개발 호재를 통한 투자 주목 지역은 어디냐? 저는 '동대문구'를 추천합니다. 서대문구·동대문구 둘 다 가격 자체는 비슷합니다. 그런데 비슷한 가격이면 저는 동대문구를 더 권합니다. 동대문구 자체가 재정비촉진지구가 한 구 안에 3개나 있는 유일무이한 곳[*]이기도 하고, 그 외로도 용두동, 제기동, 청량리동 일대[**]에 조합설립인가가 나서 진행 중인 재개발이 어마어마하게 많습니다.

저는 동대문구를 딱 제2의 성동구 느낌으로 보고 있습니다. 성동구가 과거에는 그렇게까지 좋은 동네가 아니었음에도 전방위적인 재개발로 동네가 개선된 것처럼, 동대문구도 이러한 정비가 완료되면서 신축 아파트 촌으로 변모하는 것이지요. 저는 재개발이야말로 확정 호재라고 부릅니다. 물론 조합설립인가가 나면 적어도 10년 정도 뒤에 신축이 된다는 것이니, 막연하게 이제부터 추진하겠다는 것인지, 정비계획은 수립된 것인지는 구분해봐야 합니다. 하지만 동대문구는 각종 개발 호재들이 많습니다.

청량리역 일대가 GTX-B·C노선으로 서울에 딱 3개 있는 GTX 환승역(서울역·삼성역·청량리역)이기도 하고, 동북선은 착공해서 공사 중에 있습니다. 언제 될지 기약 없긴 하지만 면목선, 강북횡단선, SRT 노선 청량리 연장 예정 등 이것저것 엄청 많지요.

근래 청량리에 안 가보신 분은 모르시겠지만, 청량리역 주변 그

---

[*]   전농답십리·이문휘경·청량리재정비촉진지구
[**]   청량지재정비촉진지구가 아닌 청량리동 재개발 구역으로 청량리6구역, 청량리7구역, 청량리8구역 등이 있다.

그림 5-19 종 개발 호재들이 많이 몰려있는 동대문구 청량리

자료: 동대문구청

낙후된 곳들이 이제는 SKY-L65(65층), 한양 수자인그라시엘(59층), 청량리역 해링턴플레이스(40층)으로 일대가 초고층 단지로 변했습니다. 교통 호재는 제가 확실하게 착공한 것 외로는 너무 믿지 말라고 했습니다. 그래도 일정 단계를 넘어섰다면 될 수도 있겠지만, 개통되고 내가 탈 것까지 고려해서 투자하기에는 너무 먼 미래이기 때문입니다. 동북선과 같이 착공해서 공사 중인 노선이 아닌 다른 계획들은 사실 큰 기대는 안 하고 있습니다. 그럼에도 GTX-B·C까지는 확정되어서 진행될 것으로 봅니다. 2024년 4월 총선 전에 '착공식'은 열었지만 실 착공은 계속 지연되다가 2025년에 할 것으로 보이는데요. 상황이 이렇다 보니 GTX-D만 해도 사실 반신반의하고 있고, 그 뒤 E, F는 그냥 저는 상상 속 열차로 생각하고 있습니다.

개발 호재들이 실현되어도 생각보다 그 한계가 명확하기도 합니다. 예를 들어서 아까 동대문구를 제2의 성동구라고 표현하긴 했는데, '제2의 성동구'라는 표현 자체를 잘 생각해보면 좋을 것 같은데요. 성동구처럼 좋아진다는 것이지, 성동구를 넘어선다는 것은 아닙니다. 항상 제2의 판교와 같이 '제2의 OOO'이라는 표현은 제2의 판교가 되고 싶다는 것이지, 판교와 동급이 되거나 넘어설 수 없습니다. 애초에 동급이나 넘어설 수 있을만한 곳이면 그냥 '제2의 OOO'이라는 수식어도 안 씁니다.

이러한 사항을 인지하고 보면 동대문구는 앞서 설명한 동작구와는 상황이 다릅니다. 동작구의 경우는 3도심 접근성 등 입지적인 것을 고려할 필요가 있습니다. 향후 신축 아파트로 정비가 완료되고 동작구 내의 각종 호재들도 현실화된다면, 마포·성동구와 어깨를 나란히 할 수 있는 입지라고 생각하지만, 동대문구는 지금의 급지에서 한 단계 더 올라갈 수 있다고 보는 것이지, 동대문구 자체의 물리적인 입지적 한계를 고려 시 성동구 가격을 따라잡거나 성동구를 넘어설 수는 없다고 봅니다.

절대적인 입지 자체도 중요한데요. 애초에 서울의 핵심 축이 CBD·GBD·YBD로 고정된 상태에서 동대문구도 접근성이 괜찮고, 재개발 완료되면 좋아질 것이라는 개념이지, 아무리 재개발뿐만 아니라 각종 철도 개발 호재들이 모두 실현된다고 하더라도 물리적으로 2호선·5호선·3호선·경의중앙선·분당선이 지나가는 성동구의 교통 입지를 능가할 수가 없습니다. 향후 GTX-C가 뚫린다 해도 애초에

2정거장을 타려고 대심도로 내려가서 청량리역에서 삼성역으로 갈 것인지도 의문이지만, GTX-C는 왕십리역에서도 정차합니다.[*] 무엇보다도 일반 중전철로도 옥수역에서 3호선 타고 한 정거장이면 압구정역, 서울숲역에서 분당선으로 한 정거장이면 압구정로데오역을 갈 수 있고, 강변북로, 동부간선도로, 내부순환도로, 동호대교·성수대교 건너 올림픽대로 등 바로 어디든 넘어갈 수 있는 간선도로 접근성이 압도적으로 다르지요.

그래서 저는 오히려 임장이 필요 없다고 보는 사람이기도 합니다. 딱 지도만 켜두고서 현 메인 중심권역과의 접근성을 보고, 정비사업 단계들과 교통 호재 등을 종합해보면 판단할 수 있기 때문이죠.

개발 호재는 분명 중요한 요소이고, 알아둬야 하는 것인데, 이도 같은 등급에서 '+'를 결정하는 조미료와 같은 것입니다. B보다는 B+이 낫지만, A만은 못하는 것이죠. 근본적인 음식 재료가 안 좋은데 향신료만 팍팍 넣은 음식이 맛있어 보인다고 먹으면 안 되는 것처럼 본질에 접근해야 합니다. 이런 곁가지를 너무 강조하면서 여러분에게 특급 기밀을 누설한 것처럼 말하는 전문가나 분양대행사가 있다면 색안경을 끼고 볼 필요가 있다고 봅니다. 항상 이렇게 좋은 것을 왜 나에게 추천하는 건지 의심하면 적어도 잃지는 않을 수 있습니다.

---

[*] GTX 초기 발표에는 없었으나, 환승 편의 및 사업성 개선으로 서울시 및 사업자의 건의로 추가 정차역 포함.

♀ 항상 나만의 투자 원칙과 기준을 잊지 말자

정리하자면 입지를 보려고 할 때, 입지도 입지지만 가장 중요한 것은 시점이라는 것을 명심하길 바랍니다. 지엽적인 사항, 자잘한 물건 하자, 동호수·타입을 가지고 시간 낭비하지 말아야 합니다. 결국 투자 수익은 언제 샀느냐가 중요하고, 같은 시점에서는 어디를 샀느냐가 승패를 가릅니다. 지금 움직인다고 할 때 지역 선택 방법으로는 급지를 구분하고, 급지 내 예외를 구분하고, 급지가 달라질 곳을 찾고, 급지가 같다면 호재가 덤으로 많은 곳이 좋습니다.

입지에 대한 내용을 언급하다 보면, 구체적으로 특정 지역을 언급할 수밖에 없고, 언급 대상 주민은 물론, 입지를 구분하는 과정 속 특정 표현에 대해서 불쾌할 수도 있습니다. 상급지냐, 하급지냐부터 시작해서 사실상 같은 권역인데, 동에 따른 차등을 말하기도 합니다. 더 나아가 같은 동에 있어도 단지에 따라 주변이 빌라촌이라서 가격 격차가 있다는 이야기는 차별적으로까지 들립니다. 그러나 이건 투자적인 것이라고만 인식하면 좋겠습니다. 차별을 정당화하자는 게 아니라, 가격이라는 것은 냉정하게 숫자로 나타납니다. 결국 같은 동네에도 A단지와 B단지 간에 가격 격차가 나는데, 바로 옆에 붙어 있어도 학교 배정이 달라서 가격이 달라집니다. 한국 사회를 병들게 하는 것이 비교 문화라고 생각하기도 하면서도, 투자는 돈이 걸린 만큼 냉정하게 움직일 필요가 있습니다. 교통을 중시하는 사람, 학군을 중시하는 사람, 직주근접성을 중시하는 사람과 같이 다양한 선호들이 모여서 가격이 형성되었다고 보면 되는 것이지, 그것을 중시하는 사람들에 대한 가치판단은 잠시 접으면 좋겠습니다.

대화할 때도 같은 단어를 놓고서 서로 생각하는 바가 다르면, 받아들이는 태도가 달라집니다. 따라서 기준점을 맞춰놓고 대화해야 이야기가 통합니다. 법조문을 보면 1조는 '목적'이 있고, 2조는 '정의'가 있습니다. 목적과 정의를 맞춰놓아야 추후 또 다음 이야기를 풀어나갈 수 있다고 생각합니다. 이 책에서만큼은 불편한 언어도 '투자의 언어'로만 받아들이길 바랍니다.

지금까지 구체적인 지역 사례를 들면서 '부동산 투자 전 명심해야 하는 투자 마인드'부터 '부동산 입지 판단 기준 세 가지'를 설명했습니다. 이렇게 나만의 투자 철학과 소신, 원칙이 있다면 흔들리지 않습니다. 정보의 홍수 속에서는 뭐가 '진짜'인지, '가짜'인지를 구분할 수 있어야 하는데요. 제가 이야기한 것이 100% 정답이니까 반드시 따르라는 것은 아니지만, 지금까지 수많은 시행착오를 겪으면서 세운 저만의 기준을 공유했습니다. 독자분들에게 나만의 기준점을 하나씩 세우며 수정, 보완하는 데 이 책이 도움이 되었으면 합니다.

알면 알수록, 공부할수록
어려운 것이 부동산 시장

2024년은 저에게 의미가 있는 해입니다. 올해로 딱 부동산을 전업한 지 10년이 되었기 때문입니다. 부동산 업계에서 10년은 그리 긴 시간이 아닙니다. 이 업계는 20년 넘게 시장을 봐온 전문가가 많기 때문이죠. 그래서 전문가분들에게 "제가 올해로 10년이 되었습니다"라고 하면, "김제경 소장 이제 진짜 부동산 전문가로 시장 잘 보겠네" 하고 웃으십니다. 그런데 저는 반대로 시장을 보면 볼수록, 공부하면 할수록 잘 모르겠다고 말하고, 다른 전문가들의 의견을 경청합니다. '벼는 익을수록 고개를 숙인다'와 같은 겸손은 아닙니다. 제가 처음 부동산 시장에 들어왔을 때는 자신감이 있었고, 다 알고 있다고 생각했습니다. 좋게 말하면 패기, 나쁘게 말하면 오만했던 시기였죠.

저는 부모님 덕분에 어렸을 때부터 부동산 투자를 지켜보며 자랐습니다. 부모님이 부동산업을 하다 보니 저도 자연스럽게 부모님 일을 도와드리면서 자란 것이죠. 아파트 단지에 들어가 꼭대기 층에서 한 층씩 내려오면서 명함을 붙이거나, 우편함에 전단지를 넣는 식으로 일을 도왔습니다. 방학 때는 아버지께서 재개발 지역 철거 현장 사진을 찍어 오라고 하기도 했습니다. 지금 돌아보니 그게 임장(臨場) 활동이더군요. 한 동네에서 평생을 살아도 관심 있게 보지 않으면 변화하는 과정을 알기 어렵습니다. 그러나 부모님부터 부동산 투자자이자 조합원이었고, 일상생활에서 알게 모르게 부동산을 접하면서 조기교육이 되었던 것 같습니다. 그렇게 하나씩 기회를 만들어 이 자리까지 왔습니다.

제가 〈직방TV〉에서 처음 '재개발의 신' 코너를 맡아서 진행했을 때가 2020년 8월입니다. 유튜브 방송에 처음 출연했던 것이 2017년이고 본격적으로 활동한 것이 2018년부터였죠. 그때도 대중적으로는 알려지지 않았던 정비사업에 대한 정보들을 제공하고 있었고, 다양한 언론사와 인터뷰도 하면서 정비사업 전문가로 활동하고 있었습니다. 이 '재개발의 신' 코너를 맞아서 진행했던 2020년이 제가 부동산 전문가로서 가장 자신감이 높았던 시기였습니다. 다 알고 있고, 모르는 게 없다고, 저도 이제 다른 부동산 전문가들과 같은 선상에서 있다고 생각했습니다. 재개발·재건축이 아닌 다른 분야도 내가 더 잘 설명할 수 있다고 자신했었죠.

그런데 방송으로 유명해져서 다양한 사람을 만나면 만날수록, 제가 '뭘 모르는지조차 몰랐구나'라는 것을 깨닫게 되었습니다. 그때만 해도 부동산 거래의 필수 지식, 입지 분석, 도시정비법상 분양 자격 요건, 부동산 법령 및 세금 등 투자적인 부분만 알고 있었던 것이었습니다. 부동산 시장을 더 오래 접할수록, 각 분야의 업계 종사자 분들을 만날수록, 부동산 시장의 각 축의 이야기를 들으면서 모르던 사실들을 많이 알게 되었습니다. 저도 시야를 넓게 갖기 위해 꾸준히 공부하고 있습니다. 지금까지 2021년에 도시계획기사 취득, 2022년 자산관리사, 2023년 투자자산운용사, ADsP(데이터 분석 준전문가) 등 틈틈이 공부하면서 다른 분야로도 시야를 넓히고 있습니다. 대학원에도 입학해서 지금은 박사 수료 상태로 학술지 투고 및 프로포절까지 마치고 박사 논문 준비도 병행하고 있습니다.

이제 저는 부동산 전문가라는 타이틀이 너무 거창하다고 생각하고, 때로는 부담스럽기도 합니다. 아는 것보다 알아야 할 게 더 많고, 분야별 더 깊게 파고 들어가는 전문가들도 많습니다. 또한 여러 사람을 만나다 보니 정책 발표와 언론 기사와 다르게 그 이면에서 돌아가는 이야기가 더 많다는 것을 알게 되었습니다. 제 분야를 뾰족하게 파야겠다는 생각으로 재개발·재건축만 깊게 들어가면서, 무식하면 용감하다고 10년 전 제가 너무 쉽게 투자에 뛰어들었다는 걸 깨달았습니다. 그렇다 보니 더더욱 재개발·재건축에 대해서는 장점을 말하기보다는 단점을 강조하게 되었습니다. 그리고 한 번 사건이 터지면 답이 없는 게 또 정비사업이긴 합니다.

그런 제가 올해로 부동산업에 몸담은지 10년 만에 첫 책을 출간하게 되었습니다. 사실 출판 계약을 한 것은 벌써 4~5년 전인데요. 오히려 그때 바로 책을 썼다면 넘치는 자신감으로 금방 썼을 것 같습니다. 그러나 워낙 많은 방송 및 강연 활동으로 처음에는 바빠서, 그 다음에는 석박사를 수료하느라, 여러 가지 핑계로 미뤄왔었는데요. 한켠에는 내게 책으로 남길 정도의 가치 있는 인사이트가 있는지, 좀 더 부족함을 채워야 한다는 생각에 미뤄왔던 것도 있었습니다.

항상 시작은 어려웠지만, 어떤 내용들을 전달할지 목차를 정리하고 작정하고 쓰기 시작하니 또 써지네요. 10년 동안 많은 것들을 봐왔다는 생각이 듭니다. 이제 앞으로 10년간 더 많은 것을 배울 수 있을 것 같습니다. 저 역시 여러분과 같이 부동산 시장을 꾸준히 공부하며 항상 빠르고 정확한 정보를 전달해드리고자 노력하겠습니다. 이 책이 여러분만의 부동산 투자 원칙을 세우는 데 도움이 되었으면 좋겠습니다.

시장을 이기는 부동산 투자 원칙

1판 1쇄 발행 2024년 12월 24일
1판 4쇄 발행 2025년 3월 4일

지은이 김제경

발행인 양원석 **책임편집** 이수민
디자인 조윤주, 김미선 **영업마케팅** 조아라, 박소정, 이서우, 김유진, 원하경

펴낸 곳 ㈜알에이치코리아
주소 서울시 금천구 가산디지털2로 53, 20층 (가산동, 한라시그마밸리)
편집문의 02-6443-8862 **도서문의** 02-6443-8800
홈페이지 http://rhk.co.kr
등록 2004년 1월 15일 제2-3726호

ISBN 978-89-255-7926-9 (03320)